中文普通图书分类方法与CNMARC书目数据编制技巧

秦小燕　编著

國家圖書館出版社
National Library of China Publishing House

图书在版编目(CIP)数据

中文普通图书分类方法与 CNMARC 书目数据编制技巧/秦小燕编著. --北京:国家图书馆出版社,2014.6

ISBN 978-7-5013-5359-0

Ⅰ.①中… Ⅱ.①秦… Ⅲ.①图书分类法 ②机器可读目录—编目规则—中国 Ⅳ.①G254.12 ②G254.364

中国版本图书馆 CIP 数据核字(2014)第 086210 号

书 名 中文普通图书分类方法与 CNMARC 书目数据编制技巧
著 者 秦小燕 编著
责任编辑 金丽萍

出 版 国家图书馆出版社(100034 北京市西城区文津街 7 号)
(原书目文献出版社 北京图书馆出版社)
发 行 010-66114536 66126153 66151313 66175620
66121706(传真),66126156(门市部)
E-mail btsfxb@nlc.gov.cn(邮购)
Website www.nlcpress.com ──→投稿中心
经 销 新华书店
印 装 北京科信印刷有限公司
版 次 2014 年 6 月第 1 版 2014 年 6 月第 1 次印刷

开 本 787×1092(毫米) 1/16
印 张 15
字 数 250千字

书 号 ISBN 978-7-5013-5359-0
定 价 48.00 元

目　录

第一课　文献编目工作概述

一、文献编目工作的概念

文献编目工作是指按照特定的规则和方法对各类型文献进行著录和标引，并通过字顺组织法和学科系统组织法编制图书馆检索目录的工作，其主要任务是对文献的外在形式特征和内容特征进行描述和揭示。文献编目工作是图书馆业务工作的一个环节，是图书馆的重要基础工作，是图书馆一切工作的基础。

进行文献编目工作必须事先准备好要使用的工具书，如分类法、主题词表、著者号码表等，并确定本馆所采用的分类规则、主题标引规则、文献编目规则、取号方法以及目录组织规则等。

二、文献编目工作的目的

1. 将文献内容的概况编制成目录；
2. 用于图书馆的内部管理；
3. 用于读者检索文献；
4. 形成图书馆的馆藏数据。

三、文献编目工作的特点

1. 遵循一定的规则和标准，对文献外部特征、内部特征进行全面揭示和描述。
2. 向用户提供识别文献的依据。
3. 把图书馆收藏的无序文献有序化。

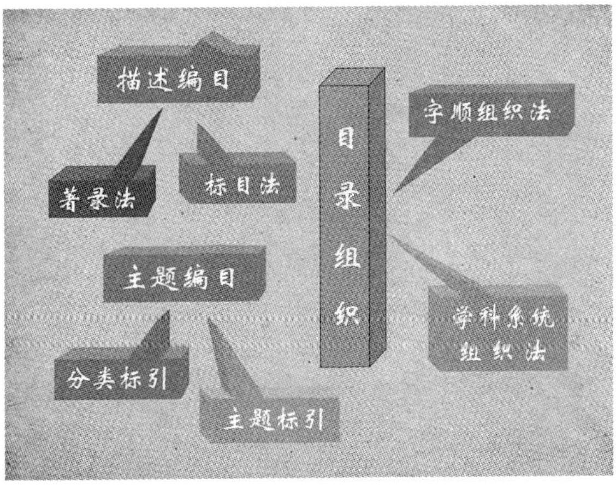

四、文献编目工作的构成

1. 描述编目

(1)文献著录：又称著录法，即运用编目规则，遵循客观著录（描述）原则对文献外在形式特征和内容特征进行分析、选择和记录的方法和过程。文献著录的结果是生成通用款目。

(2)标目法:在文献著录所产生的通用款目基础上,依据编目规则进行标目规范控制,选择统一标目及编制其参照关系,构成相应的题名款目、责任者款目等检索书目款目。标目法的结果是规范并提供检索点。

2. 主题编目

(1)分类标引:依据一定的分类表,通过分析文献所叙述的学科内容来揭示其内容特征的学科系统。分类标引的结果是生成分类号。

(2)主题标引:依据一定的主题词表,通过分析文献所反映的主题内容来揭示其内容特征的研究对象。主题标引的结果是生成主题词或主题词串。

3. 目录组织

目录组织也称排检法,是按照一定的原则和方法将各种款目进行有序的组织排列。机读目录的组织排列工作是由图书馆自动化管理系统根据系统设置自动完成。

目录组织排列方法包括:

(1)字顺组织法:按款目的标目字顺将款目组织成字顺目录,如题名目录、责任者目录、主题目录,等等。

(2)学科系统组织法:按款目揭示的文献学科体系的标识(分类号)将款目组织成分类目录。

五、文献编目的过程

1. 著录:依照著录法将文献的特征选取出来,描述在特定的载体上,编制通用款目。

2. 标引:对文献内容进行分析,给出特定的主题词和分类号,编制检索款目。

(1)依照标目法,规范和提供题名检索点、责任者检索点;

(2)依照分类标引规则,使用分类表进行分类标引,提供分类检索点;

(3)依照主题标引规则,使用主题词表进行主题标引,提供主题检索点;

(4)依照参照法,建立规范档。

3. 目录组织:依据以上著录与标引的结果,形成检索款目,按照标目排列后组织成为目录。

六、传统编目工作的步骤

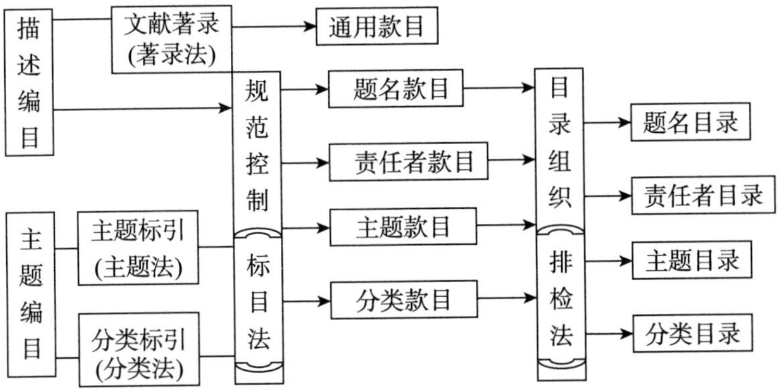

七、自动化编目工作的步骤

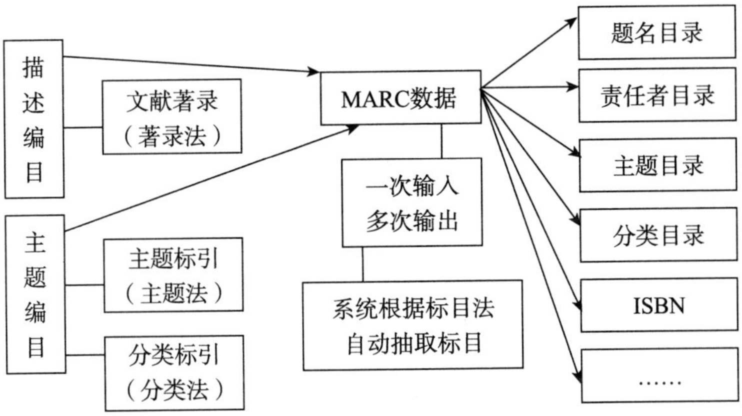

第二课 中文普通图书CNMARC书目数据编制

第一讲 文献著录的基本问题

一、基本概念

1. 文献著录(著录法):是指在编制文献目录时,按照一定的规则,遵循客观描述原则,对文献外在形式特征和内容特征进行分析、选择和记录的方法和过程。它是整个编目工作的基础。文献著录的结果是生成通用款目。

2. 著录规则:是描述文献外在形式特征和内容特征的一种技术操作规则,必须共同遵守才能达到编目工作标准化、规范化的目的和效果。

(1)《国际标准书目著录》,简称ISBD,全称International Standard Bibliographic Description,是国际图联(IFLA)1971年颁布的一系列供各类型文献使用的文献著录国际标准。随着资源类型的不断增加,计算机编目技术的日益普及,ISBD也在不断进行修订。2007年,国际图联编目组常设委员会又颁布了《ISBD统一版》。《国际标准书目著录》包括总则、专著分则、连续出版物分则等。

(2)《英美编目条例》,简称AACR,全称Anglo-American Cataloguing Rules。1967年,为了统一英语国家的编目条例,AACR出版。自1971年ISBD问世后,为了适应编目检索网络化的需求,1978年《英美编目条例(第二版)》(简称AACR2)问世,1988年AACR修订本(AACR R)出版,并分别于1993、1998、2002年做了3次修改,被图书馆界视为编目领域的经典。

(3)《文献著录规则》(GB 3792),是我国1983年颁布的中国文献著录国家标准系列,由国家标准化主管机构批准、发布,在全国范围内统一施行,体例参照《国际标准书目著录》。包括《文献著录总则》(GB 3792.1—83,1983年7月2日发布,1984年4月起实施)、《普通图书著录规则》(GB 3792.2—85,1985年1月31日发布,同年10月起实施)、《连续出版物著录规则》(GB 3792.3—85,1985年2月12日发布,同年10月起实施)、《非书资料著录规则》(GB 3792.4—85,1985年2月12日发布,同年10月起实施)、《档案著录规则》(GB 3792.5—85,1985年5月10日发布,1986年1月起实施)、

《地图资料著录规则》(GB 3792.6—86,1986 年 6 月 19 日发布,1987 年 1 月起实施)、《古籍著录规则》(GB 3792.7—87,1987 年 1 月 3 日公布,同年 10 月起实施)、《乐谱著录规则》(1991 年 5 月征求意见稿)。这些规则除《档案著录规则》外,均相应采用了 ISBD 的总则和分则形式。

(4)《中国文献编目规则》,为了规范我国各类型文献的著录,便于书目信息交流,有效实现信息资源共建共享,本规则依据 ISBD 和 GB 3792 系列,并结合中文文献编目工作实际制定。

第一版:黄俊贵主编,中国文献编目规则编撰委员会编,广东人民出版社 1996 年出版。

第二版:富平主编,国家图书馆《中国文献编目规则》修订组编,北京图书馆出版社(今国家图书馆出版社)2005 年出版。

3. 款目:是按照特定的著录规则对文献进行著录及标引的结果。在目录中,一个独立的排序单位称作一条款目。款目是构成目录的基本单位,而构成款目的基本单位是著录项目。它揭示文献的形式特征和内容特征,并提供检索点。根据检索点的不同,款目可分为以题名为标目的**题名款目**,以责任者名称为标目的**责任者款目**,以分类号为标目的**分类款目**,以主题词为标目的**主题款目**等 4 种基本类型。在机读目录中,一条 MARC 记录即为一条款目。

4. 通用款目:编制通用款目的过程称基本著录,基本著录的结果即通用款目。它是运用文献著录法描述文献外在形式和内容特征编制而成的,是只有著录正文,没有标目和图书馆业务注记(条码号或财产号、馆藏地点)的基础款目。通用款目虽不供检索使用,但却是制作各种检索款目的基础。

5. 标目:编制文献目录时,按照一定规则确定的、作为目录款目排序和检索依据的名称、词或词组、代码、编号等。即位于款目之首供排检,以文献的某一形式或内容特征

G89 麻将学 / 盛琦编著. -- 北京 : 同心出
7310 版社, 1999
348页 : 图表 ; 20cm
0001 国家体育总局社会体育指导中心开
发部麻将竞赛推荐用书
ISBN 7-80593-354-5 : CNY25.00

Ⅰ.麻… Ⅱ.盛… Ⅲ.麻… Ⅳ.G89

分类款目(检索款目)

麻将学 / 盛琦编著. -- 北京 : 同心出
版社, 1999
348页 : 图表 ; 20cm
国家体育总局社会体育指导中心开
发部麻将竞赛推荐用书
ISBN 7-80593-354-5 : CNY25.00

通用款目

指引目录排检线索的项目。其作用在于决定款目的性质,确定款目在目录中的排列位置,提供检索途径。

6. 目录:将一批款目按照一定顺序编排而成的一种文献报道和检索工具。一批题名款目按照一定顺序编排形成题名目录,一批分类款目按照一定顺序编排形成分类目录……目录一般有面向图书馆员的公务目录和面向读者的读者目录。

7. 个别著录:是以单行出版的独立著作为对象的著录方法。这是文献著录的最基本、最普通的一种著录方法。一般的,单行著作、整套丛书中的某种著作和不能一次到齐的多卷书中的各分卷采用个别著录方法。也可根据各图书馆具体情况,规定单行出版的独立著作包括一次到齐的多卷书中的各分卷均采用个别著录方法。

8. 多层次著录(综合著录):是以群体出版的一整套文献作为著录对象的著录方法。将文献著录信息分成两个或多个层次。第一个层次著录文献整体的共同书目信息,第二个层次及其余各层次分别著录有关各部分的书目信息。如对丛书、多卷书的整体著录,它与个别著录相对而言,也叫"整套著录""集中著录""分层次著录"。

9. 分析著录:是将文献中的一部分材料提取出来,单独作为一个著录对象所进行的一种著录方法。分析著录也称做"别裁""别出"。

10. 机读目录(MARC:Machine Readable Catalogue):计算机可读的目录。

11. 机读目录格式,指文献目录信息在目录数据库中的组织形式,是各国编制书目数据普遍遵循的一种规范。

(1)UNIMARC,国际书目数据通信格式。为了统一各国的机读目录格式,强化书目数据的可交换性,IFLA 主持制定了 UNIMARC,1977 年公布,1980 年又出版了第 2 版,1983 年出版《UNIMARC Handbook》。

(2)USMARC,机读目录通讯格式。1966 年 MARC 诞生于美国国会图书馆,称为 LCMARC,1983 年 LCMARC 成为美国国家标准的机读目录格式,即 USMARC。USMARC 一体化的机读目录格式由美国图书馆协会 MARBI 委员会于 1988 年批准实行,在经过多次修改后于 1993 年年底正式付诸实践。

(3)MARC21,机读目录通讯格式。1999—2000 年由美国、加拿大图书馆协会共同推出,英国于 2001 年 8 月宣布采用,现在美、英、法、加等国家应用。

(4)CNMARC,依据《UNIMARC 手册》制定,同时根据中国汉字的特殊性增设了一些字段和子字段。1986 年由北京自动化发展部开始编写,1996 年 2 月 6 日正式确立其为国家标准,并于 1996 年 7 月开始实施。1992 年书目文献出版社(今国家图书馆出版社)出版了《中国机读目录通讯格式》,2004 年,北京图书馆出版社(今国家图书馆出版社)出版了《新版中国机读目录格式使用手册》(国家图书馆编)。

12. MARC 记录：书目数据库里的一个信息单元。每条记录由头标区、目次区和若干个字段构成。

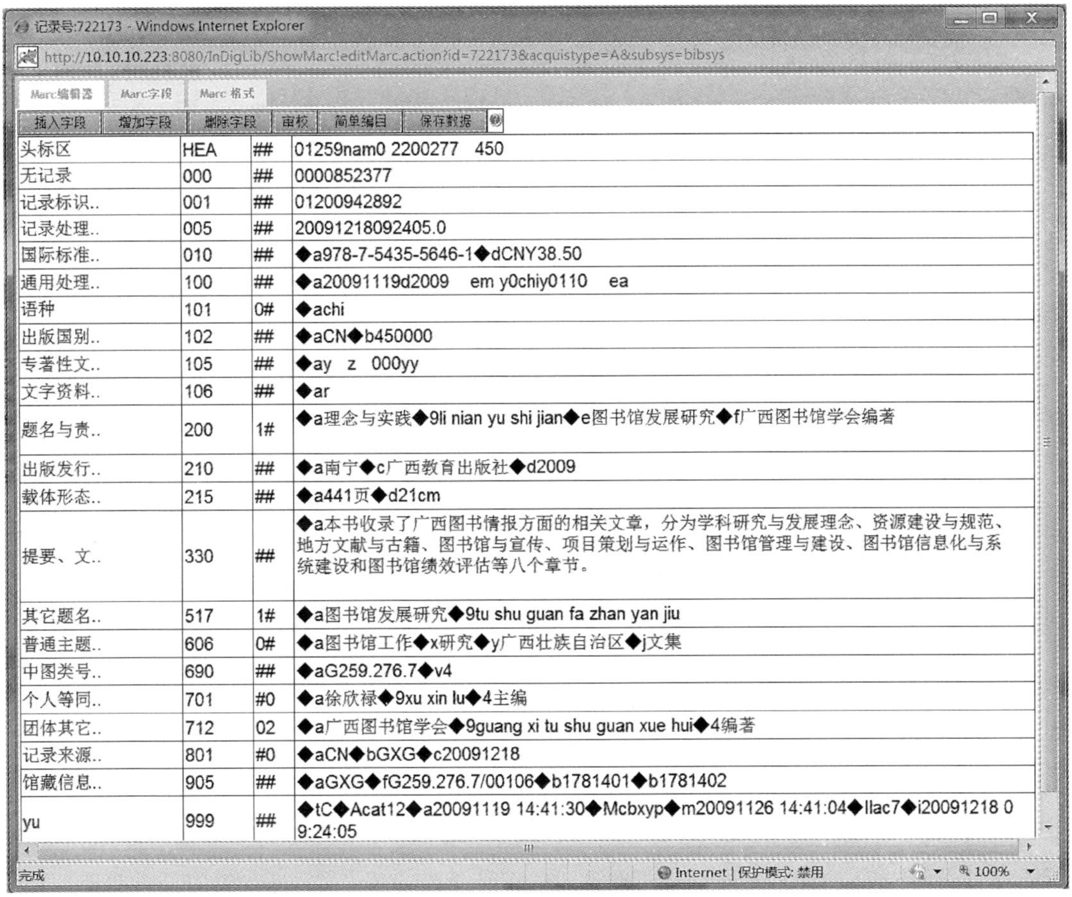
记录号:722173 - Windows Internet Explorer
http://10.10.10.223:8080/InDigLib/ShowMarc!editMarc.action?id=722173&acquistype=A&subsys=bibsys
Marc编辑器　Marc字段　Marc 格式
插入字段　增加字段　删除字段　审校　简单编目　保存数据

头标区	HEA	##	01259nam0 2200277 450
无记录	000	##	0000852377
记录标识..	001	##	01200942892
记录处理..	005	##	20091218092405.0
国际标准..	010	##	◆a978-7-5435-5646-1◆dCNY38.50
通用处理..	100	##	◆a20091119d2009 em y0chiy0110 ea
语种	101	0#	◆achi
出版国别..	102	##	◆aCN◆b450000
专著性文..	105	##	◆ay z 000yy
文字资料..	106	##	◆ar
题名与责..	200	1#	◆a理念与实践◆9li nian yu shi jian◆e图书馆发展研究◆f广西图书馆学会编著
出版发行..	210	##	◆a南宁◆c广西教育出版社◆d2009
载体形态..	215	##	◆a441页◆d21cm
提要、文..	330	##	◆a本书收录了广西图书情报方面的相关文章，分为学科研究与发展理念、资源建设与规范、地方文献与古籍、图书馆与宣传、项目策划与运作、图书馆管理与建设、图书馆信息化与系统建设和图书馆绩效评估等八个章节。
其它题名..	517	1#	◆a图书馆发展研究◆9tu shu guan fa zhan yan jiu
普通主题..	606	0#	◆a图书馆工作◆x研究◆y广西壮族自治区◆j文集
中图类号..	690	##	◆aG259.276.7◆v4
个人等同..	701	#0	◆a徐欣禄◆9xu xin lu◆4主编
团体其它..	712	02	◆a广西图书馆学会◆9guang xi tu shu guan xue hui◆4编著
记录来源..	801	#0	◆aCN◆bGXG◆c20091218
馆藏信息..	905	##	◆aGXG◆fG259.276.7/00106◆b1781401◆b1781402
yu	999	##	◆tC◆Acat12◆a20091119 14:41:30◆Mcbxyp◆m20091126 14:41:04◆llac7◆i20091218 09:24:05

完成　Internet | 保护模式: 禁用　100%

13. 字段：由字段标识符标识的被定义的特定字符串，可包含 1 个或多个子字段。

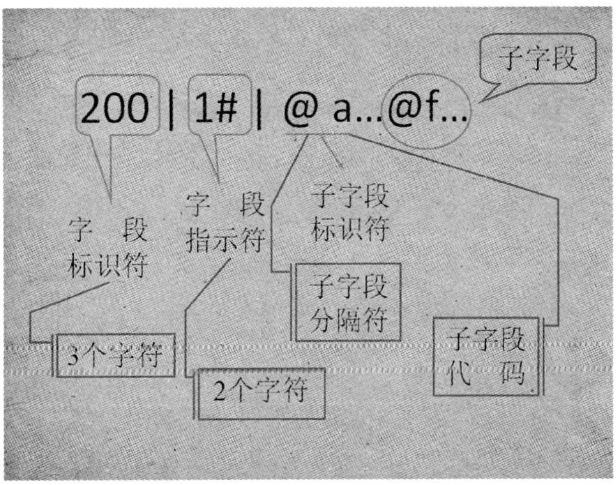

14. 字段标识符：用于标记字段的一组 3 位数字符号，也称字段号。如 200 字段（题名与责任说明项）中的“200”、801 字段（记录来源）中的“801”等。

15. 字段指示符：字段号后两个字符位的值，与变长字段联用的字符（数字或字母），为本字段内容、记录中本字段与其他字段的相互关系或某些数据处理时所需的操作等附加信息,每个指示符的值都有其独立的含义。一般为数字或空格(本书中 1 个英文字符位空格用#代替),如“##”“0#”“1#”“02”“12”“#1”。

16. 子字段:字段内所定义的数据单位。

17. 子字段标识符:由两个字符组成的代码,用以标识可变长字段中的不同子字段。第一个字符为 GB/T 2901(ISO 2709)中规定的专用符号(如@、■、◆、▲等,本书中用@表示),称为子字段分隔符;第二个字符为字母或数字,称为子字段代码。如 200 字段中的“@a”(正题名)、“@f”(第一责任说明)、“@9”(正题名汉语拼音)等。

18. 检索点:用于检索书目记录的名称、词语和代码等。

19. 定长字段:长度固定的字段,字段长度不因字段描述的内容不同而变化。如 100 字段、105 字段。

20. 变长字段:长度不定的字段,字段长度因字段描述的内容不同而变化。它包含 1 个或多个数据元素或子字段。其长度为文字、符号、数据所占的字符数与字段指示符、子字段标识符及字段分隔符等所占的字符数之和。如 200 字段、210 字段、300 字段,等等。

21. 定长子字段:长度固定的子字段,包含 1 个或多个数据元素。可出现在定长字段,如 100 字段的@a子字段;也可出现在变长字段,如 200 字段的@f子字段。

22. 必备字段:指每个 MARC 记录必不可少的字段。数据字段区共设 5 个必备字段:001 字段(记录控制号)、100 字段(一般处理数据)、101 字段(文献语种)、200 字段(题名与责任说明)、801 字段(记录来源)。

23. (字段或子字段的)**可重复性:**表示该字段(或子字段)可以在 1 条 MARC 记录(或 MARC 记录中的 1 个字段)中重复使用。(字段或子字段的)**不可重复性**表示该字段(或子字段)在 1 条 MARC 记录(或 MARC 记录中的 1 个字段)中只能出现 1 次。

24. 中国追加字段:字段标识符或子字段标识符含有“9”的字段,为中国在 UNIMARC 基础上追加的适合中国使用的字段或子字段。如“091 统一书刊号”“092 订购号”“690 中国图书馆分类法分类号”“692 中国科学院图书馆图书分类法分类号”“905 馆藏信息”,等等,以及 200 字段、5--字段、7--字段中的子字段“@9 款目要素汉语拼音”。

25. 普通图书:主要是指以印刷方式单本刊行的出版物,包括汇编本、多卷书、丛书等,不包括线装古籍、连续出版物及非书资料等。

一部印刷型的普通图书,一般由 4 部分组成,即外表部分、前置部分、正文部分和后附部分。外表包括：护封（多用于精装书和软精装书）、封面（封一）、封二、封三、封底（封四）、书脊（封脊、背脊）、勒口（折口，平装书的封面和封底或精装书的护封的切口处多留 30 毫米以上空白纸张向里折转）、飘口（精装书的外壳一般比书心三面切口长出 3 毫米用来保护书心的部分）、书顶（上切口）、书根（下切口）、外切口。

26. 题名页：位于封面之后、正文之前，载有该文献的完整题名、责任者、出版者等信息的一页。当这些信息不重复地分印在相对的两页上时，则这两页一起作为题名页。

27. 版权页：亦称“版本记录页”。文献中载有版权说明、题名、责任者、出版者、发行者、印刷者、出版年月、版次、印次、印数、定价等信息的一页，通常为题名页背面一页或图书最后一页。

封面

中国文献编目规则

（第二版）

国家图书馆《中国文献编目规则》修订组　编

北京图书馆出版社

题名页

图书在版编目（CIP）数据

中国文献编目规则（第二版）/国家图书馆《中国文献编目规则》修订组编. —北京：北京图书馆出版社，2005.4

ISBN 7-5013-2758-0

Ⅰ.中…　Ⅱ.国…　Ⅲ.文献著录—编目规则—中国　Ⅳ.G254.31

中国版本图书馆 CIP 数据核字（2005）第 009718 号

书名　中国文献编目规则（第二版）
著者　国家图书馆《中国文献编目规则》修订组　编

出版　北京图书馆出版社　（100034　北京西城区文津街 7 号）
发行　010-66139745　66175620　66126153
66174391（传真）　66126156（门市部）
E-mail　cbs@nlc.gov.cn（投稿）　btsfxb@nlc.gov.cn（邮购）
Website　www.nlcpress.com
经销　新华书店
印刷　北京华正印刷厂

开本　787×1092 毫米　1/16
印张　27.875
版次　2005 年 4 月第 1 版　2005 年 4 月第 1 次印刷
字数　550（千字）

书号　ISBN 7-5013-2758-0/G·607
定价　90.00 元

版权页

二、著录项目

著录八大项

序号	著录项目	CNMARC 对应字段
1	题名与责任说明项	200、5--、7--
2	版本项	205
3	文献特殊细节项	—
4	出版、发行项	210
5	载体形态项	215
6	从编项	225、461、462
7	附注项	3--
8	标准编号与获得方式项	010

三、著录用标识符

著录用标识符:是标识著录项目或表达著录内容的符号系统,与 ISBD(M)内容一致,在编制传统的卡片目录时必须使用。在编制 CNMARC 书目数据时,著录项目标识符原则上根据图书馆自动化管理系统的设置以及字段标识符、子字段标识符自动生成,无需编目员人工输入。下面对仍需著录的标识符以及标点符号的著录事项进行说明。

1. 使用说明

R2-52　新校注陈修园医书.#第一辑#/#(清)
7543　陈念祖撰著.#--#2版.#--#福州#:#福建科学技术出版社,#2003
14716　569页#;#20cm.#--#(民国民医著作精华)
　　ISBN 7-5335-2023-8#(精装)#:#CNY46.50

注意区分规定标识符、非规定用标识符和著录内容中标点符号的不同用法

(1)著录内容中的**标点符号**按照中外文各自的书写规则著录,而**规定标识符**则使用西文中的标点符号。如标识符**不是ISBD中规定用标识符**,可由编目机构自行规定是否选用英文状态以及是否空格。

(2)著录内容中的标点符号在著录内容之后或外括,而著录项目标识符则在著录单元之前或外括,即有前置标识符和外括标识符之分。如:冒号

“:”为前置标识符,方括号“[ ]”和圆括号“(　)”为外括标识符。

(3)各著录单元前**规定标识符**除逗号“,”和句点“.”是在其后有 1 个英文字符位空格外,其他规定标识符均需在其前后各有 1 个英文字符位空格。

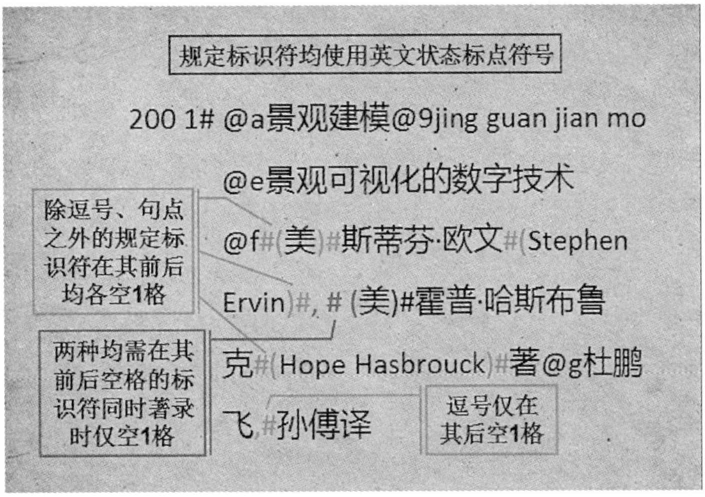

(4)圆括号“(　)”和方括号“[ ]”各自作为一个单独的标识符,其前后各有 1 个英文字符位空格。但当它们前后有用空格作为结尾或开头的标识符时,只保留前后各 1 个英文字符位空格。

2. 著录用标识符及其使用

(1)**“[　]”方括号**:用于标识取自规定信息源之外的著录信息,是规定外括标识符,为英文状态下符号。著录格式为:空格、方括号、空格“**#[　]#**”。

例 1:著录信息源之外的信息。

2001#@a历史地理研究@9li shi di li yan jiu @h3

@f复旦大学历史地理研究中心#[编]

说明:文献的责任方式在题名页、版权页、封面均未载明,经考证后著录为“编”,置于方括号内。

例 2：依据著录规则所加文字。

2001#@a聚合物材料用化学助剂@9ju he wu cai liao yong hua xue zhu ji @f肖卫东#[等]#编著

聚合物材料用化学助剂

肖卫东 何本桥 何培新 黄 姗 编著

化学工业出版社
材料科学与工程出版中心
·北 京·

说明：著录规则规定：同一责任方式的不同责任者超过 3 个时只著录第 1 个，后加“等”字。因“等”为编目员所加，所以要置于方括号内。

（2）**“,”逗号**：用于标识有从属标识的从属题名、附加版本说明、出版发行年（印刷年）等著录单元时，是规定前置标识符，为英文状态下符号，著录格式为：逗号、空格“,#”，用 CNMARC 编制数据时已无需手工输入；用于标识责任方式相同的第二、第三个责任者，交替题名，各分段页码以及多种类型图表时，不是 ISBD 中规定用标识符，可由编目机构自行规定是否选用英文状态及是否空格。一般的，为英文状态下符号，用于标识责任方式相同的第二、第三个责任者，交替题名时著录格式为：逗号、空格“,#”；用于标识各分段页码以及多种类型图表时著录格式为：逗号“,”。

例 3：标识责任方式相同的其他责任者。

200 1# @a新编图书馆目录@9xin bian tu shu guan mu lu @f黄俊贵,#罗健雄编著

例 4：标识交替题名及连接词。

200 1# @a词语的知识和运用,#原名,#怎样使用词语

例 5：标识多种类型图表。

215 ## @a200 页@c照片,地图@d26cm

例 6：标识分段页码。

215 ## @a18,350 页@d 25cm

（3）**“(　)”圆括号**：用于标识丛编项、印刷事项、载体形态项的补充说明、标准编号与获得方式的附加说明时，是规定外括标识符，为英文状态下符号，著录格式为：空格、圆括号、空格“#(　)#”，用 CNMARC 编制数据时除载体形态项的补充说明之外已

无需手工输入；用于标识古代责任者朝代、外国责任者国别、外国责任者姓名原文（汉译姓名后）时，不是 ISBD 中规定用标识符，可由编目机构自行规定是否选用英文状态及是否空格。一般的，为英文状态下符号，按照 ISBD 中规定用标识符使用规则著录，著录格式为：空格、圆括号、空格“#(　)#”。

例 7：标识古代责任者朝代。

200 1# @a新校注陈修园医书@9xin jiao zhu chen xiu yuan yi shu

@h第一辑@f#(清)#陈念祖撰著

例 8：标识外国责任者国别和外国责任者姓名原文（汉译姓名后）。

200 1# @a创世企业@9chuang shi qi ye @e圣路加公司@e资本时代的超级另类

@f#(英)#安迪·劳#(Andy Law)#著@g陈霜叶译

701 #0 @c#(英)#@a劳@9lao @c#(Law,#Andy)#@4 著

（4）**“-”连字符**：用于标识页码、年代等起讫连接，为英文状态下符号，前后均不空格。

例 9：多卷书各卷（册）页码未单独编码，而是与其整套书连续编码，采用个别著录方法时标识起讫页码。

①200 1# @a大旗英雄传@9da qi ying xiong zhuan @h上 @f古龙著

215 ## @a354 页 @d21cm

②200 1# @a大旗英雄传@9da qi ying xiong zhuan @h下 @f古龙著

215 ## @a355-712 页@d21cm

四、普通图书著录常用字段

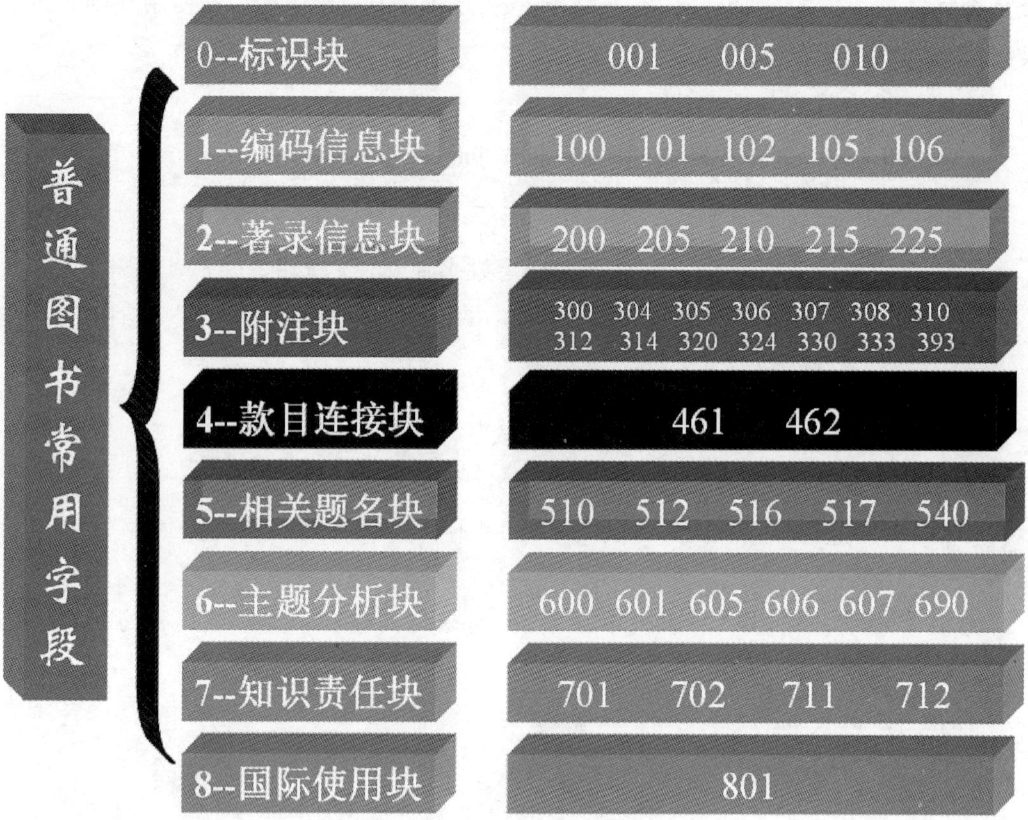

五、著录信息源

著录信息源:文献著录信息源来自受编文献本身。文献本身信息不足时,可参考其他信息源,非文献本身的著录信息置于方括号“#[ ]#”内,并在附注项说明。

1. 主要信息源

文献著录的首选来源。普通图书的主要信息源是题名页。

2. 规定信息源

对文献的每一个著录项目规定的一个或多个信息来源。

普通图书各著录项目的规定信息源及其选取的先后顺序如下,取自规定信息源以外的著录信息置于方括号内,必要时在附注项说明。

序号	著录项目	字段	规定信息源
1	题名与责任说明项	200、5--、7--	题名页或代题名页
2	版本项	205	版权页、题名页
3	出版发行项	210	版权页、题名页
4	载体形态项	215	整部图书及附件
5	丛编项	225、461、462	题名页、版权页、封面、书脊、封底
6	附注项	3--	任何信息源
7	标准编号与获得方式项	010	版权页、图书其余部分

六、著录格式

著录格式是构成款目的各个项目在载体上的排列顺序及其表述方式。著录格式通常有如下几种：

按款目载体形式：1. 卡片格式（分段著录格式）

2. 书本格式（连续著录格式）

3. 机读目录格式（可同时输出多种格式）

按著录方法：1. 个别著录

2. 多层次（综合、整套）著录

3. 分析著录

本书介绍的是中文普通图书机读目录格式数据的编制，所有单行本著作均采用个别著录方法。

七、著录用文字

1. 题名与责任说明项（200 字段）、出版发行项（210 字段的@a、@c子字段）、丛编项（225 字段除@v以外的子字段）等一般用文献本身的文字著录，中文、外文字母的大小写、标点符号等应遵照其语言文字的书写规则。无法照录的图形及符号，可改用相应内容的其他形式著录，置于方括号“[　]”内。

2. 版本项的版次（205 字段的@a子字段）、出版发行及印刷日期（210 字段的@d、@h子字段），载体形态项内的卷（册）数、页数及其他形态数量、尺寸（215 字段的@a、@d子字段），价格（010 字段的@d子字段），丛编项的卷标识（225 字段的@v子字段）等，一律用阿拉伯数字著录。

3. 图书中所载的文字出现谬误，应照录，并在附注项中说明。

第二讲　记录头标

头标区是提供书目记录基本参数的固定长区，位于每条书目数据起始。头标区为固定格式的定长字段，共 24 个字符，占每个记录字符位置的第 0 至 23 位，包括 8 个数据元素。必备，不可重复。

记录头标不是字段，没有字段标识符、字段指标符和子字段。

1. 定长数据元素

<table>
<tr><th rowspan="2">序号</th><th rowspan="2">数据元素名称</th><th rowspan="2">字符数</th><th colspan="2">字符位置与名称</th><th rowspan="2">注释</th></tr>
<tr><th>位置</th><th>名称</th></tr>
<tr><td>1</td><td>记录长度</td><td>5</td><td>0—4</td><td>记录长度</td><td>整个记录的字符总数，计算机程序自动生成。右对齐，不足的字符位标识“0”</td></tr>
<tr><td>2</td><td>记录状态</td><td>1</td><td>5</td><td>记录状态</td><td>n = 新记录（此时第 8 位字符对应取“o”）
c = 修改的记录
o = 新的、低于最高层次的记录，且在数据库里已有与该记录相关的较高层次的记录。（此时第 8 位字符对应取“2”）</td></tr>
<tr><td rowspan="4">3</td><td rowspan="4">执行代码</td><td rowspan="4">4</td><td>6</td><td>记录类型</td><td>a = 印刷的文字资料</td></tr>
<tr><td>7</td><td>书目级别</td><td>m = 专著
s = 连续出版物</td></tr>
<tr><td>8</td><td>层次等级</td><td># = 层次关系未定或不采用层次结构
0 = 无层次关系（此时第 5 位字符对应取“n”或“c”）
1 = 最高层记录
2 = 低层次记录（低于最高层次的记录，此时第 5 位字符对应取“o”或“c”）</td></tr>
<tr><td>9</td><td>未定义</td><td>#，计算机程序自动生成</td></tr>
<tr><td>4</td><td>指示符长度</td><td>1</td><td>10</td><td>指示符长度</td><td>2，计算机程序自动生成，用户不可修改</td></tr>
</table>

续表

序号	数据元素名称	字符数	字符位置与名称		注释
			位置	名称	
5	子字段标识符长度	1	11	子字段标识符长度	2,计算机程序自动生成,用户不可修改
6	数据基地址	5	12—16	数据基地址	第一个数据字段相对于记录首位的起始字符位置,计算机程序自动生成,用户不可修改。右对齐,不足的字符位标识“0”
7	记录附加定义	3	17	编目等级	# = 完全级。表示该记录建立时核对过编目实体
			18	著录格式	# = 完全采用。用 1 位字符代码表示该记录采用的著录规则情况,说明在编制 200—225 字段时是否依据了 ISBD 的规定
			19	未定义	#,计算机程序自动生成
8	地址目次区项目结构	4	20	“字段长度”长度	4,计算机程序自动生成
			21	“起始字符位置”长度	5,计算机程序自动生成
			22	“执行定义部分”长度	0,计算机程序自动生成
			23	未定义	#,计算机程序自动生成

2. 实例分析

0 1 8 2 4　n　a　m　0　# 2 2　0 0 4 5 7　# # #　4 5 0 #

整个记录的字符总数　新记录　印刷文字资料　专著　无层次关系

新的无层次关系的记录

0 1 8 2 4　o　a　m　2　# 2 2　0 0 4 5 7　# # #　4 5 0 #

整个记录的字符总数　新的低层次的记录　印刷文字资料　专著　低层次记录

新的低于最高层次关系的记录

0 1 8 2 4	c	a	m	0	#22	0 0 4 5 7	###	4 5 0 #
整个记录的字符总数	修改过的记录	印刷文字资料	专著	无层次关系				

修改过的无层次关系的记录

0 1 8 2 4	c	a	m	2	#22	0 0 4 5 7	###	4 5 0 #
整个记录的字符总数	修改过的记录	印刷文字资料	专著	低层次记录				

修改过的低于最高层次关系的记录

例 1:独立出版的单行著作,新记录。

01824nam0#2200457###450#　　√

01824oam0#2200457###450#　　×

"n" "0" 成对

例 2:独立出版的丛书中的一种著作,新记录。

01824oam2#2200457###450#　　√

01824nam2#2200457###450#　　×

"o" "2" 成对

说明:现在大部分基层图书馆书目数据均是通过套录权威的原编机构数据而来,如对原编机构的数据没有进行字段内容或数据结构的修改,而只是增加了第 2 个 801 字段、馆藏字段等,则头标第 5 字符位"记录状态"无需从"n"改为"c"。

第三讲　0--标识块

一、001 记录标识号(Record Identifier)

本字段**必备**,不可重复。

1. 指示符:本字段无指示符。

2. 子字段:本字段不设子字段。

3. 字段内容注释:本字段数据可以由用户自行定义,没有任何限制。

本字段包含能唯一标识本记录的控制号,由编制本书目记录的机构提供。

以下内容是**中国国家图书馆**采用的数据元素,长度为 12 个字符位,仅供参考。

序号	数据元素名称	字符数	字符位置	注释	
1	资料库类型代码	2	0	0 = 普通图书 1 = 连续出版物	01 = 中文普通图书 11 = 中文连续出版物
			1	1 = 中文 2 = 西文	02 = 西文普通图书 12 = 西文连续出版物
2	编目年	4	2—5	编制数据年份,不会改变	
3	编目流水号	6	6—11	字符数可根据各馆实际情况设置	

4. 实例

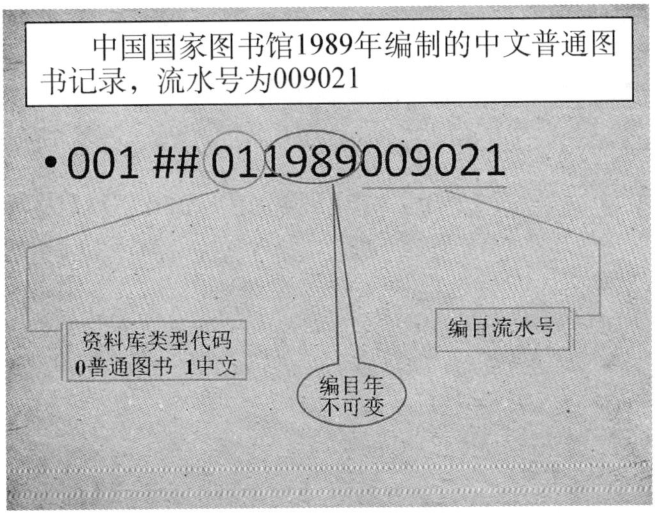

二、005 记录处理时间标识(Version Identifier)

本字段选择使用,不可重复。

本字段的数据元素长度为 16 位。

本字段记载的是记录的最后处理日期和时间，为**动态数据**，一旦有改动就会更新。

1. 指示符：本字段无指示符。

2. 子字段：本字段不设子字段。

3. 字段内容注释

字段格式为：YYYYMMDDHHMMSS. T，各项数据均右对齐，不足的字符位标识"0"。

其中，YYYYMMDD（年月日）为日期格式，HHMMSS. T（小时分钟秒，T 表示 1/10 秒）为时间格式。

4. 实例

005 ## 19850501141236. 0

说明：该记录最后处理时间为"1985 年 5 月 1 日 14 时 12 分 36 秒"。

5. 相关字段

（1）100 字段（通用处理数据）@a子字段的前 8 个字符记载的是记录生成日期，即使对记录进行更新也不再改变。

（2）第 1 个 801 字段（记录来源）的@c子字段记载的是记录生成日期，第 2 个 801 字段的@c子字段记载的是记录修改或转录日期，一旦生成，不可改变。

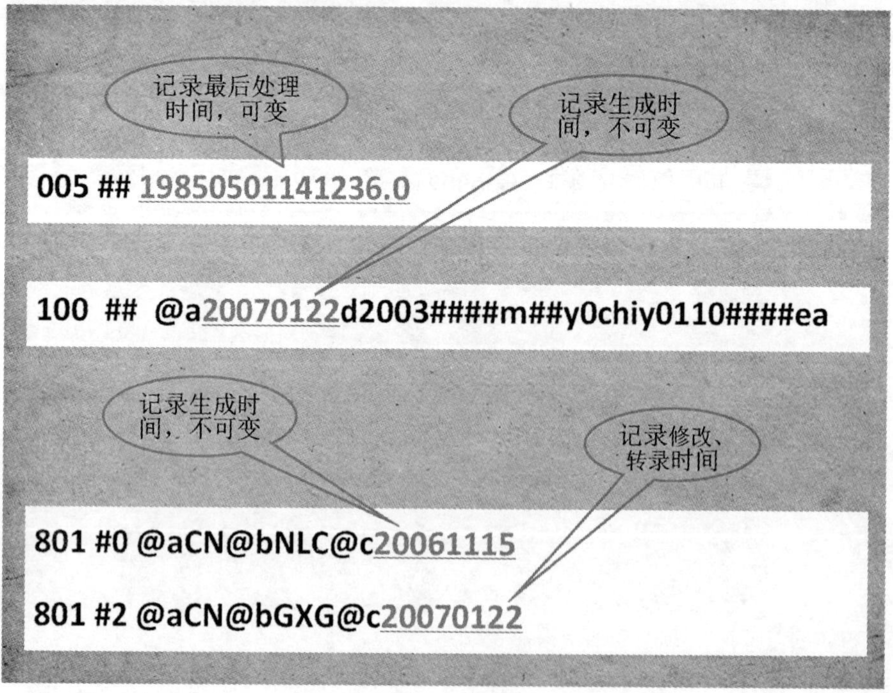

三、010 国际标准书号(ISBN,International Standard Book Number)

本字段选择使用,当有多个有效的 ISBN 数据时,可重复。

1. 指示符

指示符 1		指示符 2	
注释	内容	内容	注释
未定义,填空格	#	#	未定义,填空格

2. 常用子字段

序号	子字段标识符	子字段内容	注释
1	@a	国际标准书号(ISBN)	不可重复
2	@b	限定、装帧(精装等)	不可重复
3	@d	获得方式和/或价格	不可重复
4	@z	错误的国际标准书号	可重复

3. 著录信息源:版权页。

4. 字段结构

(1)010##@aISBN@d价格

(2)010##@aISBN@b装帧@d价格

(3)010##@aISBN@b装帧@d价格@z错误的 ISBN号

5. 字段内容注释

(1)ISBN 由 4 组或 5 组数字中间加短横组成,数字和短横完整填入@a子字段,但“ISBN”字样不填。

例 1:010 ## @a7-5013-2198-1 @dCNY90. 00　　(2007 年1 月1 日以前出版的图书)

例 2:010 ## @a978-7-81023-963-5 @dCNY7. 50 (2007 年及以后出版的图书)

(2)@b子字段一般为出版物装订标记。除平装的图书可省略不著录以外,图书的其他装帧形式,包括精装、豪华装、线装、盒装、函套装等均填入@b子字段。

例 3:010 ## @a7-81023-976-7 @dCNY8. 50　　(平装书)

例 4:010 ## @a978-7-5013-4393-5 @b精装@dCNY360. 00　　(精装书)

(3)获得方式和定价填写在@d子字段。填写价格时,价格单位用标准货币符号表示;价格用阿拉伯数字著录于价格单位之后,保留小数点后面两位。货币符号与价格之间不空格。

部分货币代码

（摘自《新版中国机读目录格式使用手册》附录 H“货币代码”）

货币名称	货币代码	货币名称	货币代码	货币名称	货币代码	货币名称	货币代码
澳大利亚元	AUD	文莱元	BND	加拿大元	CAD	瑞士法郎	CHF
人民币	CNY	欧元	EUR	德国马克	DEM	法国法郎	FRF
英镑	GBP	港币	HKD	意大利里拉	ITL	印度卢比	INR
日元	JPY	朝鲜圆	KPW	澳门元	MOP	新加坡元	SGD
台币	TWD	泰国铢	THB	美元	USD	越南盾	VND

例 5：010 ## @a7-80023-963-5 @dCNY7. 50

例 6：010 ## @a962-7104-24-8 @dHKD38. 00

（4）经校验确知 ISBN 有错，则将错误的 ISBN 号填入@z子字段。

例 7：010##@a7-313-01037-0 @dCNY3. 95 @z7-313-1037-0

（5）一种图书有精装、平装两个版本，不管其 ISBN 号是否相同，可合并著录为 1 条 CNMARC 数据。因两个版本图书价格的不同以及@b子字段著录内容的不同，需在书目数据中同时著录两个 010 字段，先著录平装，后著录精装。

例 8：010 ## @a7-80021-843-0 @dCNY25. 00

010 ## @a7-80021-844-9 @b精装@dCNY30. 00

例 9：010 ## @a7-80021-986-0 @dCNY223. 00

010 ## @a7-80021-986-0 @b精装@dCNY288. 00

（6）多卷书各分卷（册）的 ISBN 相同，价格是全套价格，采用综合著录方法时在@d子字段著录全套图书价格，采用个别著录方法时可将全套图书价格取平均值分册著录。

例 10：010 ## @a7-351-1154-7 @dCNY57. 00（全套共上中下 3 册）

说明：多卷书采用综合著录方法著录。

例 11：010 ## @a7-351-1154-7 @dCNY19. 00

说明：多卷书采用个别著录方法著录，本例为上册书数据。

6. 相关字段

（1）102 字段（出版或制作国别）记载的是出版或制作机构所在国别和地区，@a子字段与 010 字段@a子字段中的组号对应。

（2）210 字段（出版发行）@b子字段记载的是出版机构全称，与 010 字段@a子字段中的出版者号对应。

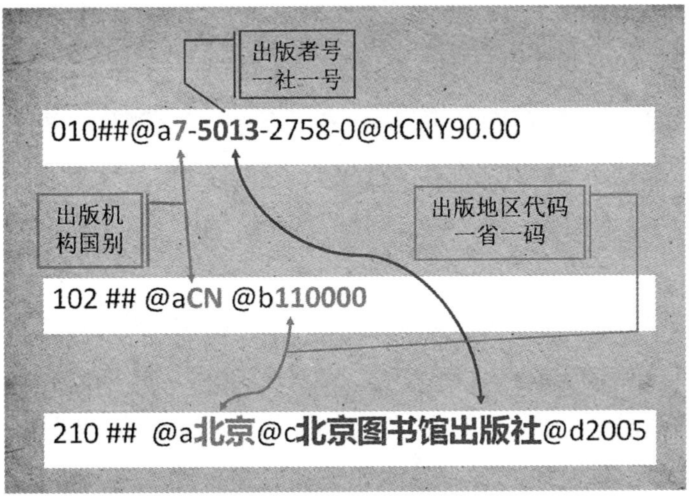

7. 中国标准书号

(1)基本概念

国际标准书号(International Standard Book Number,简称 ISBN)是国际上通用的出版物标识编码的标识符,有使众多图书个别化的作用。一个国际标准书号只有一个或一份相应的出版物与之对应。一个标准书号在任何情况下均不能改变、替换或重复使用。

(2)中国标准书号历史沿革

ISBN 系统创建于 1970 年,我国 1982 年参加 ISBN 系统,并成立中国 ISBN 中心,设在国家新闻出版署,并于 1986 年 1 月 16 日首次发布《中国标准书号(GB/T 5795—1986)》,2002 年修订。2006 年 12 月 6 日,国家新闻出版总署下发“关于实施新版《中国标准书号》国家标准的通知(新出图〔2006〕1253 号)”,明确规定:《中国标准书号》国家标准(GB/T 5795—2006)于 2006 年 10 月由国家标准化管理委员会批准颁布,2007 年 1 月 1 日起在全国实施。2007 年 1 月 1 日以后出版(包括再版、重印)的图书、音像制品和电子出版物使用的书号和条码将与世界同步由 10 位升至 13 位。

(3)中国标准书号的组织形式

由 13 或 17 位阿拉伯数字和连字符组成,分为前缀、组号、出版者号、出版序号和校检码五部分,各部分之间以连字符分隔(4 个连字符),号码前冠有“ISBN”字样。

①前缀:中国标准书号数字的第一部分。由国际物品编码系统(EAN · UCC)专门提供给国际 ISBN 管理系统的产品标识

编码。目前使用978,待使用完毕后再由国际 ISBN 中心决定开始使用979。

②组号:中国标准书号数字的第二部分。是国家、地区、语言或其他组织集团的代号,由国际标准书号中心负责分配。可取1—5位数字,长短视地区图书出版量而定,图书出版量大,组号位数少,反之亦然。全世界英语图书出版量最大,它获得了2个1位编码“0”“1”;其他地区的组号有:法文“2”,德语“3”,中国“7”,香港“962”,新加坡“9971”。

③出版者号:中国标准书号数字的第三部分。标识具体的出版者,由国际标准书号中心负责分配,其位数视申请出版者图书出版量多少而异。出版者号长度为1—6位数字,其长度与出书数量成反比,出版者号位数多,其出版图书容量就少,反之亦然。例:人民出版社的出版者号为“01”,广东人民出版社的出版者号为“218”,国家图书馆出版社的出版者号为“5013”。

④出版序号:中国标准书号数字的第四部分。是某一出版者所出出版物的编号,由出版社按出版物的出版次序管理和编制,其具体数字一般是该出版者出版物种数的顺序号(即流水号),其长度根据前面的组号及出版者号而定,最长为6位。

⑤校验码:中国标准书号数字的第五部分,也是其最后一位,由校验码前面的12位数字通过特定的数学算法计算得出,用以检查中国标准书号编号的正确性。其位数不变,仅1位,但其数值可以是0—10中的任何一个数,当其数值为“10”时,以罗马字的“X”代替,以保证国际标准书号的位数13或17位不变。

(4)出版者号的取值范围和出版量的设置:组号、出版者号和书序号共9位数字,但三部分中的每一部分的位数均是可变的。在组区号不变的情况下,设置出版者号后,即可推导出所含有的出版量。

出版者号的取值范围和出版量

EAN·UCC 前缀—组区号	出版者号设置范围	每一出版者号含有的出版量
978-7	00—09	1 000 000
	100—499	100 000
	5000—7999	10 000
	80000—89999	1000
	900000—989999	100
	9900000—9999999	10

（5）中国标准书号计算示例

10 位数字的中国标准书号计算示例

步骤		组号	出版者号				出版序号				校验码
1	ISBN	7	5	0	6	4	2	5	9	5	5
2	加权	10	9	8	7	6	5	4	3	2	1
3	加权乘积	70	45	0	42	24	10	20	27	10	5
4	加权乘积之和	70 + 45 + 0 + 42 + 24 + 10 + 20 + 27 + 10 + 5 = 253									
5	和数整除模数 11	253 ÷ 11 = 23									

13 位数字的中国标准书号计算示例

步骤		前缀			组号	出版者号				出版序号				校验码
1	ISBN	9	7	8	7	5	0	6	4	2	5	9	5	7
2	加权	1	3	1	3	1	3	1	3	1	3	1	3	1
3	加权乘积	9	21	8	21	5	0	6	12	2	15	9	15	7
4	加权乘积之和	9 + 21 + 8 + 21 + 5 + 0 + 6 + 12 + 2 + 15 + 9 + 15 + 7 = 130												
5	和数整除模数 10	130 ÷ 10 = 13												

第四讲 1--编码信息块

一、100 通用处理数据(General Processing Data)

本字段均为**必备**字段,不可重复。

1. 指示符

指示符 1		指示符 2	
注释	内容	内容	注释
未定义,填空格	#	#	未定义,填空格

2. 子字段

序号	子字段标识符	子字段内容	注释
1	@a	通用处理数据	不可重复

3. 字段内容

本字段含有适用于记录任何媒体的文献记录的定长编码数据。@a子字段字符位数从 0—35 位计数,如某位置中提供的数据不完整,则该字段相应的空缺位置用空格"#"补足。

序号	数据元素名称	字符数	字符位置	注释
1	入档日期(必备)	8	0—7	格式:YYYYMMDD(年月日)
2	出版日期类型	1	8	d = 1 次或 1 年内出全的专著 e = 复制本(重印、影印等)
3	出版日期 1	4	9—12	出版类型 = d 时,填出版年 出版类型 = e 时,填复制年
4	出版日期 2	4	13—16	出版类型 = d 时,填"####" 出版类型 = e 时,填原出版年
5	阅读对象代码	3	17—19	从左至右顺序填写,不足 3 位时用空格"#"补足 a = 普通青少年(不能用 b、c、d、e 时用此代码) b = 学龄前儿童(0—5 岁)　c = 小学生(5—10 岁)

续表

序号	数据元素名称	字符数	字符位置	注释
				d = 少年(9—14 岁)　　e = 青年(14—20 岁) k = 科研人员　　m = 普通成人 例:em#普通人　　am#老少皆宜 cem 小学生以上读物 bcd 少年儿童　　dem 中学生读物 emk 一般性研究读物、地方志、字典、年鉴 ekm 博士论文、论文集
6	政府出版物代码	1	20	y = 非政府出版物
7	修改记录代码(必备)	1	21	0 = 记录无变更(原文照录) 1 = 记录有变更
8	编目语种代码(必备)	3	22—24	中文为 chi
9	音译代码	1	25	y = 未使用音译
10	字符集(必备)	4	26—29	0110
11	补充字符集	4	30—33	无时用“####”补齐
12	题名文字代码	2	34—35	ea = 广义中文

4. 实例

例 1:2003 年出版的图书,2007 年 1 月 22 日编制书目数据。

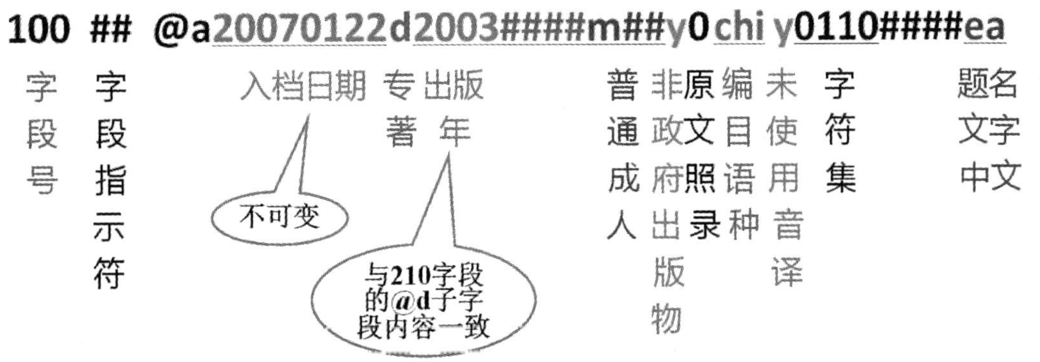

例 2:1976 年出版,2003 年重印的图书,2007 年 1 月 22 日编制书目数据。

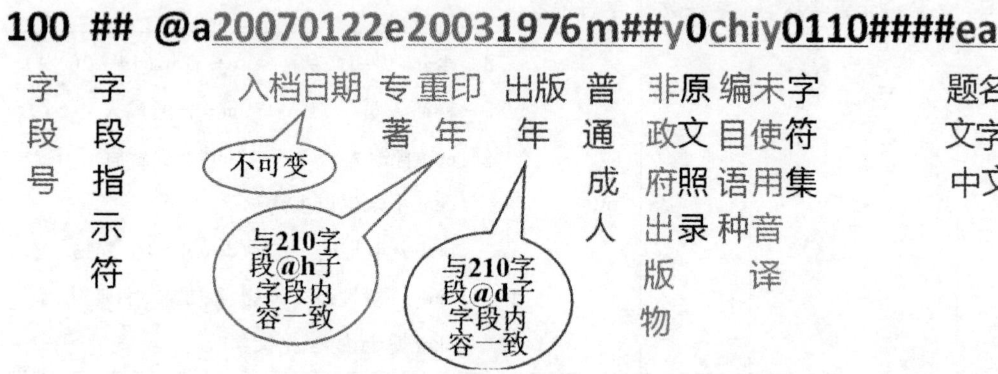

例 3:2011 年 3 月出版、2011 年 6 月第 3 次印刷的图书,2012 年 9 月 15 日编制书目数据。

100 ## @a20120915**d2011**####em#y0chiy0110####ea

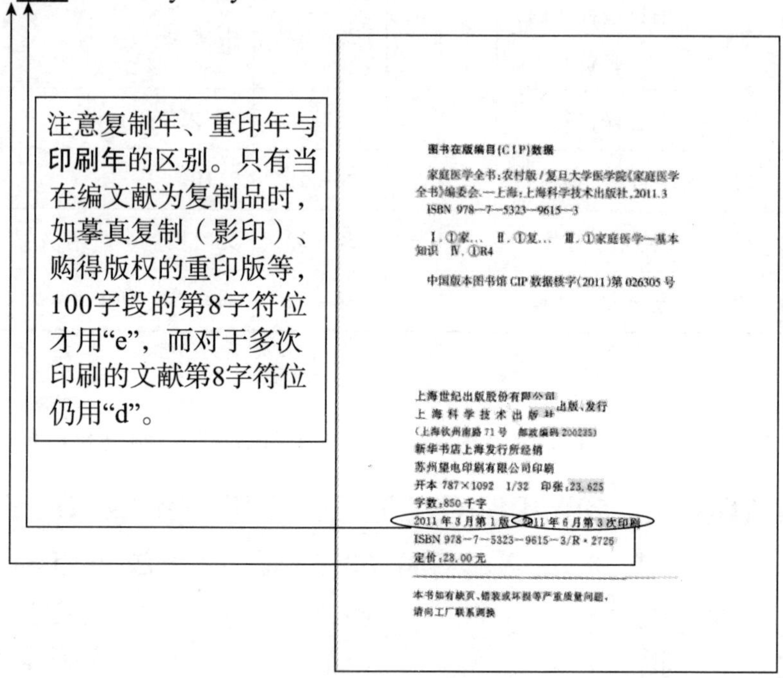

5. 相关字段

(1)210 字段(出版发行)@d子字段记载的是出版年,当 100 字段@a子字段中的“出版类型”为“d”时,与“出版日期 1”记载的出版年一致;当 100 字段@a子字段中的“出版类型”为“e”时,与“出版日期 2”记载的出版年一致。@h子字段记载的是重印年,当 100 字段@a子字段中的“出版类型”为 e 时,与“出版日期 1”重印年一致。

(2)第 1 个 801 字段(记录来源)@c子字段记载的是本条记录生成的日期,与 100

字段@a子字段中的“入档日期”一致，一旦生成，不可改变。

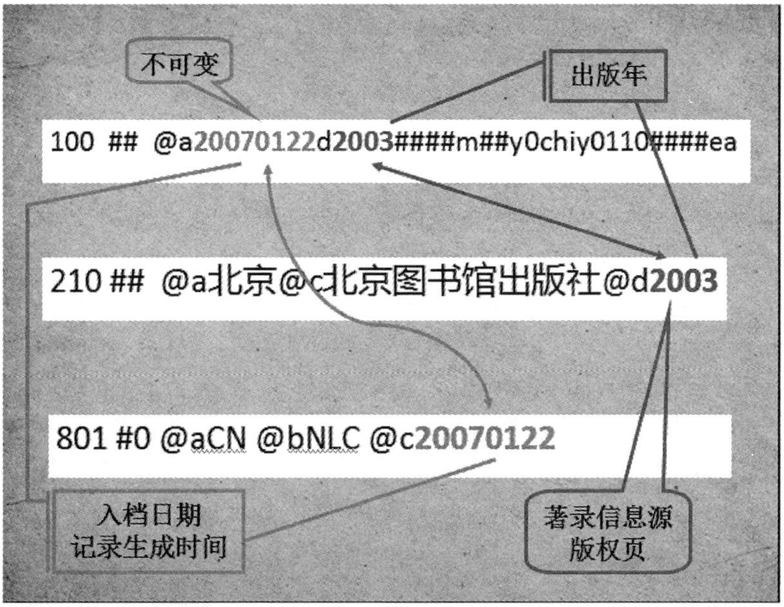

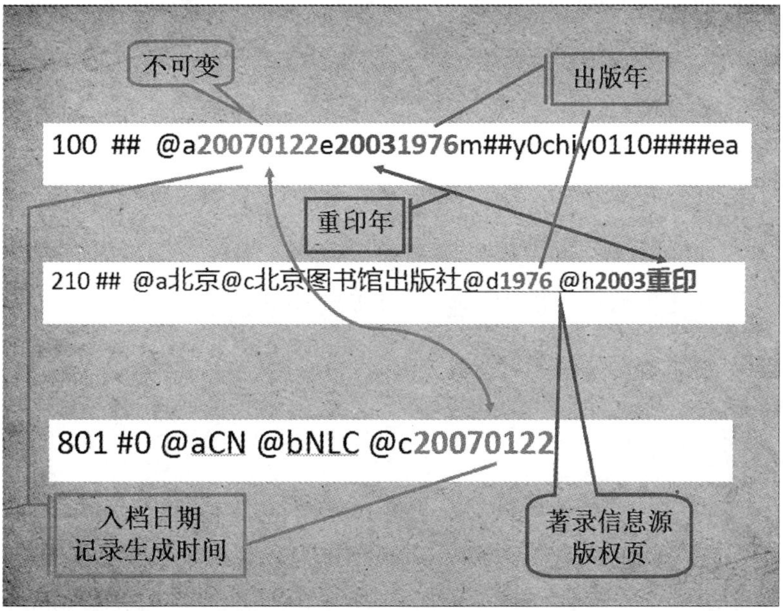

二、101 文献语种(Language of the Item)

本字段为**必备**字段，不可重复。

本字段包含在编文献的语种代码，如该文献为译著，还应记录其原著的语种代码。

1. 指示符

指示符 1(作品语种指示符)		指示符 2	
注释	内容	内容	注释
文献为原著	0	#	未定义,填空格
文献为译著(译自原著或非原著的中间语言)	1	#	
文献含有译文(不包括提要译文)	2	#	

说明:当文献为原著时,指示符为“0#”;当文献为译著时,指示符为“1#”;当文献含有译文时,指示符为“2#”。通常情况下,字典、词典用“0#”,对照读物用“2#”,但仍要仔细区分文献中译文的出处。

2. 常用子字段

序号	子字段标识符	子字段内容	注释
1	@a	正文语种	可重复
2	@b	中间语种	可重复
3	@c	原著语种	可重复

3. 常见字段结构

(1)101 0# @a原著的正文语种

(2)101 0# @a原著的正文语种 1 @a原著的正文语种 2

(3)101 1# @a译著的正文语种@c译著的原作语种

(4)101 1# @a译著的正文语种@b译著的中间语种@c译著的原作语种

(5)101 2# @a译著的正文语种 1 @a译著的正文语种 2 @c译著中译文的原作语种

4. 字段内容注释

(1)对于原著文献,将正文语种填入 101 字段@a子字段(例 1);当文献正文含有两种或三种语种时,重复著录 101 字段@a子字段,一般将中文填入第 1 个@a子字段(例 2、例 3);若正文所含文字语种超过 3 个时,101 字段@a子字段内容用 mul 表示(例 4)。

(2)对于译著文献,将正文语种填入 101 字段@a子字段,原著语种填入 101 字段@c子字段(例 5);若文献不是译自原作,而是译自中间语种文献时,将中间语种填入 101 字段@b子字段(例 6)。

(3)对含有译文的文献(文献正文为两种或三种语言的对照读物,其中一种语言是原著,其他语言是根据原著翻译而成),将正文语种依次填入 101 字段@a子字段(一般将中文填入第一个@a子字段),原著语种填写在 101 字段@c子字段(例 7)。

5. 部分语种代码(摘自《新版中国机读目录格式使用手册》附录 A“语种代码”)

语种英中文名称	语种代码	语种英中文名称	语种代码	语种英中文名称	语种代码
Chinese 汉语	chi	English 英语	eng	Esperanto 世界语	epo
French 法语	fre	German 德语	ger	Italian 意大利语	ita
Japanese 日语	jpn	Korean 朝语	kor	Mongolian 蒙古语	mon
Russian 俄语	rus	Spanish 西班牙语	spa	Swedish 瑞典语	swe
Tibetan 藏语	tib	Thai 泰语	tha	Uighur 维吾尔语	uig

6. 实例分析

<table>
<tr><th>例</th><th>说明</th><th>原著</th><th>例</th><th>译著</th><th>说明</th></tr>
<tr><td>1</td><td>①原著
②中文图书</td><td>101 0# @achi
200 1# @a世界教育趋势
@f刘红著</td><td>5</td><td>101 1# @achi @ceng
200 1# @a致胜团队
@f#(英)史蒂夫·莫里斯#(Steve Morris)#著
@g游琬娟译</td><td>①译著
②中文图书
③原著是英文
④中文根据原著翻译而成</td></tr>
<tr><td>2</td><td>①原著
②正文含两种文字
③两种文字均由中国责任者负责</td><td>101 0# @achi @aeng
200 1# @a化工英语教程
@f王保国,#田建华主编</td><td rowspan="2">6</td><td rowspan="2">101 1# @achi @beng @crus
200 1# @a安娜·卡列尼娜
@f#(俄)#列夫·托尔斯泰原著@g#(英)#F. 约翰斯敦,#(英)#M. 韦斯特缩写@g范仲英译</td><td rowspan="2">①译著
②中文图书
③原著是俄文
④曾被译为英文
⑤中文根据英文译本翻译而成</td></tr>
<tr><td>3</td><td>①原著
②正文含 3 种文字
③3 种文字均由中国责任者负责</td><td>101 0# @a chi @a eng @ajpn
200 1# @a日英汉 IT 词典
@f王玉辉,#李芳主编</td></tr>
<tr><td>4</td><td>①原著
②正文含 3 种以上文字
③3 种以上文字均由中国责任者负责</td><td>101 0# @amul
200 1# @a英法德西俄汉图书馆学情报学词汇@f赵福来,#赵贞阁,#赵琏编</td><td>7</td><td>101 2# @achi @aeng @ceng
200 1# @a德伯家的苔丝
@e#[英汉对照]#
@f#(英)#哈代著
@g陈雄尚译</td><td>①译著
②正文含两种文字
③原著是英文
④中文根据英文翻译而成</td></tr>
</table>

三、102 出版或制作国别(Country of Publication or Production)

本字段选择使用,不可重复。

本字段包含在编文献的一个或多个出版或制作国的国别代码。

1. 指示符

指示符 1		指示符 2	
注释	内容	内容	注释
未定义,填空格	#	#	未定义,填空格

2. 常用子字段

序号	子字段标识符	子字段内容	注释
1	@a	出版或制作国别 GB 2659(ISO 3166)的两位大写字母代码	可重复
2	@b	出版地区代码(非国际标准) 国内地区采用 GB 2260 中华人民共和国行政区划代码	可重复

3. 常见字段结构

(1)102 ## @a出版国代码@b出版地区代码

(2)102 ## @a出版国代码@b出版地区代码@b同一出版国的另一出版地区代码

或 102 ## @a出版国代码@b出版地区代码@a同一出版国代码@b同一出版国的另一出版地区代码

说明:本字段记录在编文献出版地的国别和地区代码。若记录同一国家两个及以上地区时,需著录两个@b子字段,第 2 个@b子字段之前可重复著录@a子字段(出版国代码),也可以不重复。

4. 实例

例 1:一家出版者出版图书。

102 ## @aCN@b110000
210 ## @a北京@c人民文学出版社@d2013

例 2:在同一个出版地的两家出版者合作出版图书。

102 ## @aCN@b110000
210 ## @a北京@c人民教育出版社@c北京出版社@c@d2013

例 3:在不同出版地的两家出版者合作出版图书。

102 ## @aCN @b110000 @aCN @b450000

或　102 ## @aCN@b110000@b450000
　　210 ## @a北京@c人民出版社@a南宁@c广西教育出版社@d2013

5. GB 2260—1995 中华人民共和国行政区划代码

名称	代码	名称	代码	名称	代码
北京市	110000	福建省	350000	云南省	530000
天津市	120000	江西省	360000	西藏自治区	540000
河北省	130000	山东省	370000	陕西省	610000
山西省	140000	河南省	410000	甘肃省	620000
内蒙古自治区	150000	湖北省	420000	青海省	630000
辽宁省	210000	湖南省	430000	宁夏回族自治区	640000
吉林省	220000	广东省	440000	新疆维吾尔自治区	650000
黑龙江省	230000	广西壮族自治区	450000	台湾省	710000
上海市	310000	海南省	460000	香港	810000
江苏省	320000	重庆市	500000	澳门	820000
浙江省	330000	四川省	510000		
安徽省	340000	贵州省	520000		

6. 相关字段

(1)010 字段(国际标准书号)@a子字段记载的是国际标准书号,其中的组号与 102 字段的@a子字段对应。

(2)210 字段(出版发行)@a子字段记载的是出版者所在地,与 102 字段的@b子字段对应。

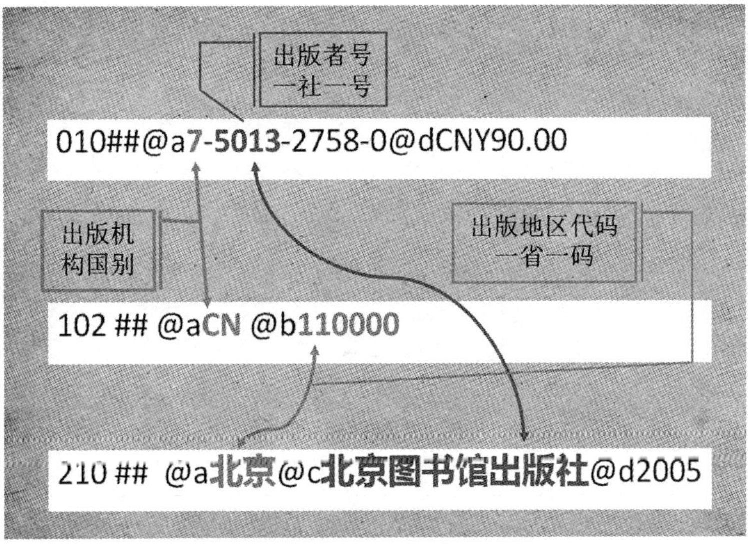

四、105 编码数据字段:专著性文字资料(Coded Data Field: Textual Material, Monographic)

本字段选择使用,不可重复。

本字段包含专著性印刷文字资料的编码数据。

1. 指示符

指示符 1		指示符 2	
注释	内容	内容	注释
未定义,填空格	#	#	未定义,填空格

2. 常用子字段

序号	子字段标识符	子字段内容	注释
1	@a	专著编码数据	不可重复

3. 子字段定长数据元素表(说明:不足位数由空格"#"代替)

序号	数据元素名称	字符数	字符位置	注释
1	图表代码	4	0—3	a = 图表　c = 肖像　f = 图版　y = 无图 当图书中有超过 3 种类型图表,或图表的类型不易判别时,填"a##"
2	内容类型代码	4	4—7	e = 字、词典　f = 百科全书　j = 成套教科书 l = 标准或规定　n = 法律和法规　q = 试题 r = 文学评论　t = 卡通或连环画　z = 其他
3	会议代码	1	8	0 = 非会议出版物 1 = 会议出版物
4	纪念文集指示符	1	9	0 = 非纪念文集 1 = 纪念文集
5	索引指示符	1	10	0 = 无索引 1 = 有索引
6	文学体裁代码	1	11	a = 小说　b = 戏剧　c = 散文　e = 书信 g = 诗词　z = 多种文学体裁　y = 非文学作品
7	传记代码	1	12	a = 自传(包括书信)　b = 个人传记　c = 合传 d 含传记资料(包括人物指南、通讯录等) y = 非传记

4. 字段内容注释

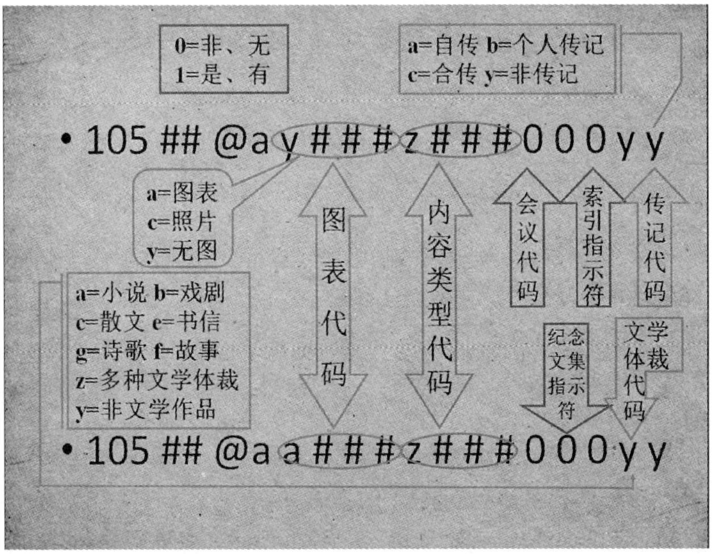

5. 实例

例 1:105 ## @ay###z###000yy

例 2:105 ## @aa###z###000yy　有图

例 3:105 ## @ay###z###000ay　小说

例 4:105 ## @ac###z###000yb　有照片,个人传记

例 5:105 ## @ay###e###000yy　字典

例 6:105 ## @ay###z###010yy　纪念文集

例 7:105 ## @ay###z###100yy　会议资料

例 8:105 ## @ay###z###001yy　有索引

6. 相关字段

(1)215 字段(载体形态)@c子字段与 105 字段@a子字段图表代码在大部分情况下对应并同时出现。

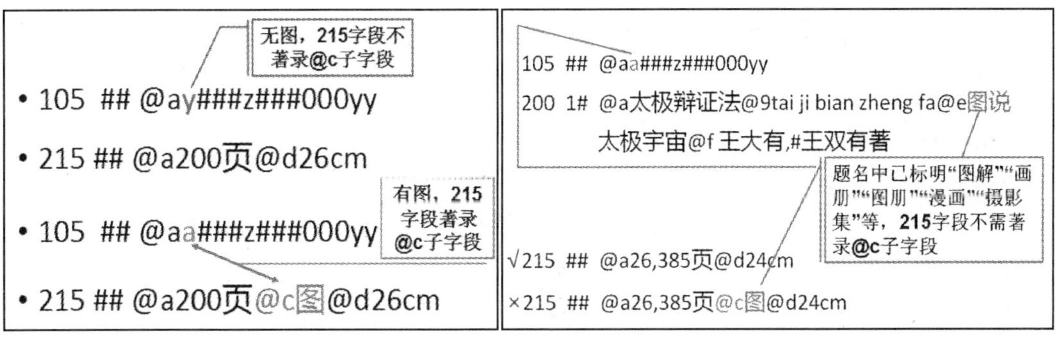

(2)当文献论述的主题内容涉及个人的传记类文献和文学体裁文献时,在 600 字段(个人名称主题)、606 字段(论题名称主题)和 690 字段(中国图书馆分类法分类号)将记载相应的规范化的主题词和中国图书馆分类号,与 105 字段第 11、12 字符位的文学体裁代码、传记代码相对应。

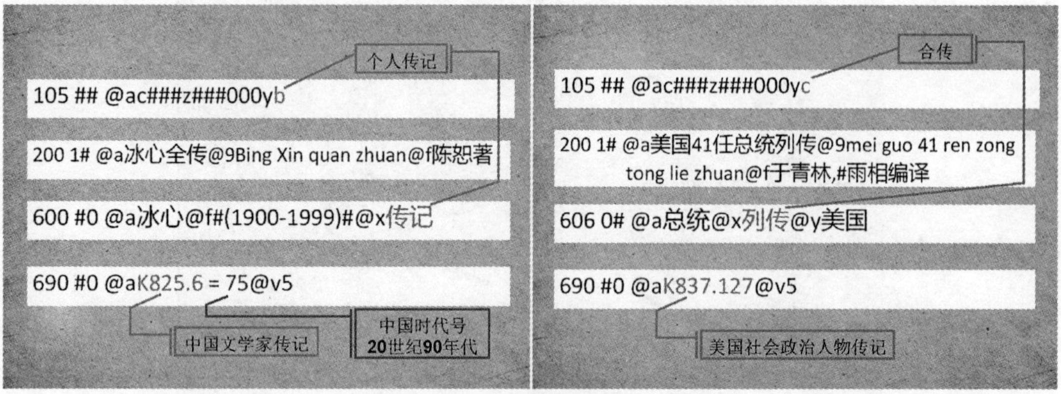

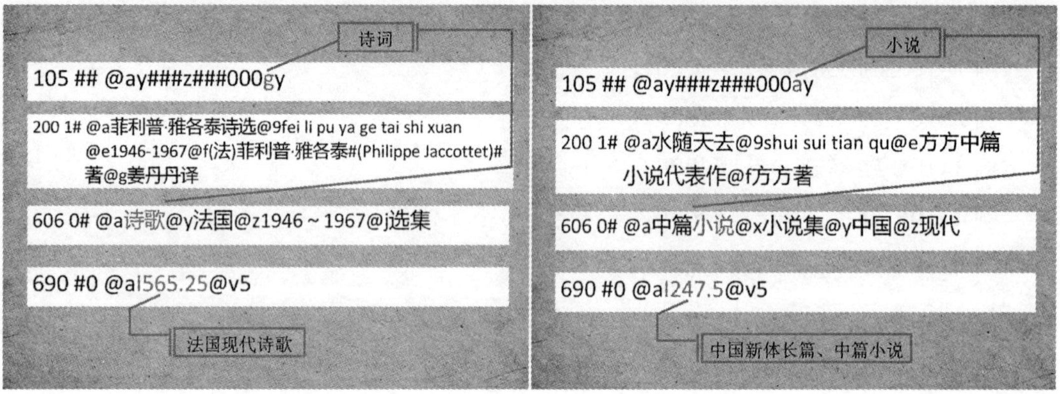

五、106 编码数据字段:文字资料——形态特征(Coded Data Field:Textual Material-Physical Attributes)

本字段选择使用,不可重复。

本字段包含描述文字资料形态特征的编码数据。

1. 指示符

指示符 1:未定义,填空格。

指示符 2:未定义,填空格。

2. 常用子字段

序号	子字段标识符	子字段内容	注释
1	@a	专著编码数据	不可重复 d = 大型印刷品 e = 报纸形式 j = 小型印刷本 **r = 普通印刷本** z = 其他形式

3. 实例

例 1:普通图书和期刊。

106 ## @ar

例 2:报纸。

106 ## @ae

第五讲　2--著录信息块

一、200 题名与责任说明项(Title and Statement of Responsibility)

本字段为**必备**字段,不可重复。

1. 指示符

指示符 1(题名有无检索意义指示符)		指示符 2	
注释	内容	内容	注释
题名无检索意义	0	#	未定义,填空格
题名有检索意义	1	#	

说明:200 字段指示符表明是否把记入第 1 个@a子字段的正题名作为检索点处理。如指示符为“1#”,则表示第 1 个@a子字段的正题名是检索点;如指示符为“0#”,则表示第 1 个@a子字段的正题名无检索意义。大部分在编文献 200 字段的指示符为“1#”,仅当 200 字段第 1 个@a子字段为包括交替题名的正题名时,200 字段的指示符为“0#”。200 字段的其他正题名如要具有检索意义,则需在 5--字段中重复著录。

2. 常用子字段

序号	子字段标识符	子字段内容	注释
1	@a	正题名	必备,可重复
2	@9	第 1 个@a子字段内容的汉语拼音	不可重复
3	@d	并列正题名	可重复
4	@e	其他题名信息	可重复
5	@f	第一责任说明	可重复
6	@g	其他责任说明	可重复
7	@h	分卷(册)次	可重复
8	@i	分卷(册)题名	可重复
9	@z	并列题名语种	可重复

3. 著录信息源:题名页。

4. 字段内容注释

题名部分包括 @a、@9、@d、@e、@h、@i、@z子字段。

(1)规定信息源有两种或两种以上文种题名,应选择与图书正文语种相同的题名为正题名著录。**正题名**中所含标点、符号、数字、汉语拼音、外文字母及起语法作用的空格均依图书原题著录于 200 字段@a子字段，著录内容中的标点符号和起语法作用的空格采用正题名语种的标点符号形式（例 1、例 2）。题名中出现的英文单词与阿拉伯数字之间空 1 个英文字符位，阿拉伯数字与汉字之间、英文单词与汉字之间不空格（例 3、例 4）。题名中所含“[ ]”应改为“( )”；无法照录的图形及符号或其他内容可用相应的文字代替，并置于“[　]”内，同时在附注项说明。

例 1：正题名中起语法作用的空格原题照录，按正题名语种的标点符号书写规则著录。

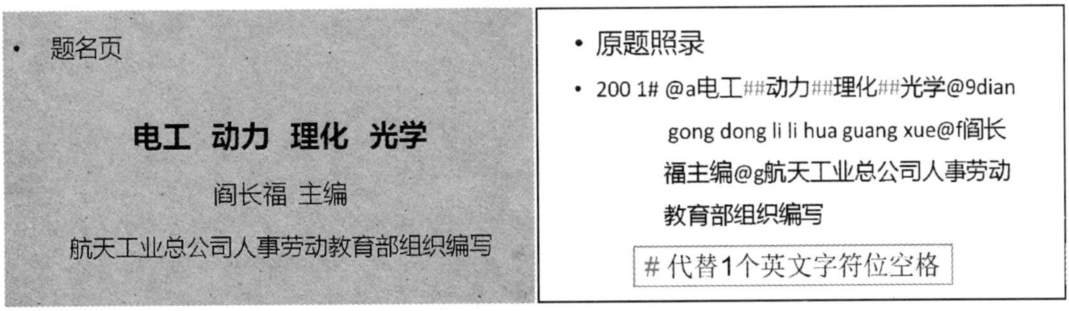

例 2：题名中所含标点符号（非著录用标识符）原题照录，按正题名语种的标点符号书写规则著录。

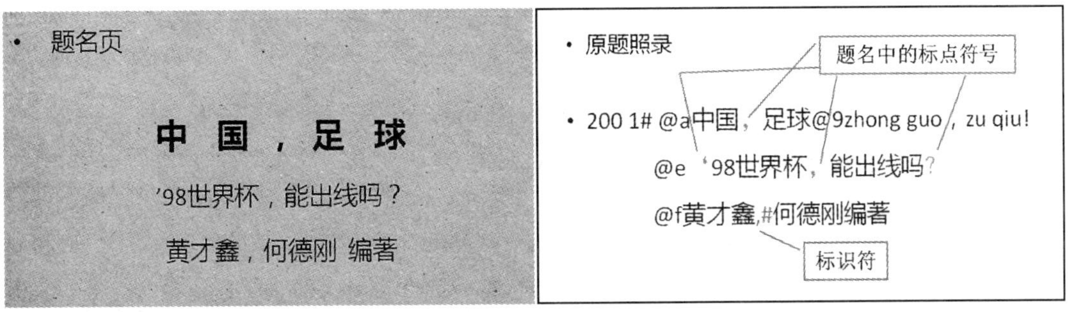

例 3：著录时题名中英文单词与阿拉伯数字之间空 1 格，阿拉伯数字与汉字之间不空格。

例 4:著录时题名中英文单词与汉字之间不空格。

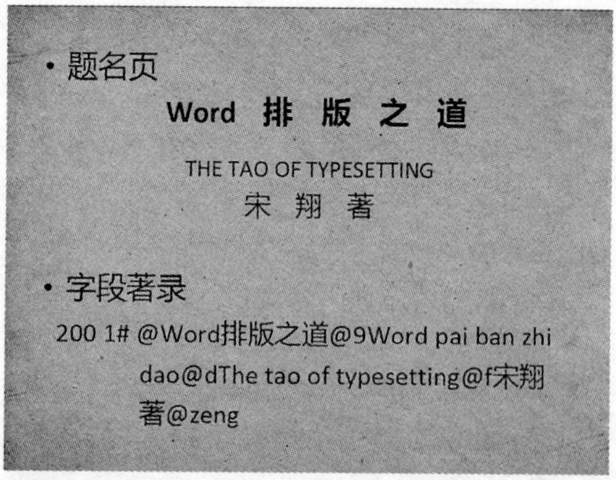

(2)正题名前冠有的“钦定”“笺注”“校订”“新编”“袖珍”“图解”“实用”等字样,应原题照录于 200 字段@a子字段,同时去掉所冠词语,著录于 540 字段做检索点(例 5—8);当图书为计算机类图书,题名中软件名称之前冠有的“中文”“中文版”“轻松掌握”等字样,应原题照录于 200 字段@a子字段,同时提取软件名称做相应的检索点写入 540 字段(例 9、例 10);题名前冠有的表示年代的数字,应按原题照录于 200 字段@a子字段,同时去掉年代后做相应的检索点写入 540 字段(例 11)。540 字段为编目员补充的附加题名字段,指示符和子字段的著录同 200 字段。

例 5:200 1# @a袖珍英汉辞典@9xiu zhen ying han ci dian @f郑易里编

540 1# @a英汉辞典@9ying han ci dian

例 6:200 1# @a新编幼学琼林@9xin bian you xue qiong lin @f周笃佑,#谈石城编

540 1# @a幼学琼林@9you xue qiong lin

例 7:200 1# @a钦定四库全书考证@9qin ding si ku quan shu kao zheng @f#(清)#王太岳等编辑

540 1# @a四库全书考证@9si ku quan shu kao zheng

例 8:200 1# @a插图本易经@9cha tu ben yi jing @f#(美)#R. L. Wing 译著@g吴铮,#魏效荣编译

540 1# @a易经@9yi jing

例 9:200 1# @a轻松掌握 Visio#2000 绘图@9qing song zhang wo Visio 2000 hui tu @f云舟工作室编著

540 1# @aVisio#2000@9Visio 2000 hui tu

例 10:200 1# @a中文 Word#For#Windows#95 应用方法与典型实例@9zhong wen Word For Windows 95 ying yong fang fa yu dian xing shi li @f林穗编著

540 1# @aWord#For#Windows#95@9Word For Windows 95

例 11：200 1# @a1997 中国区域发展报告@91997zhong guo qu yu fa zhan bao gao

540 1# @a中国区域发展报告@9 zhong guo qu yu fa zhan bao gao

（3）著录于 200 字段第 1 个@a子字段的正题名的汉语拼音填入 200 字段@**9** 子字段，紧跟在相应的@a子字段之后，按字拼音，全部小写，每字拼音之间空 1 格。当正题名全部由外文字母和数字等构成时，不著录汉语拼音。

（4）包含有原教材题名的教学参考书、教学大纲、复习指导书等，无论原题名信息如何排列，均作为完整的正题名著录于 200 字段@a子字段。

例 12：200 1# @a电工技术（电工学Ⅰ）常见题型解析及模拟题@9dian gong ji shu (dian gong xue Ⅰ) chang jian ti xing jie xi ji mo ni ti @f朱建堃编

例 13：200 1# @a《大学核心英语》（修订版）二级自学辅导@9《da xue he xin ying yu》(xiu ding ban) er ji zi xue fu dao @f胡青球，#战红编著

（5）**交替题名**是指规定信息源中出现的，由两个部分组成的正题名的第二部分，与正题名交替使用的不同题名。规定信息源中出现**交替题名**，依原题与正题名第一部分一起著录于 200 字段@a子字段，用逗号标识，规定信息源原题“或”“又名”“亦名”“一名”“原名”等连接词语应如实著录，亦用逗号标识。当 200 字段的@a子字段内容包括交替题名时，200 字段指示符置“0#”，正题名与交替题名需要分别著录于不同的 517 字段以供检索。

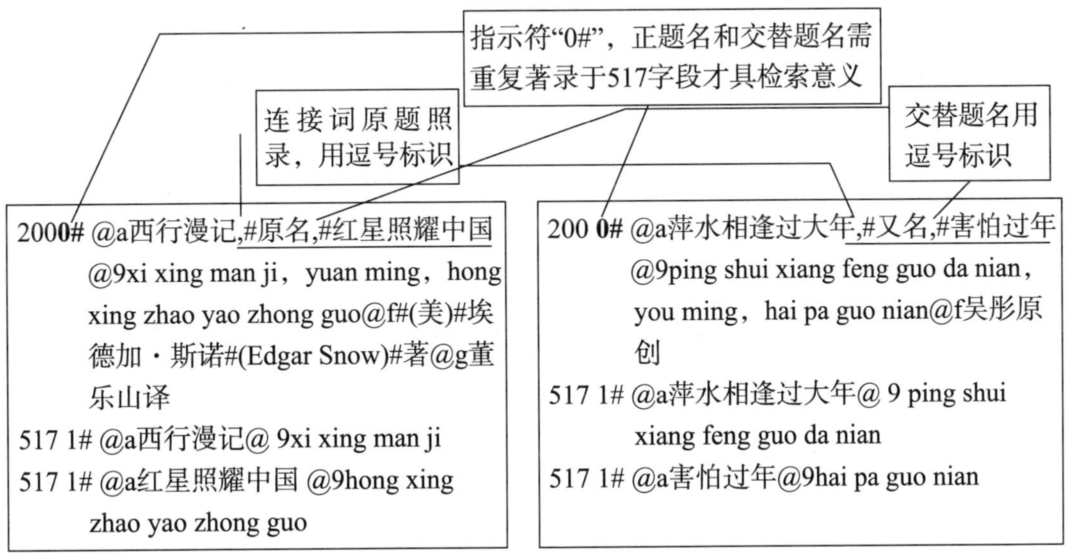

封面

题名页

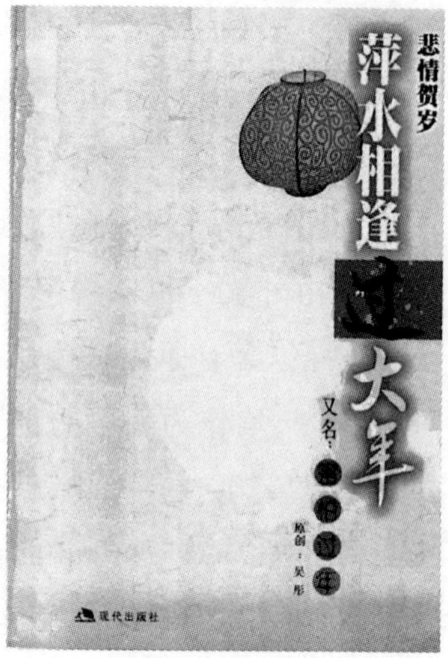

题名页

（6）**其他题名信息**是在规定信息源上出现的，正题名与并列题名之外的题名信息。它从属于题名，可以是一个单词、短评或一组字符，能对相关题名进行限定、补充、解释，包括说明和解释图书的内容和范围、编辑方式、著作体裁、读者对象及用途等。其他题名信息一般按规定信息源所题顺序依次著录于 200 字段中与其相关的题名子字段@a或@d之后的@e子字段；有两个或两个以上的其他题名信息，可重复著录@e子字段（例 18）。若其他题名信息有检索意义，应将其同时填入 517 字段（例 16）。题名之首的书名号及引号等，在 517 字段省略不填（例 16）。

例 14：其他题名信息对文献正文语种进行说明，无检索意义，不用重复著录于 517 字段。

200 1# @a电工技术词典@9dian gong ji shu ci dian @e德、英、俄、汉@f胡庆生主编

例 15：其他题名信息对文献论述内容的时间范围进行限定。此时**要注意判断文献是否为多卷书。**

200 1# @a山东冶金志@9shan dong ye jin zhi @e1904-1987 @f《山东冶金志》编纂委员会编

例 16：其他题名信息对文献主题进行进一步揭示，需要重复填入 517 字段使其具有检索意义。

200 1# @a心巢@9xin chao @e《空中之友》十年散文精粹@f易允武主编

517 1# @a空中之友十年散文精粹@9kong zhong zhi you shi nian san wen jing cui

例 17：其他题名信息对文献论述内容的适用人群进行限定。

200 1# @ 实用儿童营养知识@9shi yong er tong ying yang zhi shi @e0-6 岁
@f中国儿童发展中心编

540 1# @a儿童营养知识@9er tong ying yang zhi shi

例 18：规定信息源上有两个或两个以上其他题名信息时，根据题名页的顺序依次著录两个或两个以上@e子字段，并将有检索意义的其他题名信息同时填入 517 字段。

200 1# @a闲花房@9xian hua fang @e二十四节气及其他@e冷冰川的世界
@f冷冰川绘

517 1# @a二十四节气及其他@9er shi si jie qi ji qi ta

517 1# @a冷冰川的世界@9leng bing chuan de shi jie

（7）**并列题名**是指在编文献的对应于正题名的另一语种的题名。主要信息源（题名页）上出现的**并列题名**按其出现的前后顺序依次著录于 200 字段@d子字段，并将并列题名语种填入 200 字段的@z子字段，同时，将规范形式的并列题名及其语种重复填入 510 字段以供检索（例 19、例 20）；主要信息源（题名页）之外的并列题名不填入 200 字段，直接以规范形式填入 510 字段以供检索（例 21）。并列题名的文字、标点符号遵循其语言文字的书写规则著录，首字母及专有名词大写。

例 19：主要信息源（题名页）上出现并列题名。

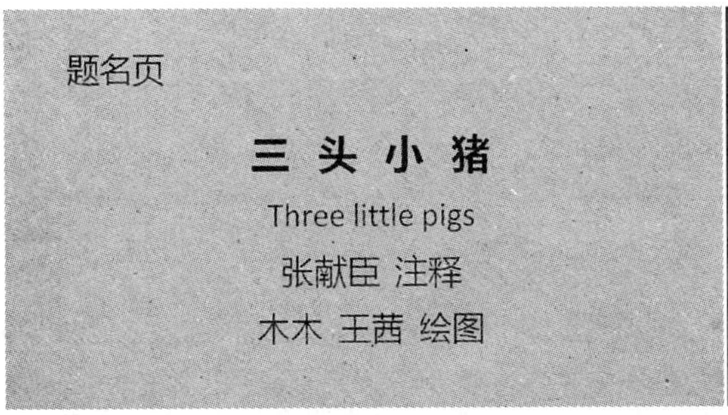

200 1# @a三头小猪@9san tou xiao zhu
@dThree little pigs@f张献臣注释
@g木木,#王茜绘图@zeng

510 1# @aThree little pigs@zeng

200字段中@d、@z子字段和510字段中@a、@z子字段须成对著录

例 20：并列题名句首为冠词。

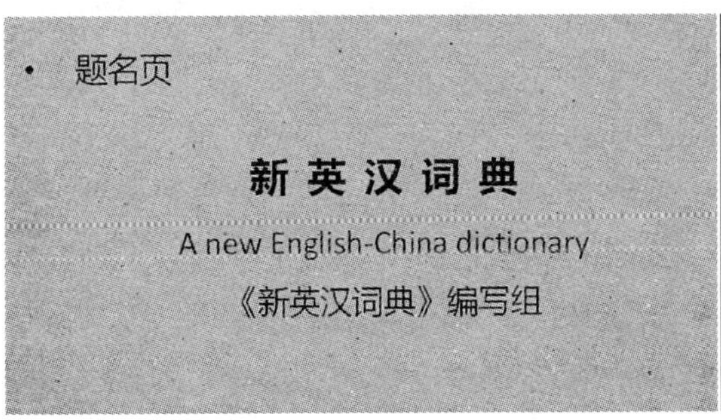

200 1# @a新英汉词典@9xin ying han ci dian
@dA new English-China dictionary
@f《新英汉词典》编写组@zeng

510 1# @aNew English-China dictionary@zeng

并列题名句首的A、An和The在200字段原题照录，在510检索字段中省略，第一个实词放句首

例 21:主要信息源(题名页)之外出现并列题名。

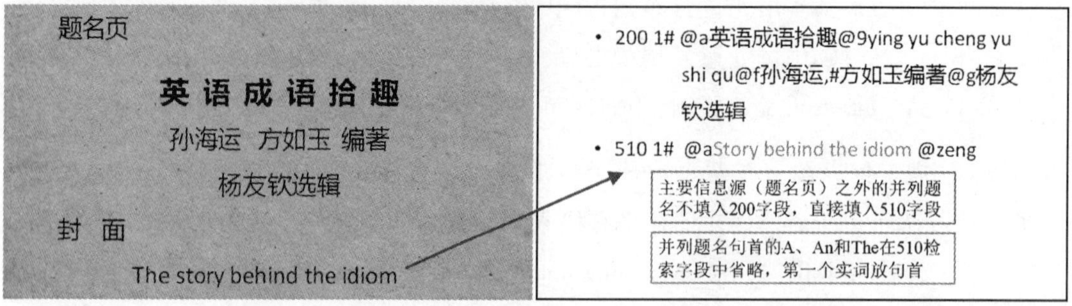

例 22:正题名、其他题名信息各有并列正题名和并列其他题名信息的著录方法:在 200 字段依次著录正题名、其他题名信息后,再依次著录并列正题名、并列其他题名信息,同时将有检索意义的并列正题名、并列其他题名信息全部填入 510 字段。

200 1#@a找回正能量的自己@9 zhao hui zheng neng liang de zi ji @e治愈系心理学@dKeeping mentally fit @ea guide to everyday psychology @f#(美)#约瑟夫 · 查斯特罗#(Joseph Jastrow)#著@g林语堂译@zeng

510 1#@aKeeping mentally fit @ea guide to everyday psychology @zeng

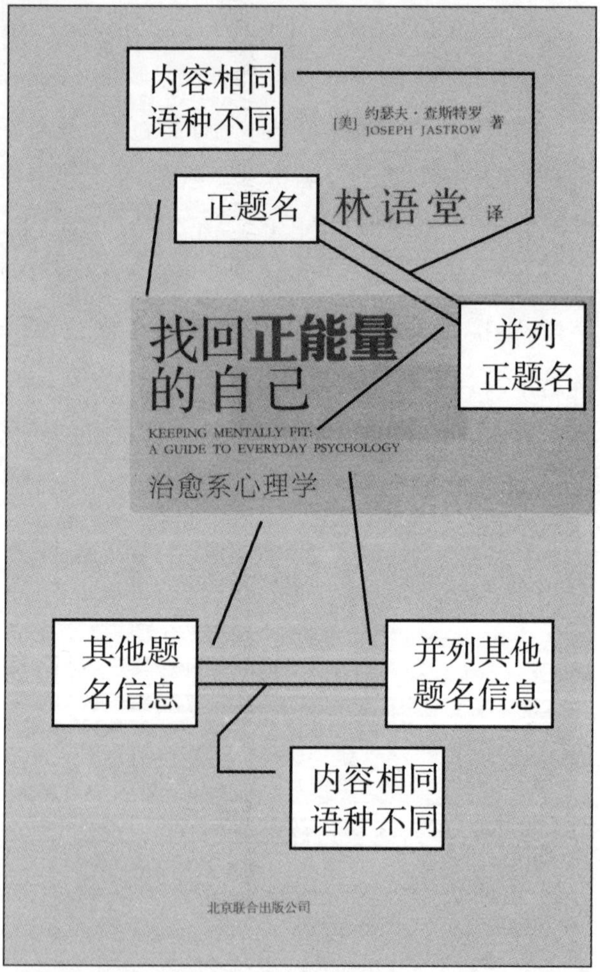

例 23：正题名无并列正题名，而其他题名信息有并列其他题名信息的著录方法：在 200 字段依次著录正题名、其他题名信息后，再著录与其他题名信息相关的并列其他题名信息，同时将有检索意义的并列其他题名信息填入 510 字段。

200 1＃@a生如草叶@9 sheng ru cao ye @e惠特曼经典诗选@d Selected poems of Walt Whitman @f＃(美)沃尔特·惠特曼著@g弗雷德里克·莱顿等绘@g黎侠译@zeng

510 1＃@a Selected poems of Walt Whitman @zeng

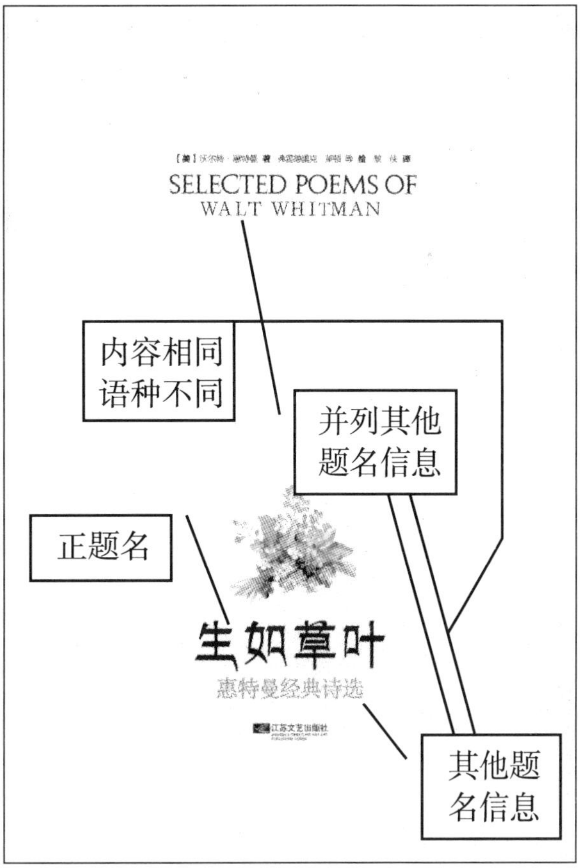

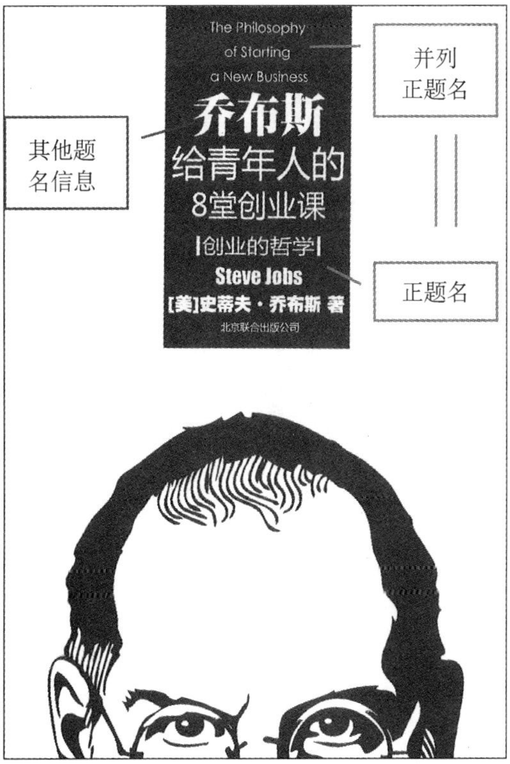

例 24：正题名有并列正题名，而其他题名信息无并列其他题名信息的著录方法：在 200 字段依次著录正题名、并列正题名后，再著录其他题名信息，同时将有检索意义的并列正题名填入 510 字段。

200 1# @a创业的哲学@9chuang ye de zhe xue @dThe philosophy of starting a new business @e乔布斯给青年人的 8 堂创业课@f#(美)#史蒂夫·乔布斯(Steve Jobs)#著@zeng

510 1＃ @a Philosophy of starting a new business @zeng

(8)封面题名、书脊题名：题名在图书

封面、书脊以及版权页等处有重要差异或另有别名（与题名页所载正题名语种一致，非并列题名），将题名页正题名著录于 200 字段第一个@a子字段，将封面题名著录于 512 字段、书脊题名著录于 516 字段，版权页题名著录于 517 字段以供检索，同时在 300 字段予以说明。

例 25：

200 1# @a性命双修养生延寿法@9xing ming shuang xiu yang sheng yan shou fa@f牛金宝著

300 ## @a封面及书脊题名：养生延寿法

512 1# @a养生延寿法@9yang sheng yan shou fa

封面、书脊

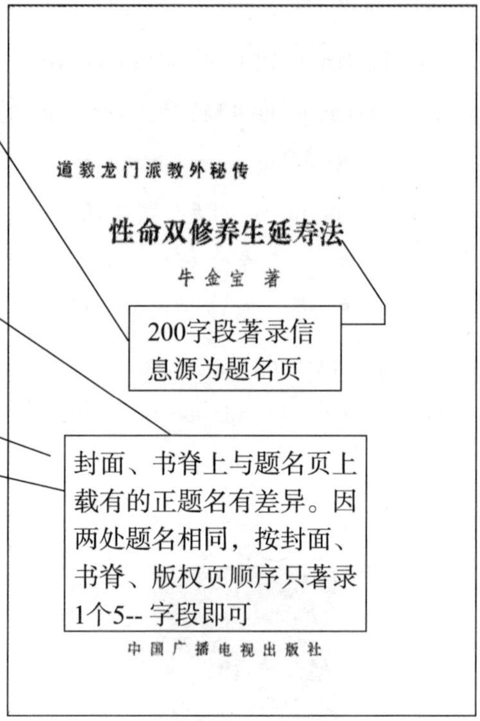

题名页

（9）**多卷书**：按预定计划，将同一著作分成若干卷（册），1 次或陆续出版的 1 种完整著作。多卷书有总题名（共同题名）、分卷（册）次、分卷（册）题名等，内容都是围绕着一个中心，相辅相成，形成一个完整的专题或学科体系。本书介绍的是多卷书的个别著录方法，涉及子字段@h、@i。有共同题名的多卷书的分卷（册）次著录于 200 字段@h子字段，遵循客观著录的原则著录；有共同题名的多卷书的分卷（册）题名著录于 200 字段@i子字段，有检索意义的分卷（册）题名同时填入 517 字段。常见字段结构如下：

①200 1# @a正题名@9 正题名汉语拼音@h分卷（册）次

②200 1# @a正题名@9 正题名汉语拼音@i分卷（册）题名

③200 1# @a正题名@9 正题名汉语拼音@h分卷（册）次@i分卷（册）题名

例 26：一种著作分册装订，有分卷（册）次，无分卷（册）题名，同时或连续出版，版权页及书号统一。

①200 1# @a萍踪侠影录@9ping zong xia ying lu @h上@f梁羽生著

②200 1# @a萍踪侠影录@9ping zong xia ying lu @h下@f梁羽生著

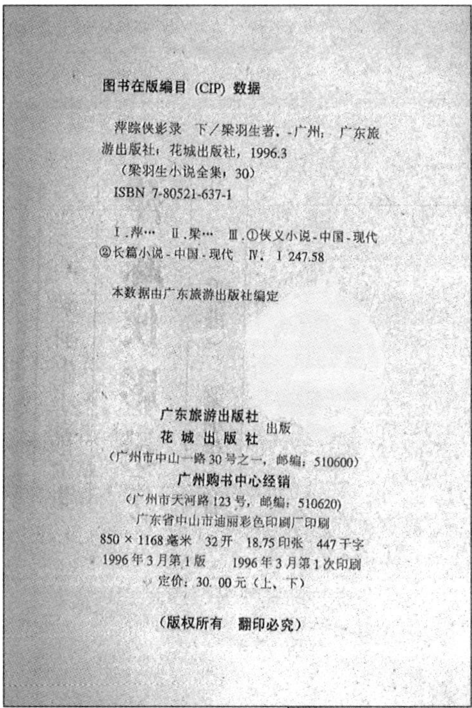

图书在版编目（CIP）数据

萍踪侠影录　下／梁羽生著．-广州：广东旅游出版社；花城出版社，1996.3
（梁羽生小说全集；30）
ISBN 7-80521-637-1

Ⅰ.萍…　Ⅱ.梁…　Ⅲ.①侠义小说-中国-现代 ②长篇小说-中国-现代　Ⅳ.I 247.58

本数据由广东旅游出版社编定

广东旅游出版社
花 城 出 版 社　出版
（广州市中山一路 30 号之一，邮编：510600）
广州购书中心经销
（广州市天河路 123 号，邮编：510620）
广东省中山市迪丽彩色印刷厂印刷
850 × 1168 毫米　32 开　18.75 印张　447 千字
1996 年 3 月第 1 版　1996 年 3 月第 1 次印刷
定价：30.00 元（上、下）

（版权所有　翻印必究）

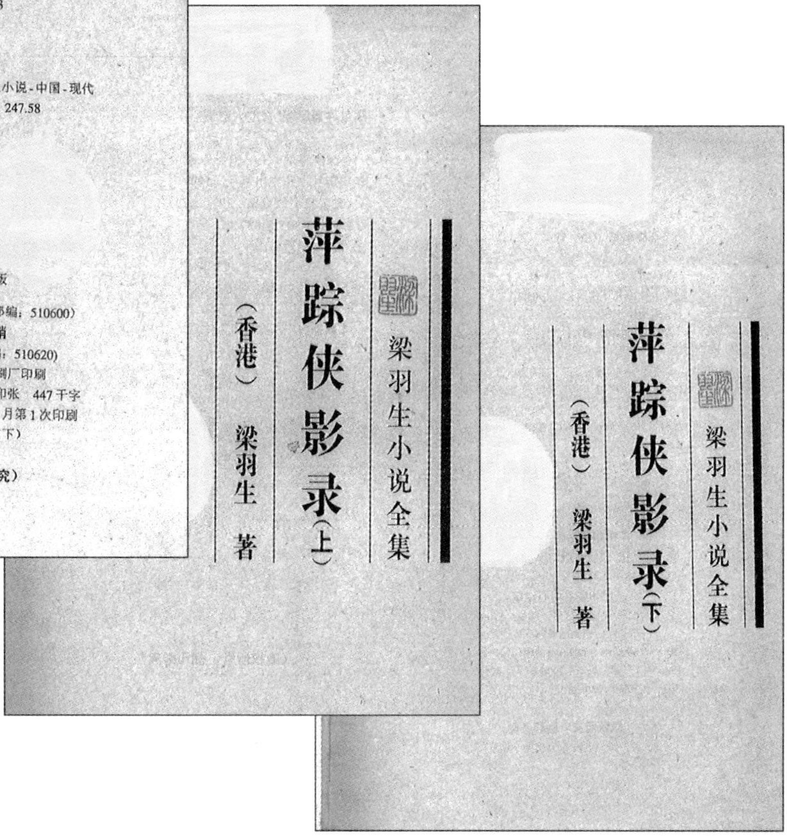

版权页　　上册题名页　　下册题名页

例 27：同一主题或同一学科内容的多卷书，无分卷（册）次，有分卷（册）题名。

①200 1# @a中外名家教育美文选@9zhong wai ming jia jiao yu mei wen xuan @i中国卷@f周洪宇，#申国昌主编

②200 1# @a中外名家教育美文选@9zhong wai ming jia jiao yu mei wen xuan @i外国卷@f周洪宇，#但昭彬主编

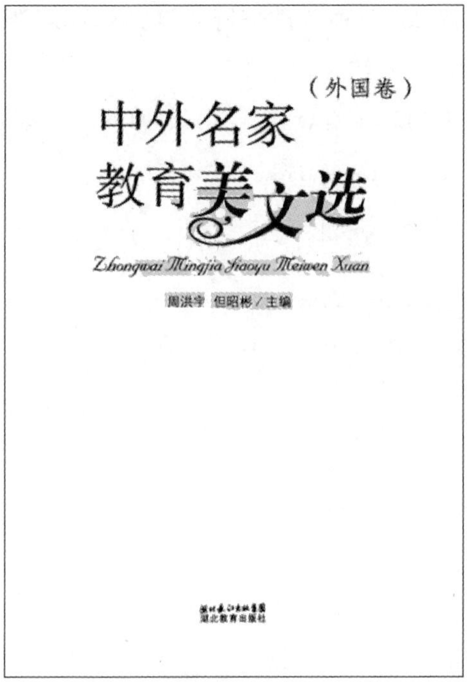

例 28：有其他题名信息的多卷书要注意判断其他题名信息和分卷（册）题名。

①200 1# @a庄子传@9zhuang zi zhuan @e战国纵横百年纪@h上@f张远山著

517 1# @a战国纵横百年纪@9zhan guo zong heng bai nian ji

②200 1# @a庄子传@9zhuang zi zhuan @e战国纵横百年纪@h下@f张远山著

517 1# @a战国纵横百年纪@9zhan guo zong heng bai nian ji

封面

上册题名页

下册题名页

例 29：同一主题或同一学科内容的多卷书，有分卷（册）次，又有分卷（册）题名，依次著录。

老医说医①
——养生曝言
柴中元　著
中国中医药出版社
·北　京·

老医说医②
——外感指迷
柴中元　著
中国中医药出版社
·北　京·

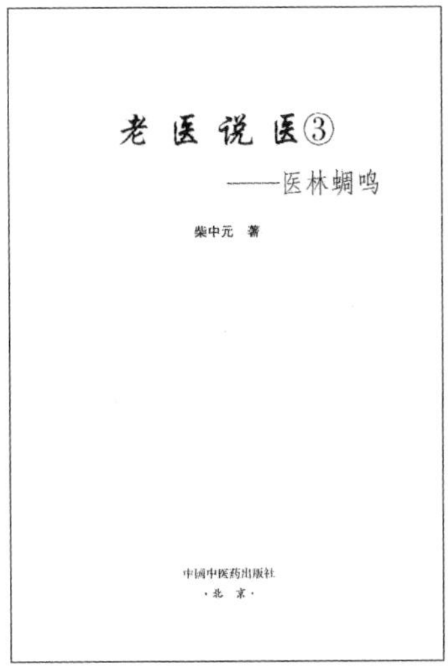
老医说医③
——医林蜩鸣
柴中元　著
中国中医药出版社
·北　京·

①200 1# @a老医说医@9lao yi shuo yi @h1 @i养生曝言@f柴中元著

517 1# @a养生曝言@9yang sheng bao yan

②200 1# @a老医说医@9lao yi shuo yi @h2 @i外感指迷@f柴中元著

517 1# @a外感指迷@9wai gan zhi mi

③200 1# @a老医说医@9lao yi shuo yi @h3 @i医林蜩鸣@f柴中元著

517 1# @a医林蜩鸣@9yi lin tiao ming

例 30：多层次的多卷书，依次著录分卷（册）次、分卷（册）题名，200 字段的@h、@i 子字段均可重复。

高尔基文集
第十九卷
克里姆·萨姆金的一生
第三部
贾　刚　译
人民文学出版社
一九八四年·北京

200 1# @a高尔基文集@9gao er ji wen ji @h第十九卷@i克里姆 · 萨姆金的一生
@h第三部@f贾刚译

517 1# @a克里姆 · 萨姆金的一生@9ke li mu · sa mu jin de yi sheng

说明:《高尔基文集》共有 20 卷,为个人著作选集,收录了高尔基包括长篇、中篇、短篇小说和部分诗歌等作品,上世纪 80 年代由人民文学出版社出版,其中第十七至二十卷分别为《克里姆 · 萨姆金的一生》的第一至四部。

责任说明部分包括@f、@g子字段。

(1)**责任说明**包括**责任者名称**和各种**责任方式**(责任者对文献内容进行创造、整理的方式,如著、主编、编著、编、编写、撰等),一般依规定信息源原题形式和顺序著录。列居首位的为第一责任说明,著录于 200 字段@f 子字段(不可重复),并填入 701 或 711 字段以供检索;其他责任说明著录于 200 字段@g子字段(若其他责任方式不止一种,则重复著录@g子字段),并填入 702 或 712 字段以供检索。

(2)**同一责任方式的不同责任者**有 1—3 个时,依次著录,且用英文状态下的逗号“,#”标识第二、第三个责任者,同时将第 1—3 个责任者填入 7--字段以供检索(例 1);**同一责任方式的不同责任者**超过 3 个时只著录第 1 个责任者,后加“#[等]#”字,其余责任者信息在 300 字段说明,同时将前 3 个责任者分别填入 3 个 7--字段以供检索(例 2)。**不同责任方式的责任者**一般按规定信息源所题顺序选取前 3 种责任方式的责任者进行著录。

例 1:同一责任方式的不同责任者有 1—3 个。

200 1# @a复印机常见故障检修@9fu yin ji chang
jian gu zhang jian xiu@f韩雪涛,#韩广兴,#
吴瑛编著

同一责任方式的不同责任者有1-3个时,依次著录,用英文状态下的逗号标识,逗号后空1格

701 #0 @a韩雪涛@9han xue tao@4编著

701 #0 @a韩广兴@9han guang xing@4编著

701 #0 @a吴瑛@9wu ying@4编著

第一责任说明的不同责任者分别填入不同的701(个人)或711(团体)字段以供检索

例 2：同一责任方式的不同责任者超过 3 个。

200 1# @a聚合物材料用化学助剂@9ju he wu cai liao yong hua xue zhu ji@f肖卫东#[等]#编著

除第1个责任者之外的其余责任者信息在3-- 字段说明

同一责任方式的不同责任者超过3个时只著录第1个责任者，后加“[等]”字。

304 ## @a编著者还有：何本桥、何培新、黄珊

701 #0 @a肖卫东@9xiao wei dong@4编著

701 #0 @a何本桥@9he ben qiao@4编著

701 #0 @a何培新@9he pei xin@4编著

前3个责任者填入7-- 字段以供检索。

（3）凡**中国古代个人责任者**（1912 年以前），规定信息源上有其所处朝代，需著录**朝代简称**（《中国文献编目规则（第二版）》附录 2）于姓名前圆括号“#(　)#”内（例 3）。规定信息源上没有责任者朝代可不著录；如果是推测的朝代，则著录在方括号“#[　]#”中（例 4）。责任者朝代判断一般以卒年为准。

例 3：规定信息源有责任者所处朝代。

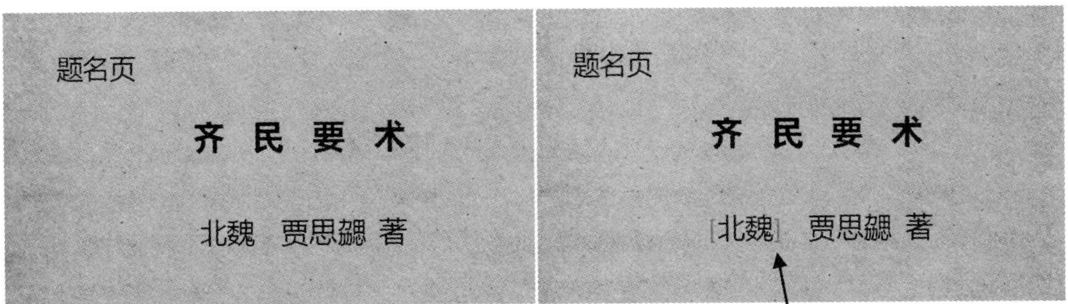

200 1# @a齐名要术@9qi min yao shu
　@f #(北魏)# 贾思勰著

701#0@c #(北魏)# @a贾思勰@9jia si xie
　@4著

此处方括号仅为排版所用，非著录用标识符，著录时只提取古代个人责任者朝代信息并填入责任者姓名前圆括号内即可

例 4:规定信息源无责任者所处朝代。

题名页

齐 民 要 术

贾思勰 著

200 1# @a齐民要术@9qi min yao shu
@f 贾思勰著
701#0@a贾思勰@9jia si xie@4著

古代个人责任者的朝代如有可信度较高的推测结果，可著录于其姓名之前，因是编目员所加文字，需置于方括号内

200 1# @a齐民要术@9qi min yao shu
@f#[北魏]#贾思勰著
701#0@c#[北魏]#@a贾思勰@9jia si xie
@4著

(4)**外国个人责任者**按原题如实著录,规定信息源上有其国别,需著录**国别简称**(《中国文献编目规则(第二版)》附录 4)于汉译姓前圆括号"#( )#"内;没有国别可不著录;如果是推测的国别,则著录在方括号"#[ ]#"中。规定信息源上同时载有外国个人责任者姓名原文和汉译姓名,则将个人责任者姓名原文著录于其汉译姓后圆括号"#( )#"内。

(5)一般**翻译著作**以原著者为第一责任说明著录于 200 字段@f子字段,并填入 701 或 711 字段以供检索;译者为其他责任说明著录于 200 字段@g子字段,并填入 702 或 712 字段以供检索(例 5)。无从查考原著者时,则以译者为第一责任者著录于 200 字段@f子字段,并填入 701 或 711 字段以供检索(例 6)。

例 5:译著。

200 1# @a沙漠驼影@9sha mo tuo ying
@dTracks@e一个女人的千里澳洲行
@f#(澳)#罗苹·戴维森#(Robyn Davidson)#著
@g田思怡译@zeng
701 #0 @c#(澳)#@a戴维森@9dai wei sen
@c#(Davidson, Robyn)#@4著
702 #0 @a田思怡@9tian si yi@4译

外国个人责任者国别简称著录于姓名前圆括号内

外国个人责任者姓名原文著录于其汉译名后圆括号内

译者填入**200**字段**@g**子字段并在**702**或**712**字段揭示以供检索

原著者填入**200**字段**@f**子字段并在**701**或**711**字段揭示以供检索

例 6：无从查考原著者。

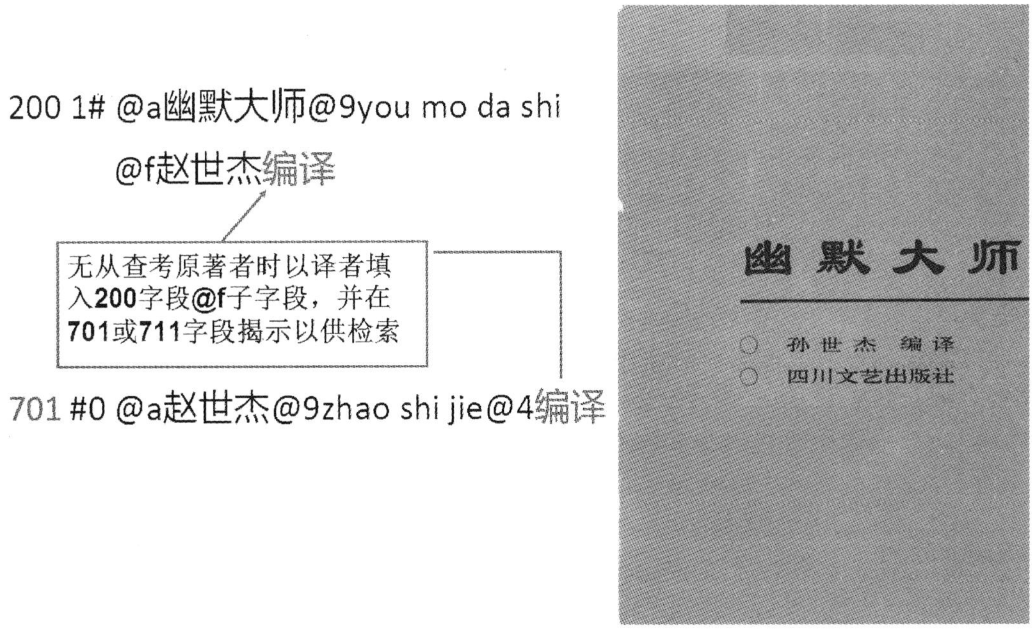

（6）**经过注释、修订、改编的著作**，将原著者著录于 200 字段@f子字段，并填入 701 或 711 字段以供检索；再将注释者、修订者、改编者等著录于 200 字段@g子字段，并填入 702 或 712 字段以供检索（例 7）。如果文艺作品经修改后体裁有所改变，则以改编者为第一责任说明著录于 200 字段@f子字段，并填入 701 或 711 字段以供检索，其原著者仅著录于附注项 300 字段（例 8）。

例 7：作品经过注释、修订、改编后体裁未变。

200 1# @a小东西@9xiao dong xi @e法语注释读物@f#（法）#都德#（A. Daudet）原著@g#（法）#亚马扎克改写@g杨松荫注释

701 #0 @c#（法）#@a都德@9du de @c#（Daudet, A.）# @4 原著

702 #0 @c#（法）#@a亚马扎克@9ya ma zha ke@4 改写

702 #0 @a杨松荫@9yang song yin@4 注释

例 8：文艺作品经修改后体裁有所改变。

200 1# @a秋瑾传@9qiu jin zhuan @e电影文学剧本@f柯灵改编

300 ## @a据夏衍同名话剧改编

701 #0 @a柯灵@9ke ling@4 改编

（7）**责任者名称属于题名的组成部分**，即正题名、附属题名或其他题名信息中含有责任者名称，规定信息源有该责任说明时要如实著录于 200 字段的相关子字段（例 9）；而规定信息源中未重复载有该责任说明时，该责任说明一般不著录于 200 字段的相关

子字段，但在 7--字段中，应视题名中的责任者名称为第一责任者（例 10）。

例 9：规定信息源上的责任说明按原题顺序照录。

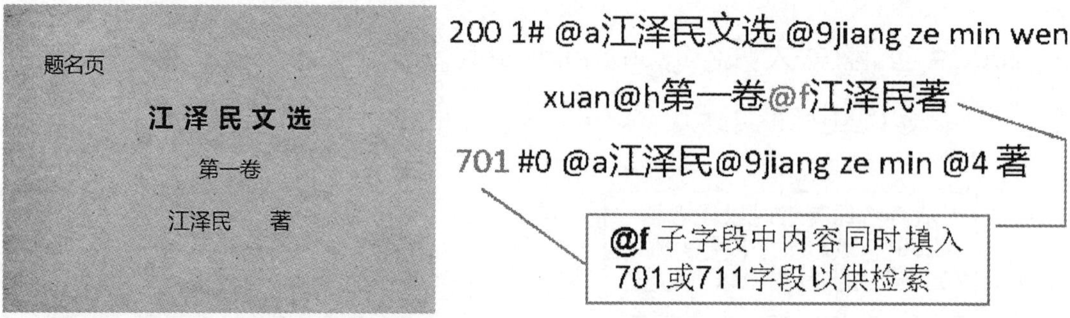

例 10：规定信息源未重复载有题名组成部分所含责任者名称。

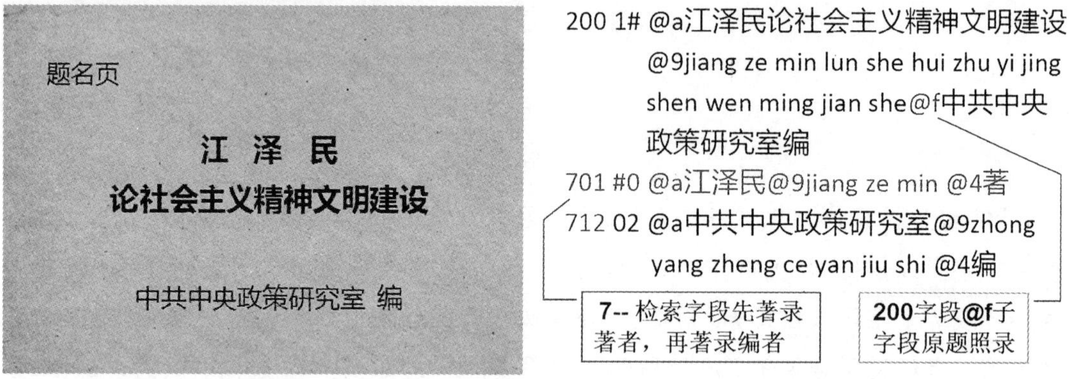

（8）责任说明有主编者又有副主编者时，在 200 字段只著录主编者于@f子字段，同时将主编者填入 701 字段，副主编不著录或著录于附注项（例 11）。有主编者又有编者分两种情况著录：主编和编者都为个人责任者时，在 200 字段只著录主编者于@f子字段，同时将主编者填入 701 字段，编者不著录或著录于附注项；主编为个人责任者，而编者为团体机构时，个人主编著录于@f子字段，并同时填入 701 字段，团体编者须著录于@g子字段，并同时填入 712 字段（例 12）。有主编者又有编著（编译、编写、编撰）者时，主编者著录于@f子字段，并同时填入 701 或 711 字段，编著者著录于@g子字段，并同时填入 702 或 712 字段（例 11）；当主编者、编著者都为个人责任者且主编者即为编著（编译、编写、编撰）者时，只著录其主编责任，不再重复著录其他责任。

例 11：有主编者又有副主编者。

200 1# @a一味中药治顽疾@9yi wei zhong yao zhi wan ji

@f田燕主编@g高萌，#鲍旭，#白雅君编著

701 #0 @a田燕@9tian yan@4 主编

702 #0 @a高萌@9gao meng@4 编著

702 #0 @a鲍旭@9bao xu@4 编著

702 #0 @a白雅君@9bai ya jun@4 编著

例 12:有主编者又有团体机构编者。

200 1# @a核电厂物理热工@9he dian chang wu li re gong
@f杨兰和主编@g中国核工业总公司编

701 #0 @a杨兰和@9yang lan he@4 主编

712 02 @a中国核工业总公司@9zhong guo he gong ye ji tuan gong si@4 编

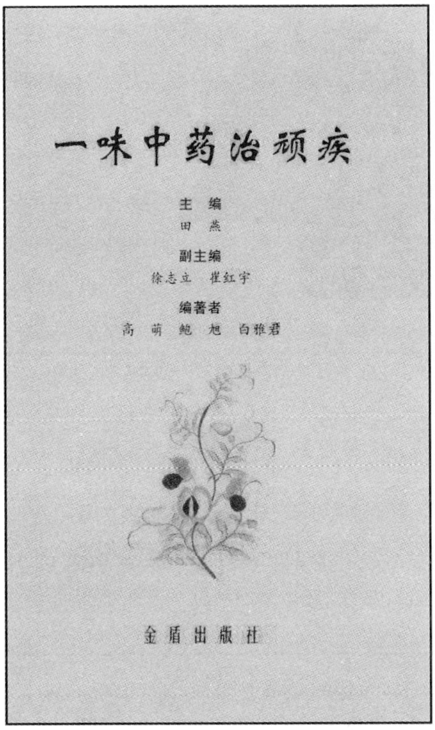

(9)责任者姓名前后记载有出身、籍贯、单位、职位、学位、头衔等均不予著录。如“×××亲王”“×××教授”“丘吉尔首相”等(例 13)。但省略后不利于确认责任说明含义的字样应如实著录(例 14)。

例 13:200 1# @a管理分析学@9guan li fen xi xue @e知识经济版@f喻文益著

701 #0 @a喻文益@9yu wen yi@4 著

例 14:200 1# @a居里夫人自传@9ju li fu ren zi chuan @f#(法)#居里夫人著@g陈筱卿译

701 #0 @c#(法)#@a居里夫人@9ju li fu ren@4 著

702 #0 @a陈筱卿@9chen xiao qing@4 译

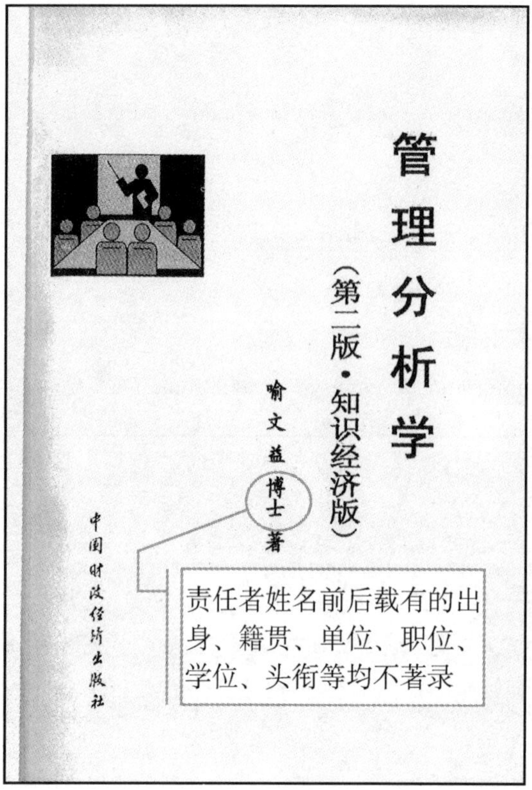

二、205 版本说明项(Edition Statement)

本字段选择使用,可重复。

字段内容注释:本字段含文献的版本说明及与版本有关的附加版本说明等内容。

1. 指示符

指示符 1		指示符 2	
注释	内容	内容	注释
未定义,填空格	#	#	未定义,填空格

2. 常用子字段

序号	子字段标识符	子字段内容	注释
1	@a	版本说明	不可重复
2	@b	版次和附加版本说明	可重复

3. 著录信息源:版权页。

4. 常见字段结构

(1)205 ## @a×版

(2)205 ## @a×版@b附加版本说明

(3)205 ## @a附加版本说明

5. 字段内容注释

(1)**版本说明**一般取自版权页的版本说明文字。版次是图书排版次第的说明,凡第一次排版称“第一版”或“初版”,凡内容经过修改、增补后重新排版称“第二版”或“再版”。初版或第一版不著录205字段,二版及以上的各个版次必须著录,省略“第”字著录为“×版”于205字段@a子字段(例1);凡新1版图书不能视为初版,应如实著录(例2)。版次一律用**阿拉伯数字**著录。

(2)“修订”“增订”等说明版本改变过程的文字和图书的油印本、刻本、影印本、晒印本、缩印本等文字,在图书中与版次同时出现在版权页时,作为**附加版本说明**(对版本说明的补充说明)著录于205字段@b子字段(例3);如无版次,附加版本说明文字则直接著录于205字段@a子字段(例4);图书包括两种以及两种以上制版说明时,在205字段可同时著录两种或其中一种主要版次,其他制版说明在300字段予以说明。常见的铅印本、胶印本不予著录。

(3)版本说明属于题名或其他著录项目的组成部分,并按有关规定著录后,205字段无需重复著录。对于在题名页上载有的有关内容特征、体裁特征和适用范围的说明文字,例如“通俗本”“节选本”“缩写本”“标点本”“绘画本”“改写本”“原文本”“全本”“选本”“普及本”“农村版”“科学版”“少年版”“英汉对照本”“初级本”“试用本”,等等,一般不作为版本项著录于205字段,而是著录在200字段的@e子字段(例5、例6)。翻译图书原版版本说明不著录于版本项,在附注项说明。

6. 实例

例1:版权页上有中文图书二版及以上的各个版次信息。

205 ## @a2 版

例2:版权页上有中文图书的新1版信息。

205 ## @a新1版

例3:版权页上有中文图书再版信息,也有附加版本说明。

205 ## @a2 版@b修订版

例4:中文图书为初版或第一版,但在版权页上有附加版本说明。

205##@a修订本

例5:题名页上有再版信息,起对文献内容的修订信息进行说明的作用。

200 1# @a中国文献编目规则@9 zhong guo wen xian bian mu gui ze @e第二版
@f国家图书馆《中国文献编目规则》修订组编

例6:题名页上有其他版本信息。

200 1# @a家庭医学全书@9jia ting yi xue quan shu @e农村版
@f复旦大学医学院《家庭医学全书》编委会#[编]

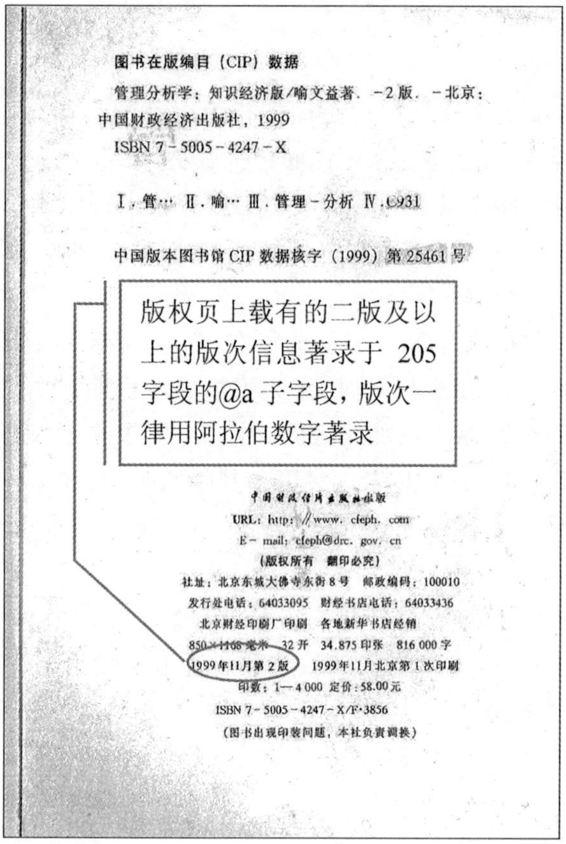

图书在版编目（CIP）数据

管理分析学：知识经济版/喻文益著．－2 版．－北京：中国财政经济出版社，1999

ISBN 7－5005－4247－X

Ⅰ．管… Ⅱ．喻… Ⅲ．管理－分析 Ⅳ．C931

中国版本图书馆 CIP 数据核字（1999）第 25461 号

版权页上载有的二版及以上的版次信息著录于 205 字段的@a 子字段，版次一律用阿拉伯数字著录

中国财政经济出版社出版

URL：http：//www．cfeph．com

E－mail：cfeph@drc．gov．cn

社址：北京东城大佛寺东街 8 号　邮政编码：100010

发行处电话：64033095　财经书店电话：64033436

北京财经印刷厂印刷　各地新华书店经销

850×1168 毫米　32 开　34.875 印张　816 000 字

1999 年11月第 2 版　1999 年11月北京第 1 次印刷

印数：1—4 000　定价：58.00 元

ISBN 7－5005－4247－X/F·3856

（图书出现印装问题，本社负责调换）

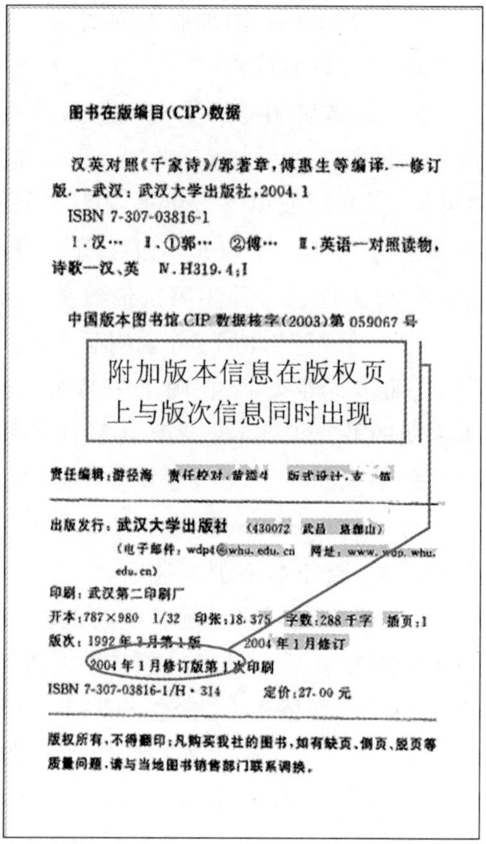

图书在版编目(CIP)数据

汉英对照《千家诗》/郭著章，傅惠生等编译．—修订版．—武汉：武汉大学出版社，2004．1

ISBN 7-307-03816-1

Ⅰ．汉…　Ⅱ．①郭…　②傅…　Ⅲ．英语—对照读物，诗歌—汉、英　Ⅳ．H319．4：Ⅰ

中国版本图书馆 CIP 数据核字(2003)第 059067 号

附加版本信息在版权页上与版次信息同时出现

责任编辑：游径海　责任校对：[illegible]　版式设计：[illegible]

出版发行：武汉大学出版社　（430072　武昌　珞珈山）

（电子邮件：wdp4@whu．edu．cn　网址：www．wdp．whu．edu．cn）

印刷：武汉第二印刷厂

开本：787×980　1/32　印张：18．375　字数：288 千字　插页：1

版次：1992 年 3 月第 1 版　2004 年 1 月修订

2004 年 1 月修订版第 1 次印刷

ISBN 7-307-03816-1/H·314　定价：27．00 元

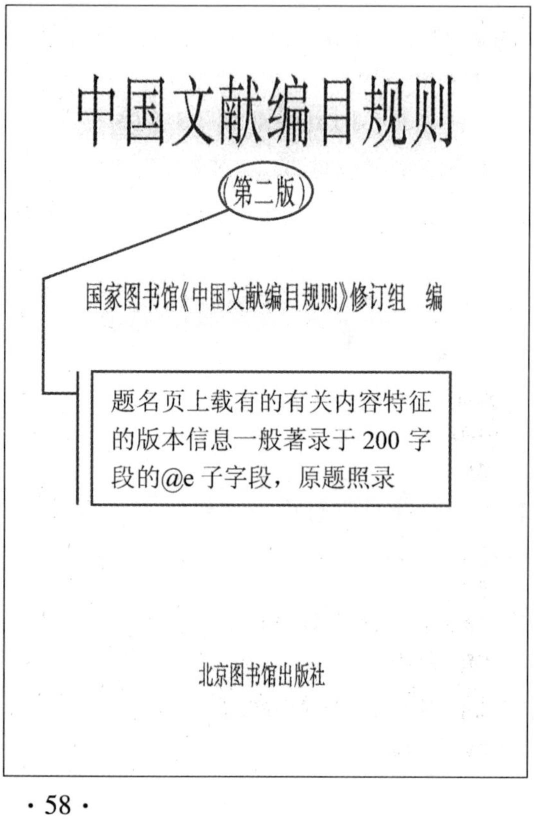

中国文献编目规则

（第二版）

国家图书馆《中国文献编目规则》修订组　编

题名页上载有的有关内容特征的版本信息一般著录于 200 字段的@e 子字段，原题照录

北京图书馆出版社

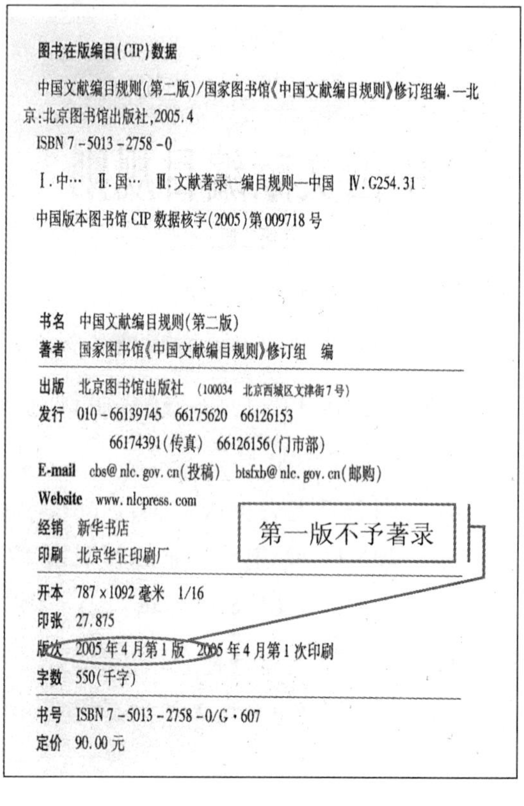

图书在版编目(CIP)数据

中国文献编目规则(第二版)/国家图书馆《中国文献编目规则》修订组编．—北京：北京图书馆出版社，2005．4

ISBN 7－5013－2758－0

Ⅰ．中…　Ⅱ．国…　Ⅲ．文献著录—编目规则—中国　Ⅳ．G254．31

中国版本图书馆 CIP 数据核字(2005)第 009718 号

书名　中国文献编目规则(第二版)

著者　国家图书馆《中国文献编目规则》修订组　编

出版　北京图书馆出版社　(100034　北京西城区文津街 7 号)

发行　010－66139745　66175620　66126153

66174391(传真)　66126156(门市部)

E-mail　cbs@nlc．gov．cn(投稿)　btsfxb@nlc．gov．cn(邮购)

Website　www．nlcpress．com

经销　新华书店

印刷　北京华正印刷厂

开本　787×1092 毫米　1/16

印张　27．875

版次　2005 年 4 月第 1 版　2005 年 4 月第 1 次印刷

字数　550(千字)

书号　ISBN 7－5013－2758－0/G·607

定价　90．00 元

第一版不予著录

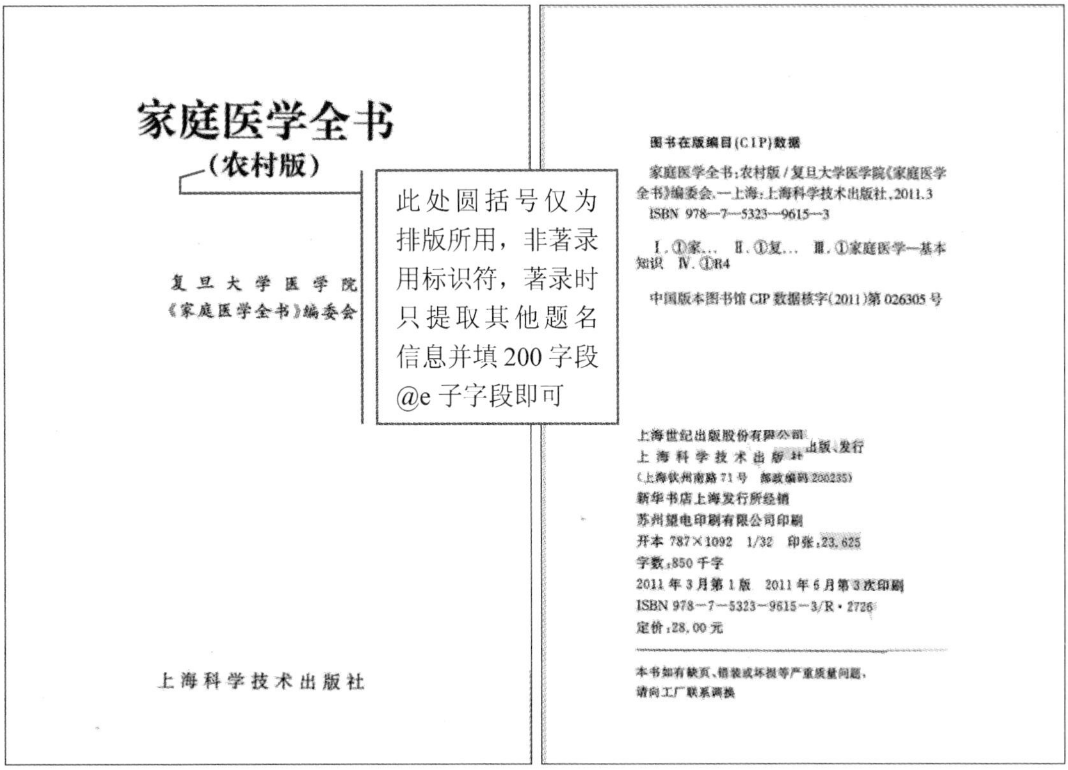

7. 相关字段

(1)100 字段(通用处理数据)第 8 个字符是“d”时,@a子字段的第 9—13 个字符为出版年,对多次再版的图书则是再版年,与 205 字段@a子字段的版次信息对应。

(2)210 字段(出版发行项)@d子字段记载的是出版、发行年。多次再版的图书,在 210 字段的@d子字段要著录最近的再版时间,即与 205 字段@a子字段的版次信息对应。

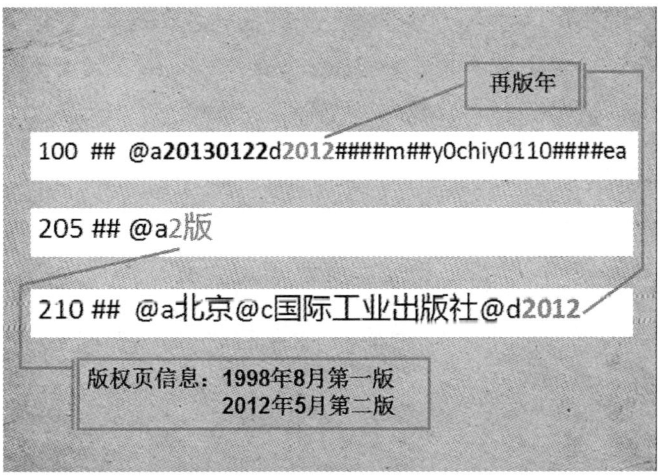

三、210 出版发行项(Publication, Distribution, etc)

本字段选择使用,不可重复。

1. 指示符

指示符 1		指示符 2	
注释	内容	内容	注释
未定义,填空格	#	#	未定义,填空格

2. 常用子字段

序号	子字段标识符	子字段内容	注释
1	@a	出版、发行地	可重复
2	@c	出版、发行者名称	可重复
3	@d	出版、发行时间(年)	可重复
4	@h	制作时间(印刷年、重印年)	可重复

3. 著录信息源:版权页。

4. 常见字段结构

(1)210 ## @a出版地@c出版者名称@d出版年

(2)210 ## @a两家出版者所在共同的出版地@c第一家出版者名称@c第二家出版者名称@d出版年

(3)210 ## @a第一家出版者所在出版地@c第一家出版者名称@a第二家出版者所在出版地@c第二家出版者名称@d出版年

(4)210 ## @a出版地@c出版者名称@d出版年@h×重印

(5)210 ## @a第一家出版者所在出版地@c第一家出版者名称@d出版年@a第二家出版者所在出版地@c第二家出版者名称@h×重印

5. 字段内容注释

(1)**出版地或发行地**是指规定信息源所载出版者或发行者所在的城市名称,省略“市”字著录于 210 字段@a子字段;同时载有出版地和发行地,210 字段只著录出版地,不著录发行地;规定信息源所载出版地、发行地有误时,除原样照录于 210 字段@a子字段外,同时在 300 字段说明。

(2)**出版者或发行者**一般以出版机构(全称)为准,著录于 210 字段@c子字段。规定信息源同时载有出版者和发行者,只著录出版者,不著录发行者。

(3)规定信息源载有在**同一个出版地的两个出版者**时,210 字段@c子字段重复著录两次(例2);载有**同一个出版地的3个及3个以上出版者**时,将共同的出版地著录于210字段@a子字段,把与ISBN或统一书号对应的出版社(按规定信息源的顺序著录最显著的一个或第一个)后加"#[等]#"字著录于210字段@c子字段,其余的出版社在300字段说明。载有分在**两个出版地的两个出版者**时,先将第一个出版地著录于210字段第一个@a子字段,第一个出版者著录于紧跟其后的@c子字段,后将第二个出版地著录于第二个@a子字段,第二个出版者著录于紧跟其后的@c子字段(例3)。载有**3个及以上出版地、出版者**时,只将与ISBN或统一书号对应的出版社(按规定信息源的顺序著录最显著的一个或第一个)的出版地著录于210字段@a子字段,出版者著录于210字段@c子字段,其余出版地的出版社在300字段说明。

(4)**出版年或发行年**著录于210字段@d子字段,并省略"年"字。有出版年,不著录发行年;用公元纪年表示的出版年一律用阿拉伯数字著录,非公元纪年依原样照录,并在其后注明相应的公元纪年,置于"#[　]#"内(例4);规定信息源所载出版年有误,依原样著录,并在300字段说明正确出版年。多次再版的图书,应将在编文献的最后一次再版时间著录于210字段@d子字段。

注:常见的非公元纪年与公元纪年换算方法如下:

①民国年+11+1900=公元纪年;②宣统年+8+1900=公元纪年

①康德年+33+1900=公元纪年;②大正年+11+1900=公元纪年;③昭和年+25+1900=公元纪年;④平成年+88+1900=公元纪年

(5)出版者购得另一出版者出版图书的重印版权,或者出版者对本社同一版本图书进行重印,在版权页上一般会明确载有"×年重印"字样,将重印年著录于210字段@h子字段(例5、例6)。

(6)出版者对本社同一版本的图书进行多次印刷,必要时可将印刷时间著录于@h子字段。一般包括以下两种情况:当出版年与印刷年不同,且相隔时间较长(一般规定相隔5年)时;图书页码、价格等有变化时。

6. 实例

例1:一家出版者自行出版图书。

210 ## @a广州@c华南理工大学出版社@d1993

例2:在同一个出版地的两家出版者合作出版图书。

210 ## @a南宁@c广西人民出版社@c接力出版社@d2009

例3:在不同出版地的两家出版者合作出版图书。

210 ## @a广州@c广东人民出版社@a北京@c人民出版社@d1990

例 4：出版时间为非公元纪年。

210 ## @a上海@c正中书局@d民国三十七年#[1948]

例 5：一出版者重印本社同一版本图书。

210 ## @a北京@c中国社会科学出版社@d1981 @h2005 重印

例 6：一出版者重印另一出版者出版的图书。

210 ## @a香港@c香港得利书局@d1997 @a北京@c世界图书出版公司@h2007 重印

7. 相关字段

(1)010 字段(国际标准书号)@a子字段记载的是国际标准书号，与 210 字段@b子字段的出版者对应。

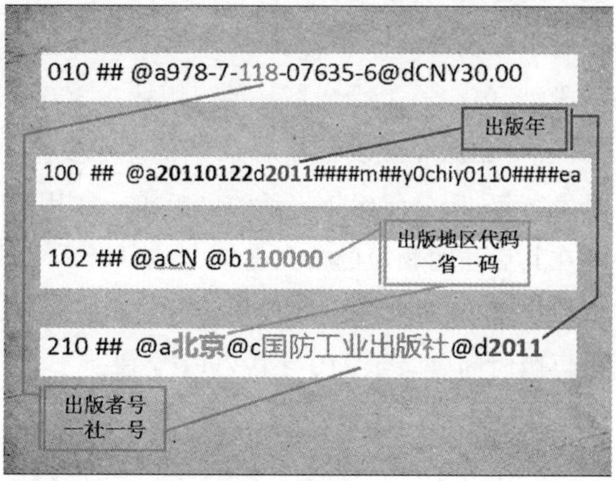

(2)100 字段(通用处理数据)第 8 个字符是“d”时，@a子字段的第 9—13 个字符为出版年，与 210 字段的@d子字段内容一致；当第 8 字符是“e”时，@a子字段的第 9—13 个字符为复制年，与 210 字段的@h子字段内容中的重印时间一致。

(3)102 字段(出版或制作国别)@b子字段是出版地区代码，与 210 字段的@a子字段出版地对应。

(4)205 字段(版本信息)@a子字段中版次信息与出版时间是同时出现的，多次再版的图书，在 210 字段@d子字段要著录在编文献的最后一次再版时间。

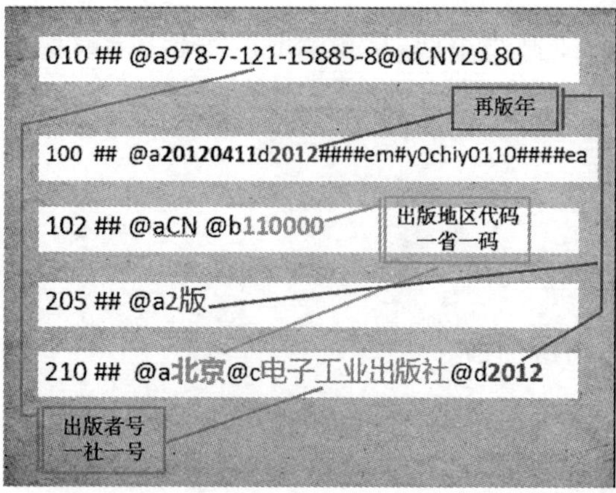

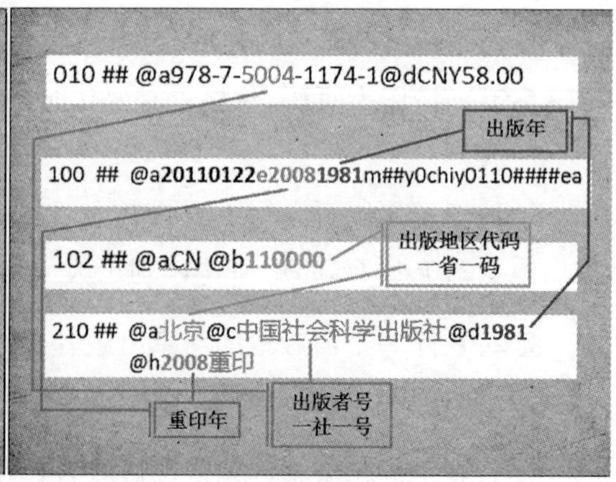

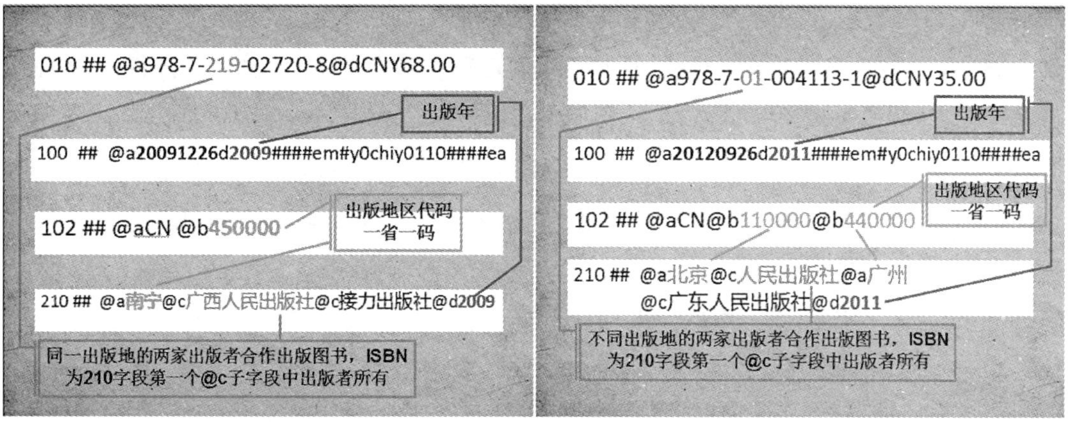

四、215 载体形态项(Physical Description)

本字段选择使用,可重复。

1. 指示符

指示符 1		指示符 2	
注释	内容	内容	注释
未定义,填空格	#	#	未定义,填空格

2. 子字段

序号	子字段标识符	子字段内容	注释
1	@a	特定文献类型标识和文献数量	可重复
2	@c	其他形态细节	不可重复
3	@d	尺寸	可重复
4	@e	附件	可重复

3. 著录信息源:整部文献。

4. 常见字段结构

(1)215 ## @a正文页码@d尺寸

(2)215 ## @a正文页码@c图@d尺寸

(3)215 ## @a正文页码@c图@d尺寸@e附件

(4)215 ## @a正文页码@d尺寸@e附件

5. 字段内容注释

(1)**页数**一般包括正文页数及正文前、后页数。页数一律用**阿拉伯数字**以“×页”

形式著录于215字段@a子字段（例1）；如正文页数与正文前、后页数单独编码，正文前、后内容较为重要，且页数超过10页（具体页数各馆可根据具体情况自行规定）时，则依照“正文前，正文，正文后”的顺序著录于215字段@a子字段，分段页码用英文状态下的逗号标识，后不空格（例2）；如页数分段编码，且分段超过3段，则著录为“1册”（例3）；个别著录的多卷（册）图书，页数连续编码者，著录其起讫页码，用小短横“-”连接，小短横“-”前后均不空格（例4）。

例1：只著录中文图书正文页数。

215 ## @a 476 页@d 25cm

例2：著录中文图书分段页码。

215 ## @a 18,350,15 页@d 25cm

例3：页数分段编码超过3段。

215 ## @a1 册@d 27cm

例4：页数连续编码的多卷书，采用个别著录方法著录。

①215 ## @a878 页@d 19cm （第一册）

②215 ## @a879-1267 页@d 19cm （第二册）

（2）**图**包括书中的插图（含正文内计算页数的插图和不计算页数的夹图）、折图（指图幅大于题名页而折叠于图书内的图）、彩图、纹章、摹真（一般指手迹）、地图、乐谱、肖像、照片、图版（无页码或单独编页码）等，著录于215字段@c子字段。著录时依据书中具体图的类型，采用相应的术语，著录顺序为冠图（正文前）、插图（中间）、附图（正文后）。书中含有多种类型的图时，可依次著录，用英文状态下逗号“,”分隔，后不空格（例6）；图表的种类超过3种，或难以辨别出图的类型时，可统一著录为图或图表（例5）。题名中已标明“图解”“画册”“图册”“漫画”“摄影集”等字样，在215字段则不需重复著录@c子字段（例7、例8）。

例5：文献中有图，或图的种类超过3种。

215 ## @a198 页@c图@d19cm

例6：文献中含有1—3种类型图。

215 ## @a200 页@c照片,地图@d26cm

例7：正题名中已标明“图解”“画册”“图册”“漫画”“摄影集”等字样。

200 1# @a贵州农作物病虫图册@9gui zhou nong zuo wu bing chong tu ce

@f贵州省农业厅植保检站主编

215 ## @a517 页@d19cm

例 8：其他题名信息中已标明“图解”“画册”“图册”“漫画”“摄影集”等字样。

200 1# @a太极辩证法@9tai ji bian zheng fa @e图说太极宇宙@f王大有，#王双有著

215 ## @a26,385 页@d24cm

（3）**图书尺寸**以书脊高度和书根宽度为准，常见普通书形（纵形）的尺寸大小一般只著录书脊高度，以厘米（cm）为单位著录于 215 字段@d子字段，凡不足整厘米时，进位到下一个整数（例 9）。文献的宽度不及高度的二分之一或宽度超过高度，应先著录高度，后著录宽度，其间用 × 连接（例 10）。

例 9：图书尺寸以书脊高度为准的著录方法。

215 ## @a543 页@d19cm

例 10：文献的宽度超过高度著录方法。

215 ## @a26 页@d19 × 27cm

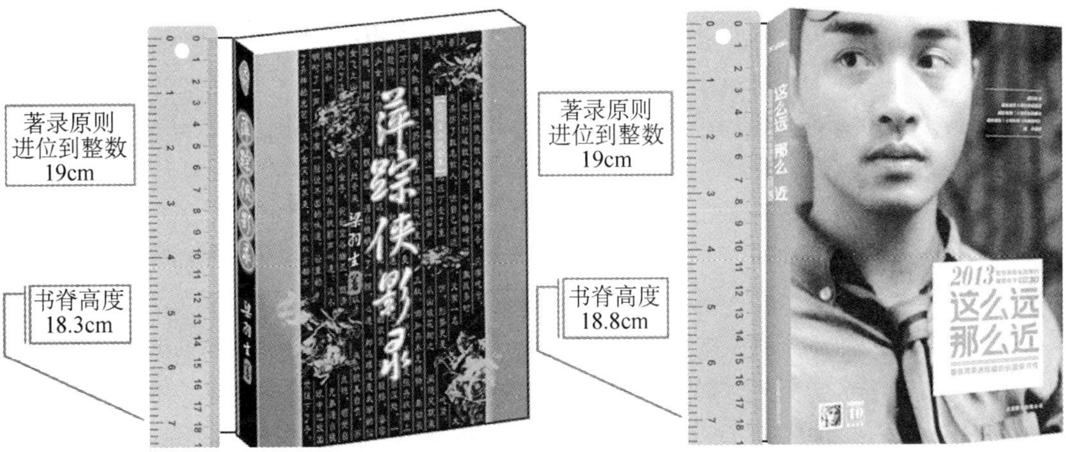

（4）**附件**是指内容上与图书主体部分有直接联系，形式上与图书主体部分相分离，且两者需结合使用的附属资料，如习题集、说明书、视听资料等。附件著录于 210 字段@e子字段，仅著录附件的文献或名称简称。若是磁盘，则要注明是 3.5 英寸磁盘还是 5.25 英寸磁盘；若是光盘，著录为“1 光盘”。对附件的补充说明，著录于附件之后的圆括号内，括号内的标识符参照本项前各单元的一般著录方法。

例 11：215 ## @a543 页@d20cm @e1 光盘

例 12：215 ## @a246 页@d21cm @e1 磁盘

例 13：215 ## @a364 页@c折图@d26cm @e机械图册#（36 页#：#插图#；#19cm）

例 14：215 ## @a461 页@d21cm @e折图 1 袋#（20 张）

6. 相关字段

(1)105 字段(编码数据字段)@a子字段第 0—3 字符是图表代码,与 215 字段@c子字段其他形态细节中图表状态在大部分情况下对应著录。

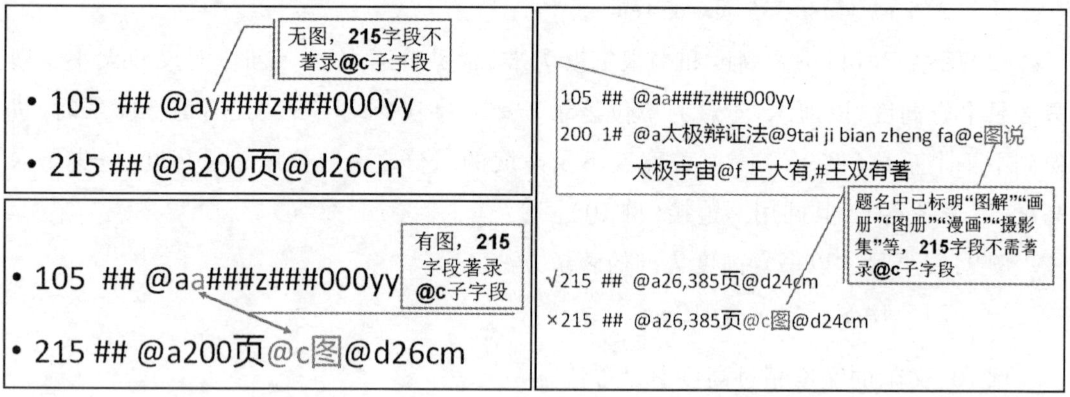

(2)307 字段(载体形态附注)记载有关载体形态的附注内容,当 215 字段@e子字段内容为“光盘”时,光盘的相关信息(如 ISRC)著录于 307 字段。

215 ## @a88 页@d21cm @e1 光盘

307 ## @a附光盘:ISRC CN-X05-00-0001-0

五、225 丛编项(Series)

本字段选择使用,可重复。

1. 指示符

指示符 1(题名形式指示符)		指示符 2	
注释	内容	内容	注释
与检索点形式不同	0	#	未定义,填空格
无检索点形式	1	#	
与检索点形式相同	2	#	

说明:225 字段指示符题名形式指示符表明本字段的丛编题名是否与 4--字段中记录的检索点形式相同。如指示符为“0#”,表示 225 字段@a子字段的题名形式与 4--字段中记录的检索点形式不同;如指示符为“1#”,表示 225 字段@a子字段的题名形式无相应的 4--字段,无检索意义;如指示符为“2#”,则表示 225 字段@a子字段的题名形式与 4--字段中记录的检索点形式相同。

2. 常用子字段

序号	子字段标识符	子字段内容	注释
1	@a	丛编题名	不可重复
2	@e	丛编其他题名信息	可重复
3	@h	附属丛编号	可重复
4	@i	附属丛编题名	可重复
5	@v	卷册标识	可重复

3. 著录信息源

著录信息源顺序为：题名页→版权页→封面→封底→出版说明等。

4. 字段结构

(1)225 2# @a丛编正题名

461 #0 @12001#@a丛编正题名

(2)225 2# @a丛编正题名@v卷册标识

461 #0 @12001#@a丛编正题名@v卷册标识

(3)225 2# @a丛编正题名@h附属丛编号

462 #0 @12001#@a丛编正题名@h附属丛编号

(4)225 0# @a丛编正题名@i附属丛编题名　（附属丛编题名有检索意义）

462 #0 @12001#@a附属丛编题名

(5)225 2# @a丛编正题名@i附属丛编题名　（附属丛编题名无检索意义）

462 #0 @12001#@a附属丛编题名@i附属丛编题名

(6)225 0# @a丛编正题名@h附属丛编号@i附属丛编题名（附属丛编题名有检索意义）

462 #0 @12001#@a附属丛编题名

5. 字段内容注释

(1)**丛书**是汇集多种单行著作，依一定的主题内容、编辑体例集结而成的整套出版物，是一组相互关联而又各自独立的文献。每种图书除具有一个整组文献（如丛书）的总题名外，还有各自的题名；丛书总体结构一般比较松散，各个组成部分之间不一定具有必然的联系；整套丛书往往不是整套一次性出版完成；书上大都有“丛书”“丛刊”“汇刻”“论丛”“译丛”“大全”“文库”“系列”等字样。

(2)**丛编正题名**著录于225字段@a子字段，著录规则与200字段@a子字段相同；丛编其他题名信息对识别该丛编必要时才著录于225字段@e子字段；丛编并列题名、丛编责任说明一般不予著录；有检索意义的丛编正题名同时著录于461字段。

例 1：题名页样式

中学生文库

中国交通纵横谈

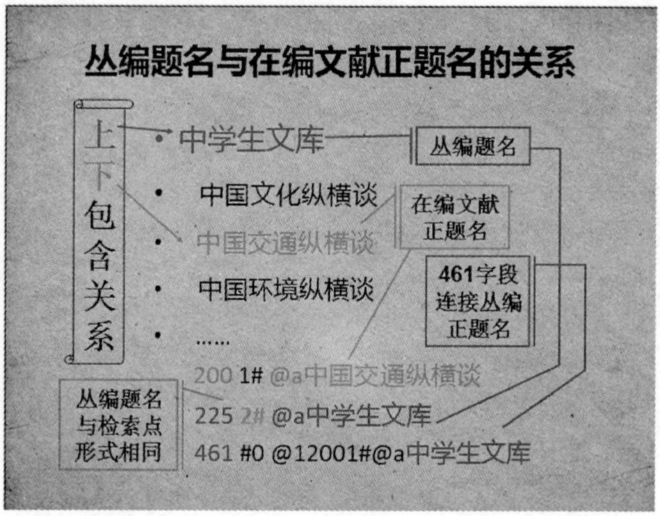

说明：丛书《中学生文库》分成两个层次，《中学生文库》（丛编题名）在最高层，其下共汇集了《中国文化纵横谈》《中国交通纵横谈》《中国环境纵横谈》《中国旅游纵横谈》等多种文献，在编文献《中国交通纵横谈》（正题名）只是其中之一。也就是说，丛书《中学生文库》与在编文献《中国交通纵横谈》是上下包含关系。

（3）**卷册标识**是在编文献在所属丛编中的卷册编号，可以是数字、字母、其他符号或者是它们的组合形式，著录于 200 字段@v子字段。非数字形式的卷册标识原题照录，数字形式的卷册标识用阿拉伯数字著录。

例 2：题名页样式

精神医学丛书第二卷

临床精神医学

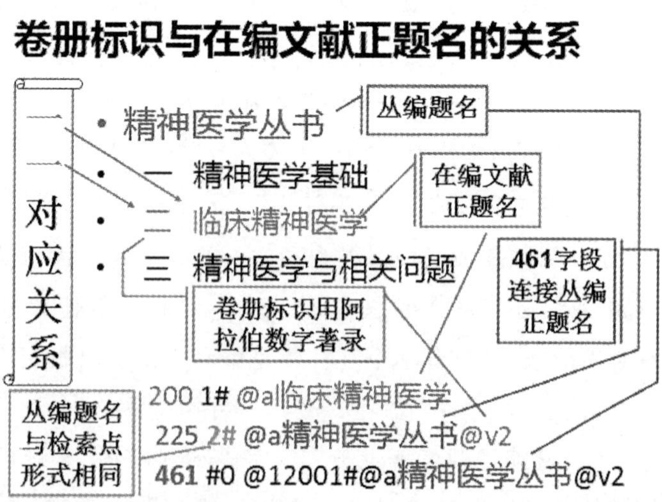

说明：丛书《精神医学丛书》分成两个层次，《精神医学丛书》（丛编题名）在最高层，其下共汇集了 3 种文献，在编文献《临床精神医学》（正题名）只是其中之一，它在丛

书中对应的编号为“二”（卷册标识），即在编文献《临床精神医学》和其在丛书中的卷册标识“二”共处第二层。丛书《精神医学丛书》与在编文献《临床精神医学》是上下包含关系，而卷册标识“二”与在编文献《临床精神医学》是一一对应关系。

（4）**附属丛编**（分丛编）是主丛编的下一级丛编。**附属丛编号**（分丛编号）是在编文献所属丛编的附属丛编的顺序编号，可以是数字、字母、其他符号或是它们的组合形式，原题照录于 225 字段@h子字段（例 3）。**附属丛编题名**是分丛编的题名，原题照录于@i子字段，有检索意义的附属丛编题名同时著录于 462 字段（例 4）。既有附属丛编号又有附属丛编题名时，先将附属丛编号著录于 225 字段@h子字段，再将附属丛编题名著录于 225 字段@i子字段，有检索意义的附属丛编题名同时著录于 462 字段（例 5）。著录了 462 字段连接附属丛编题名后无需再著录 461 字段连接丛编正题名，此时 225 字段@a子字段的题名形式与 4--字段中记录的检索点不同，所以 225 字段的指示符为“0#”。

例 3：题名页样式

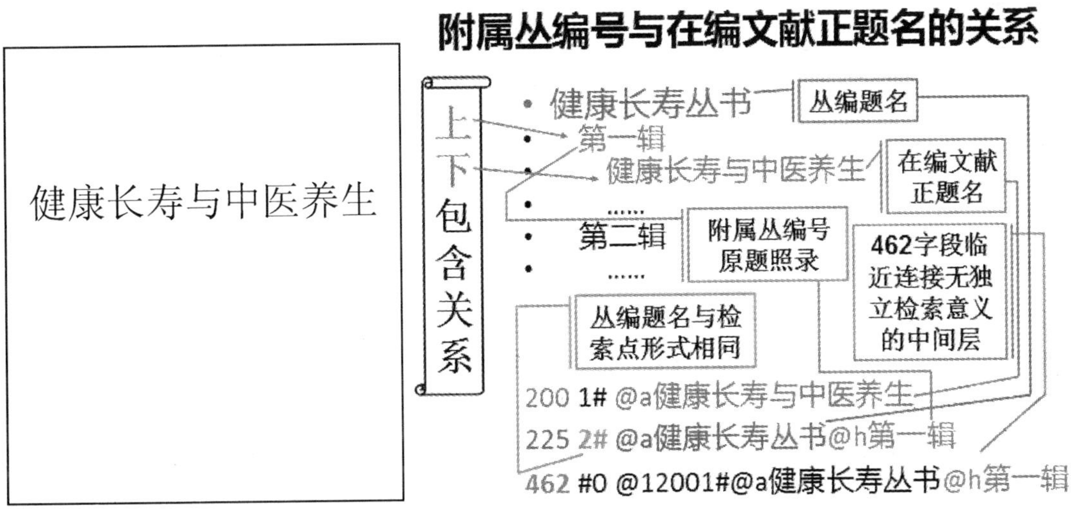

说明：《健康长寿丛书》共分成 3 个层次，《健康长寿丛书》（丛编题名）在最高层，其所汇集的文献分成两辑（中间层），每辑下又有若干文献（第三层），在编文献《健康长寿与中医养生》（正题名）就在第三层，是属于《健康长寿丛书》第一辑中的文献之一。

例 4：题名页样式

说明：丛书《教育在线文库》共分成 3 个层次，《教育在线文库》（丛编题名）在最高层，其所汇集的文献分成教育随笔系列、教育话题系列（中间层），教育随笔系列下有若干文献（第三层），包括在编文献《享受教育》（正题名）、《行走新教育》《心听校园》《如诗如画》，等等，教育话题系列包括《基础教育再把脉》《中国教育缺什么》，等等，这些文献都在第三层。

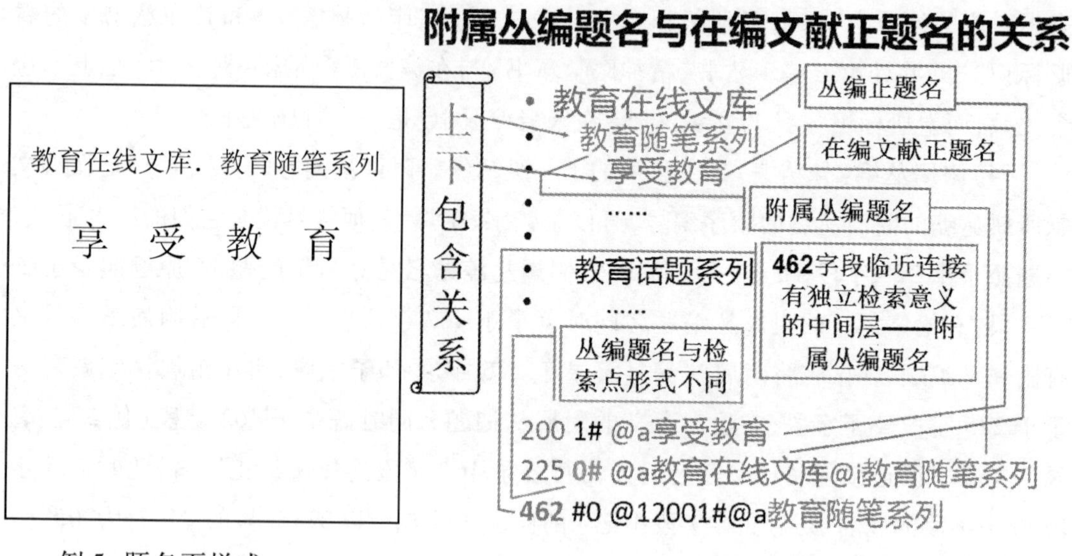

例 5:题名页样式

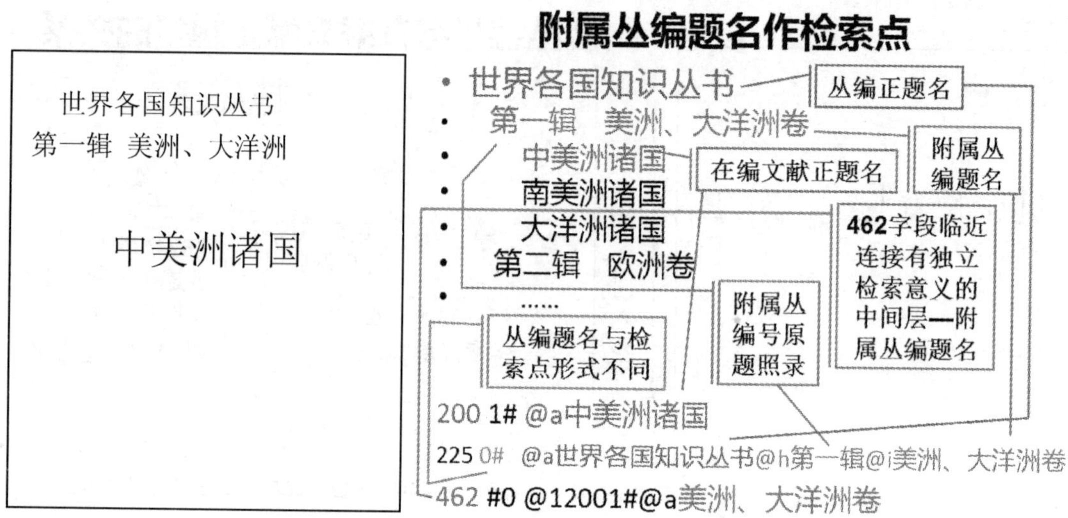

说明:丛书《世界各国知识丛书》共分成 3 个层次,《世界各国知识丛书》(丛编题名)在最高层,其所汇集的文献分成若干辑(附属丛编号),每辑都对应一个附属丛编题名(和附属丛编号共处中间层),每辑下又有若干文献(第三层),在编文献《健康长寿与中医养生》就是丛书第一辑中的文献之一,处第三层。

(5)一文献属于**多种丛编**,可根据规定信息源的顺序分别填入多个 225 字段。

例 6:225 2# @a芳草地丛书

225 2# @a拔萃丛书

461 #0 @12001#@a芳草地丛书

461 #0 @12001#@a拔萃丛书

(6)对于成套的教材、教参、教辅类图书不予汇集,记入 300 字段。

例 7:《新世纪全国高等中医药院校创新教材》汇集了《西医诊疗学基础》《中医刺络放血疗法》《中医美容学》《中医营养学》等图书。

HEA## 00882oam2#2200313###450#
200 1# @a 西医诊疗学基础@9xi yi zhen liao xue ji chu@f 凌锡森主编
225 2# @a 新世纪全国高等中医药院校创新教材
461 #0 @12001#@a 新世纪全国高等中医药院校创新教材 ×

HEA## 00882nam0#2200313###450#
200 1# @a 西医诊疗学基础@9xi yi zhen liao xue ji chu@f 凌锡森主编
333 ## @a 新世纪全国高等中医药院校创新教材 √
333 ## @a 供本科中医药类、护理专业用

HEA## 00882oam2#2200313###450#
200 1# @a 中医美容学@9zhong yi mei rong xue@f 刘宁主编
225 2# @a 新世纪全国高等中医药院校美容系列教材
461 #0 @12001#@a 新世纪全国高等中医药院校创新教材 ×

HEA## 00882nam0#2200313###450#
200 1# @a 中医美容学@9zhong yi mei rong xue@f 刘宁主编
333 ## @a 新世纪全国高等中医药院校美容系列教材
333 ## @a 供中医美容专业用 √

6. 与头标的关系

头标区是提供书目记录基本参数的固定长区，共 24 个字符，其中第 5 字符记录状态代码和第 8 字符层次等级代码与丛编字段相关。当在编文献为单行本时，其 CNMARC 数据头标第 5 字符记录状态代码取 n（新记录）或 c（修改过的记录），第 8 字符层次等级代码取 0（无层次关系的记录）；当在编文献为多层次出版物（如丛书）时，其 CNMARC 数据头标第 5 字符记录状态代码取 o（新记录）或 c（修改过的记录），第 8 字符层次等级代码取 2（低层次记录）。

例 8：单行本出版物新记录中头标的著录方法。

```
HEA## 01656nam0#2200313###450#
200 1# @a光电技术基础@9guang dian
       ji shu ji chu @f苏俊宏,#尚小
       燕,#弥谦编著
```

例 9：丛书新记录中头标的著录方法。

```
HEA## 01824oam2#2200457###450#
200 1# @a中国交通纵横谈@9zhong guo
       jiao tong zong heng tan @f芮乔松
       著
225 2# @a中学生文库
461 #0 @12001#@a中学生文库
```

第六讲　3--附注块

3--附注块常用字段：

- 300 一般性附注
- 304 题名与责任说明附注（对 200 字段题名与责任说明的补充说明）
- 305 版本与书目沿革附注
- 306 出版发行附注
- 307 载体形态附注（要注意与 215 字段内容相对应）
- 308 丛编附注
- 310 装订与获得方式附注
- 312 相关题名附注（规定信息源之外的相关题名附注，如已在 5--字段著录，则不必重复著录 312 字段）
- 314 知识责任附注（规定信息源之外的相关责任者附注）
- 320 文献内书目、索引附注（要注意与 105 字段内容相对应）
- 324 原作版本附注（要注意与 100 字段内容相对应）
- 330 提要或文摘附注（除文学体裁外的作品均需使用此字段）
- 333 使用对象附注（要注意与 100 字段内容相对应）
- 393 系统外字符附注

3--附注块各字段均为选择使用，可重复。

1. 指示符

指示符 1		指示符 2	
注释	内容	内容	注释
未定义，填空格	#	#	未定义，填空格

2. 子字段

序号	子字段标识符	了字段内容	注释
1	@a	附注内容	不可重复

3. 字段内容注释

（1）附注块可采取自由行文的方式，对各著录项目因著录规则的规定未予著录而又必须进一步补充说明的内容加以说明。

(2)有专指的 3--字段则不用使用 300 字段。

(3)如有多条附注,则每条附注应分别记入不同的 3--字段。

(4)图书馆可以根据本馆情况,规定具体启用的 3--字段。如可以规定:统一使用 300 字段,不再单独使用其他“3--”字段;也可以规定:严格使用 3--字段,只有不属于 301—345 专指类别,又有必要给予说明的一般性附注才可著录在 300 字段,如“国家自然科学基金资助项目”,等等。

4. 实例分析

说明:以下是严格使用 3--字段的实例,如某图书馆根据本馆具体情况规定所有附注信息统一使用 300 字段,则以下 3--字段均可改为 300 字段。

例 1:出现在规定信息源上,因著录规则的规定未予著录而又有进一步补充说明必要的内容。

(1)300 ## @a“八五”国家自然科学基金资助项目

(2)300 ## @a纪念抗日战争胜利五十周年

例 2:根据著录规则规定著录,对 200 字段题名与责任说明的补充说明著录于 304 字段,规定信息源之外的相关责任说明附注著录于 314 字段。要注意区别 304 字段和 314 字段著录内容的不同。

(1)200 1# @a聚合物材料用化学助剂@9ju he wu cai liao yong hua xue zhu ji
@f肖卫东#[等]#编著
304 ## @a编著者还有:何本桥、何培新、黄珊

(2)200 1# @a新校注陈修园医书@9xin jiao zhu chen xiu yuan yi shu
@h第一辑@f#(清)#陈念祖撰著
314 ## @a版权页责任者题:陈念祖编著

例 3:305 ## @a本书原由商务印书馆 1964 年出版

例 4:306 ## @a内部发行

例 5:306 ## @a美国西蒙和舒斯特出版社授权出版。

例 6:载体形态附注著录于 307 字段,要注意与 215 字段内容相对应。

215 ## @a88 页@d21cm @e1 光盘
307 ## @a附光盘:ISRC CN-X05-00-0001-0

例 7:文献内书目、索引附注著录于 320 字段,要注意与 105 字段内容相对应。

105 ## @ay###z###001yy

320 ## @a有索引(第 307-320 页)

例 8:原作版本附注,如摹真本原版文献版本的附注、对复制品原版文献的描述等著录于 324 字段,要注意与 100 字段内容相对应。

100 ## @a19890922 e19881937em#y0chiy0110####ea

324 ## @a本书据上海开明书店 1937 年版影印

例 9:使用对象附注著录于 333 字段,要注意与 100 字段内容相对应。

(1)100 ## @a20120915d2011####emky0chiy0110####ea　　(emk = 一般性研究读物)

333 ## @a中央广播电视大学图书馆学专业用书

(2)100 ## @a20120915d2011####bcdy0chiy0110####ea　　(bcd = 少年儿童)

333 ## @a儿童读物

例 10:无法打印出来的字在 393 字段描述,格式:393 ## @a〓 =#[字形结构描述]#(汉语拼音)。左右结构的字不必标明字形结构(如(1)),其他结构则需标明位置(如(2))。

(1)200 1# @a〓华山馆丛稿续编@9ze hua shan guan cong gao xu bian

393 ## @a〓 =#[山昔]#(ze)

(2)200 1# @a上海〓桥镇@9shang hai zhuan qiao zhen

393 ## @a〓 =#[山(上)、而(下),页(右)]#(zhuan)

第七讲　4--款目连接块

4--款目连接块常用字段:

- 461 总集(Set)
- 462 分集(Subset)

4--字段均为选择使用,可重复。

1. 指示符

<table>
<tr><th colspan="2">指示符 1</th><th colspan="2">指示符 2(附注指示符)</th></tr>
<tr><th>注释</th><th>内容</th><th>内容</th><th>注释</th></tr>
<tr><td rowspan="2">未定义,填空格</td><td>#</td><td>0</td><td>不作附注</td></tr>
<tr><td>#</td><td>1</td><td>作附注</td></tr>
</table>

说明:4--字段指示符表明提供记录的机构是否利用此字段的数据生成附注。如指示符为“#0”,则表示提供记录的机构不会根据此字段数据生成附注;如指示符为“#1”,则表示提供记录的机构会根据此字段数据生成附注。一般的,中文普通图书书目数据 4--字段的指示符为“#0”。

2. 子字段

序号	子字段标识符	子字段内容	注释
1	@1	连接数据	可重复

3. 字段内容注释

(1)461、462 字段用于实现在编文献记录与含有该文献的丛编记录的连接,提供丛编款目的检索点形式。

(2)461 字段上连主丛编,462 字段上连附属丛编(分丛编)。上连原则:临近连接,不隔层连接。

(3)子字段包含具有字段标识号、指示符、子字段标识符的完整数据字段,与被连接记录中的相关标识一致。

(4)有丛编项时,在编文献书目数据头标的第 5 字符(记录状态代码)和第 8 字符(层次等级代码)分别为“o”“2”或“c”“2”。

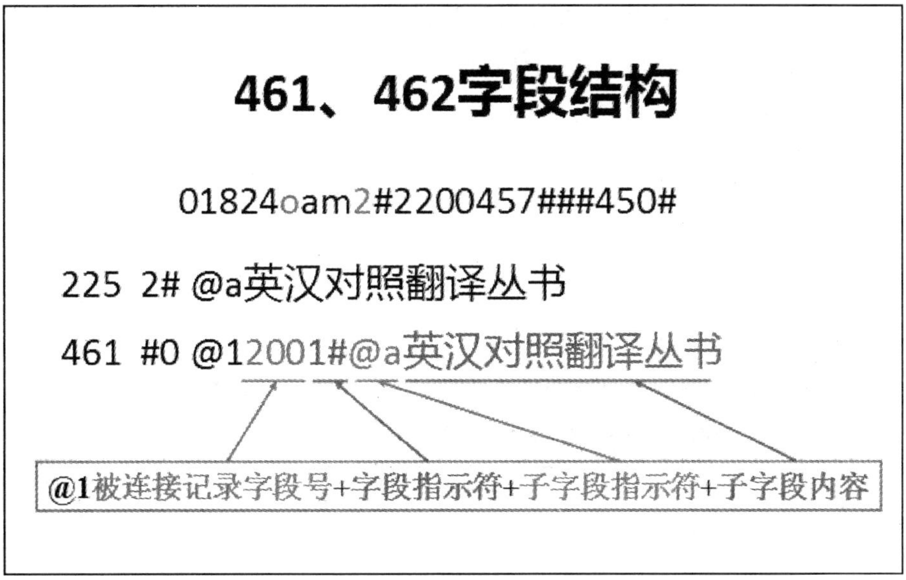

例 1:461 字段上连主丛编,检索点形式与 225 字段一致。

头标　01678oam2#2200353###450#

200 1# @a中国交通纵横谈@9zhong guo jiao tong zong heng tan @f芮乔松著

225 2# @a中学生文库

461 #0 @12001#@a中学生文库

例 2:461 字段上连有卷册标识的主丛编,检索点形式与 225 字段一致。

头标　01520oam2#2200244###450#

200 1# @a临床精神医学@9lin chuang jing shen yi xue @f上海第一医院主编

225 2# @a精神医学丛书@v2

461 #0 @12001#@a精神医学丛书@v2

例 3:462 字段临近连接无检索意义的中间层——附属丛编号,检索点形式与 225 字段一致。

头标　01634oam2#2200452###450#

200 1# @a健康长寿与中医养生@9jian kang chang shou yu zhong yi yang sheng

225 2# @a健康长寿丛书@h第一辑

462 #0 @12001#@a健康长寿丛书@h第一辑

例 4:462 字段临近连接有检索意义的中间层——附属丛编题名(无附属丛编号),检索点形式与 225 字段不同。

头标　01634oam2#2200452###450#

200 1# @a享受教育@9xiang shou jiao yu @f朱永新著

225 0# @a教育在线文库@i教育随笔系列

462 #0 @12001#@a教育随笔系列

例 5:462 字段临近连接有检索意义的中间层——附属丛编题名(有附属丛编号),检索点形式与 225 字段不同。

头标　02134oam2#2200361###450#

200 1# @a中美洲诸国@9zhong mei zhou zhu guo @f吉军,#余弓编著

225 0# @a世界各国知识丛书@h第一辑@i美洲、大洋洲卷

462 #0 @12001#@a美洲、大洋洲卷

第八讲 5--相关题名块

5--相关题名块常用字段：

- 510 并列正题名
- 512 封面题名
- 516 书脊题名
- 517 其他题名
- 540 编目员补充的附加题名

一、510 并列正题名（Parallel Title Proper）

本字段选择使用，可重复。

1. 指示符

指示符 1（题名有无检索意义指示符）		指示符 2	
注释	内容	内容	注释
题名无检索意义	0	#	未定义，填空格
题名有检索意义	1	#	

说明：510 字段指示符表明@a子字段的并列题名作为检索点处理，一般指示符为“1#”。

2. 常用子字段

序号	子字段标识符	子字段内容	注释
1	@a	并列正题名	不可重复
2	@e	并列其他题名信息	可重复
3	@z	并列题名语种	不可重复

3. 字段内容注释

（1）主要信息源（题名页）上出现的**并列题名**按其出现的前后顺序依次填写在 200 字段的@d子字段，并列题名语种填入 200 字段@z子字段。为使其具有检索意义，同时将规范形式的并列题名及其语种再填入 510 字段。

（2）主要信息源（题名页）之外的并列题名不填入 200 字段，直接以规范形式填入 510 字段。

（3）并列题名的大小写、标点符号等遵照其语言文字的书写规则，其首字母及专有名词大写。

(4)并列题名句首的冠词 A、An 和 The 在 200 字段@d子字段原题照录,在 510 字段@a子字段则不予著录。

4. 常见字段结构

(1)510 1# @a并列正题名@z并列题名语种

(2)510 1# @a并列正题名@e并列其他题名信息@z并列题名语种

5. 实例:详见 200 字段题名部分(7)并列题名。

二、512 封面题名(Cover Title)、516 书脊题名(Spine Title)、517 其他题名(Other Variant Titles)、540 编目员补充的附加题名(Additional Title Supplied by Cataloguer)

这些字段选择使用,可重复。

1. 指示符

指示符 1(题名有无检索意义指示符)		指示符 2	
注释	内容	内容	注释
题名无检索意义	0	#	未定义,填空格
题名有检索意义	1	#	

说明:512、516、517 和 540 字段指示符表明@a子字段的题名作为检索点处理,一般指示符为"1#"。

2. 常用子字段

序号	子字段标识符	子字段内容	注释
1	@a	封面题名、书脊题名、其他题名信息、编目员补充的附加题名	不可重复
2	@9	封面题名、书脊题名、其他题名信息、编目员补充的附加题名的汉语拼音	不可重复

3. 常见字段结构

(1)512 1# @a封面题名@9 封面题名的汉语拼音

(2)516 1# @a书脊题名@9 书脊题名的汉语拼音

(3)517 1# @a其他题名信息@9 其他题名信息的汉语拼音

(4)540 1# @a编目员补充的附加题名@9 编目员补充的附加题名的汉语拼音

4. 实例:详见 200 字段题名部分(2)、(5)、(6)、(8)、(9)。

第九讲　6--主题分析块

6--主题分析块常用字段：

- 600 个人名称主题
- 601 团体名称主题
- 605 题名主题
- 606 论题名称主题
- 607 地理名称主题
- 690 中国图书馆分类法分类号(CLC)

说明:600—607 字段中各子字段内容取自《中国分类主题词表》(以下简称《中分表》),690 字段内容取自《中国图书馆分类法》(以下简称《中图法》),是规范化的检索点形式。

一、600 个人名称主题(Personal Name Used as Subject)

本字段选择使用。可重复。

1. 指示符

指示符 1		指示符 2(名称形式指示符)	
注释	内容	内容	注释
未定义,填空格	#	0	名称按直序方式著录
	#	1	名称按倒序方式著录

说明:600 字段指示符取"#0"时,说明该名称是按直序方式即东方人的"姓—名"形式著录;600 字段指示符取"#1"时,说明该名称是按倒序方式即西方人的"名—姓"形式著录。目前 600 字段的@a子字段对于东方人著录完整的姓名,对于西方人著录姓氏的汉泽名,其姓名原文以"姓原文,#名原文"的形式著录于 600 字段@c子字段,是直序形式,指示符亦取"#0"。

2. 常用子字段

序号	子字段标识符	子字段内容	注释
1	@a	款目要素(东方人的姓名、西方人的姓氏汉译名)	不可重复

续表

序号	子字段标识符	子字段内容	注释
2	@c	名称附加(不包括年代)	可重复
3	@f	年代(生年-卒年)	不可重
4	@j	形式复分	可重复
5	@x	论题复分	可重复
6	@y	地理复分	可重复
7	@z	年代复分	可重复

3. 字段结构

(1) 东方人个人名称 ——[姓名全称]

600 #0 @a[个人名称]@x论题复分@y地理复分@z年代复分@j形式复分

600 #0 @a[个人名称]@f#(生年-卒年)#@x论题复分@y地理复分@z年代复分@j形式复分

(2) 西方人个人名称 ——[姓氏汉译名]

600 #0 @a[个人名称]@c#(姓原文,#名原文@f生年-卒年)#@x论题复分@y地理复分
@z年代复分@j形式复分

4. 字段内容注释

(1)当文献论述的主题内容涉及个人的传记类文献、作品综合集,对某人物的思想评论、学术研究、人物研究,且《中分表》(Web 版)中收录有此人的专指个人名称主题词时,将其著录于 600 字段@a子字段(例 1、例 2);如《中分表》(Web 版)中未收录此人的专指个人名称主题词时,或文献论述的主题内容涉及以个人名称命名的专门性学科文献时,选用文献论述主题所属学科相应主题词作主题字段的标引(例 3、例 4)。

(2)600 字段@a子字段著录个人名称的主要部分,即东方人的姓名全称(例 1)、西方人的姓氏汉译名(例 2)。

(3)当个人名称与学科概念已构成专指的复合概念主题词时,不能使用 600 字段,而应选用专指复合概念主题词所属学科做相应主题字段的标引(例 5)。

(4)个人名称生、卒年著录于@f子字段圆括号内,用小短横连接。西方人个人名称的姓名原文和生、卒年以"姓原文,#名原文@f生年-卒年"的形式著录于@c子字段圆括号内(例 1、例 2)。

(5)600 字段可选用@x、@y、@z、@j等子字段对主体因素进行补充、限定。

(6)当文献论述的主题内容涉及多个人物时,应重复使用 600 字段(例 6);当文献

论述的主题内容涉及人物过多时，则归入文献论述主题所属学科做相应主题字段的标引（例 7）；当文献论述的主题内容涉及某个人物多个方面概念时，应重复使用 600 字段（例 8）。

（7）当文献主题内容除了涉及人物，还涉及其他学科方面内容时，还需按其论述主题所属学科做相应主题字段的标引（例 9）。

5. 实例

例 1：东方人个人名称有专指主题词。

200 1# @a冰心全传@9Bing Xin quan zhuan @f陈恕著

600 #0 @a冰心@f#（1900-1999）#@x传记

例 2：西方人个人名称有专指主题词。

200 1# @a上帝在哪里@9shang di zai na li @e面对厄运——是卑微地死去，还是精彩地活着？@f琼妮 · 厄尔克森著@g张栩译

600 #0 @a厄尔克森@c#（Eareckson，#Joni @f1949-）#@x自传

例 3　西方人个人名称无专指主题词。

200 1# @a世界新首富@9shi jie xin shou fu @e卡洛斯和他的帝国@f陈利霞，#王长义编著 606 0# @a企业家@x生平事迹@y墨西哥 @z现代 606 0# @a电信@x邮电企业@x企业管理 @x经验@y墨西哥　√	200 1# @a世界新首富@9shi jie xin shou fu @e卡洛斯和他的帝国@f陈利霞，#王长义编著 600 #0 @a埃卢@x生平事迹@y墨西哥 @z现代 606 0# @a电信@x邮电企业@x企业管理 @x经验@y墨西哥 ×

说明：卡洛斯 · 斯利姆 · 埃卢是墨西哥电信巨子，2011 年、2012 年、2013 年蝉联福布斯全球富豪榜首富。

例 4：以个人名称命名的专门性学科文献。

200 1# @a新世纪中国儿童文学视野中的杨红缨@9xin shi ji zhong guo er tong wen xue shi ye zhong de yang hong ying @f乔世华著

606 0# @a女作家@x儿童文学@x文学研究@y中国@z现代

例 5：个人名称与学科概念已构成专指复合概念主题词。

<table>
<tr>
<td>200 1# @a毛泽东建军思想研究@9mao ze dong jian jun si xiang yan jiu @f丁世尤著
600 #0 @a毛泽东@f#(1893-1976)#@x军事思想@x研究 ×</td>
<td>200 1# @a刘伯承兵法@9liu bo cheng bing fa @f黄迎旭著
600 #0 @a刘伯承@f#(1892-1986)#@x军事思想@x研究 √</td>
</tr>
<tr>
<td>200 1# @a毛泽东建军思想研究@9mao ze dong jian jun si xiang yan jiu @f丁世尤著
606 0# @a毛泽东军事思想@x研究 √</td>
<td>200 1# @a毛泽东诗词大观@9mao ze dong shi ci da guan @f蔡清富,#黄辉映编著
606 0# @a毛泽东诗词@x鉴赏 √</td>
</tr>
</table>

说明:《中分表》中有“毛泽东军事思想”“毛泽东诗词”等复合概念的专指主题词,著录时应选用专指主题词所属学科做相应主题字段的标引;《中分表》中无“刘伯承军事思想”复合概念的专指主题词,因此需要用“刘伯承”和“军事思想”两个主题词进行限定组配来标引。

例 6:文献论述的主题内容涉及多个人物。

200 1# @a爱情自由的历程@9ai qing zi you de li cheng @e鲁迅##胡适##郁达夫##徐志摩的爱情婚姻与家庭@f张华著

600 #0 @a鲁迅@f#(1881-1936)#@x生平事迹

600 #0 @a胡适@f#(1881-1962)#@x生平事迹

600 #0 @a郁达夫@f#(1896-1945)#@x生平事迹

600 #0 @a徐志摩@f#(1896-1931)#@x生平事迹

例 7:文献论述的主题内容涉及人物过多。

200 1# @a美国41任总统列传@9mei guo 41 ren zong tong lie zhuan @f于青林,#雨相编译

606 0# @a总统@x列传@y美国

例 8:文献论述的主题内容涉及某个人物多个方面概念时的著录。

200 1# @a东方兵圣@9dong fang bing sheng @e孙子生平及其军事思想新解@f廖超著

600 #0 @a孙武@f#(前 533-?)#@x生平事迹

600 #0 @a孙武@f#(前 533-?)#@x军事思想@x研究

例 9：文献主题除涉及人物外，还涉及其他方面主题。

200 1# @a蒋介石与西安事变@9 jiang jie shi yu xi an shi bian @f宋连生著

600 #0 @a蒋介石@f#(1887-1975)#@x生平事迹

606 0# @a西安事变(1936) @x史料

二、601 团体名称主题(Corporate Body Name Used as Subject)

本字段选择使用。可重复。

1. 指示符

指示符 1(会议指示符)		指示符 2(名称形式指示符)	
注释	内容	内容	注释
团体名称	0	0	倒置名称
会议	1	1	地区名称
		2	直序名称

说明：当在编文献论述的主题内容涉及团体机构和会议时，团体名称主题和会议名称主题一般按照直序方式著录，601 字段指示符取“02”(团体)或者“12”(会议)。

2. 常用子字段

序号	子字段标识符	子字段内容	注释
1	@a	款目要素	不可重复
2	@b	次级部分	可重复
3	@c	名称附加	可重复
4	@d	会议届次	不可重复
5	@e	会议地点	不可重复
6	@f	会议日期	不可重复
7	@j	形式复分	可重复
8	@x	论题复分	可重复
9	@y	地理复分	可重复
10	@z	年代复分	可重复

3. 字段结构

(1)601 02 @a团体名称@b团体名称次级部分@c#(名称附加)#@x论题复分@y地理复分

@z年代复分@j形式复分

(2)601 12 @a会议名称@d#(会议届次)#@e#(会议地点)#@f#(会议日期)#@x论

题复分@j形式复分

4. 字段内容注释

(1)当文献论述的主题内容涉及团体机构和会议,如《中分表》(web 版)中有此团体机构和会议名专指主题词时,则将其著录于 601 字段@a子字段(例 2);如《中分表》(web 版)中无此团体机构和会议的专指主题词时,则需通过组配标引、靠词标引、上位词标引后再做相应主题字段的标引(例 3)。

(2)当团体机构名称与学科概念可构成专指复合概念主题词时,不能使用 601 字段,应选用复合概念主题词所属学科做相应主题字段的标引(例 4)。

(3)各类学科、专题的学术会议会议录、论文集归入各学科、专题所属学科做相应主题字段的标引,学术会议名称一般不作为主体因素(例 8)。

(4)当文献论述的主题内容涉及会议时,会议届次、会议地点、会议日期分别著录于@d、@e、@f子字段圆括号内(例 7)。

(5)601 字段可选用@x、@y、@z、@j等子字段对主体因素进行补充、限定。

(6)当文献论述的主题内容涉及多个团体机构时,可重复使用 601 字段(例 6);当文献论述的主题内容涉及某个团体机构多个方面概念时,可重复使用 601 字段。

(7)当文献主题内容除了涉及团体机构或会议,还涉及其他学科方面内容时,需同时按其论述主题所属学科做相应主题字段的标引(例 2、例 5)。

5. 实例

(1)团体机构主题的标引

例 1:团体名称有专指主题词。

200 1# @a松下的秘密@9song xia de mi mi @f#(日)#石山四郎等著@g黄小周译

601 02 @a松下电器工业公司@x经验

例 2:文献内容除涉及团体名称主题外,还涉及其他学科方面主题。

200 1# @a从雅典到北京@9cong ya dian dao bei jing @dAthens to Beijing @e奥运会和国际奥委会的历史@e1894-2008 @f#(英)#戴维·米勒著@g王承教等译

601 02 @a国际奥委会@x历史@z1894-2008

606 0# @a奥运会@x历史@z1894-2008

例 3:团体名称无专指主题词。

200 1# @a美国中央情报局局长@9mei guo zhong yang qing bao ju ju zhang @f田实著

601 02 @a中央情报局@c#(美国)#@x领导人员@x生平事迹

例 4:团体名称与学科概念已构成复合概念主题词。

200 1# @a解放军为什么能赢@9jie fang jun wei shen mo neng ying @e写给新一代人看的军史 @f徐焰著 601 02 @a中国人民解放军@x历史@j史料 ×	200 1# @a解放军为什么能赢@9jie fang jun wei shen mo neng ying @e写给新一代人看的军史 @f徐焰著 606 0# @a中国人民解放军军史@j史料 √

例 5:文献内容除涉及团体名称主题外,还涉及其他方面主题。

200 1# @a巴金与文化生活出版社@9ba jin yu wen hua sheng huo chu ban she @f李济生编著

600 #0 @a巴金@f#(1904-2005)#@x生平事迹

601 02 @a上海文艺出版社@j史料

说明:本书叙述了巴金的生平事略,内容包括“当事人忆谈”“文化生活出版社始末”“独具风格的装帧和广告”等。文化生活出版社是巴金等人于 1935 年 5 月在上海创办,1954 年并入新文艺出版社,现为上海文艺出版社。“上海文艺出版社”是《中分表》(web)版中规范的主题词。

例 6:文献内容涉及多个团体机构。

200 1# @a北大清华的 9 种性格@9bei da qing hua de 9 zhong xing ge @e顶级名校的性格气质培训指南@f杨凡著

601 02 @a北京大学@x校园文化@j通俗读物

601 02 @a清华大学@x校园文化@j通俗读物

(2)会议主题的标引方法

例 7:200 1# @a中共八届十中全会公报学习参考材料@9zhong gong ba jie shi zhong quan hui gong bao xue xi can kao cai liao @h第二册@f福建人民出版社编辑

601 12 @a中国共产党八届十中全会@f#(1962)# @x文件@j学习参考资料

例 8:200 1# @a中国地震学会第六次学术大会论文摘要集@9zhong guo di zhen xue hui di liu ci xue shu da hui lun wen zhai yao ji @f陈运泰主编

606 0# @a地震学@x学术会议@j文集

三、605 题名主题(Title Used as Subject)

本字段选择使用。可重复。

1. 指示符

指示符 1		指示符 2	
注释	内容	内容	注释
未定义,填空格	#	#	未定义,填空格

2. 常用子字段

序号	子字段标识符	子字段内容	注释
1	@a	款目要素(简短题名或正题名)	不可重复
2	@j	形式复分	可重复
3	@x	论题复分	可重复
4	@y	地理复分	可重复
5	@z	年代复分	可重复

3. 字段结构

605 ## @a题名主题@x论题复分@y地理复分@z年代复分@j形式复分

4. 字段内容注释

(1)605 字段记录以文献题名为研究对象的主题,如《中分表》(web 版)中有此文献题名的专指主题词时,将其著录于 605 字段@a子字段(例 1、例 6);如《中分表》(web 版)中无此文献题名的专指主题词,则归入在编文献论述主题所属学科做相应主题字段的标引(例 2、例 7)。

(2)当文献题名与学科概念已构成专指复合概念主题词时,不再使用 605 字段,而应选用专指复合概念主题词所属学科做相应主题字段的标引(例 3)。

(3)不同文献题名主题之间有比较关系,一般以主要论述对象的题名主题词为主体因素,著录于 605 字段@a子字段,把“对比研究”等连接词著录于其后的@x子字段,再将其他论述对象的题名主题词著录于再之后的@x子字段。如无法区分相互关系题名主题的主次关系,则以排在前面的题名主题词为主体因素,著录于 605 字段@a子字段(例 4)。

(4)605 字段可选用@x、@y、@z、@j等子字段对主体因素进行补充、限定。

(5)当文献的研究对象是多部作品时,应重复使用 605 字段(例 5)。

(6)当文献主题内容除了涉及文献题名,还涉及其他学科方面内容时,还需按其论述主题所属学科做相应主题字段的标引（例 7、例 8）。

5. 实例

例 1：文献题名有专指主题词。

200 1# @a西游记的人生智慧@9xi you ji de ren sheng zhi hui @f吴金梅著

605 ## @a西游记@x人生哲学@x研究

例 2：文献题名无专指主题词。

×	√
200 1# @a我们时代的写作@9wo men shi dai de xie zuo @e对话《酒国》《生死疲劳》@f张旭东，莫言著 605 ## @a酒国@x小说研究 605 ## @a生死疲劳@x小说研究	200 1# @a我们时代的写作@9wo men shi dai de xie zuo @e对话《酒国》《生死疲劳》@f张旭东，莫言著 600 #0 @a莫言@f#(1955 –)#@x小说研究 606 0# @a小说研究@y中国

说明：《酒国》《生死疲劳》均为莫言作品。

例 3：题名名称与学科概念已构成专指复合概念主题词。

×	√
200 1# @a倾城憾事@9qing cheng han shi @e红楼群芳情鉴实录@f赵墨著 605 ## @a红楼梦@x人物形象@x小说研究	200 1# @a倾城憾事@9qing cheng han shi @e红楼群芳情鉴实录@f赵墨著 606 0# @a《红楼梦》人物@x人物形象@x小说研究

例 4：有比较关系的题名主题。

200 1# @a《红楼梦》《金瓶梅》比较论稿 @9《hong lou meng》《jin ping mei》bi jiao lun gao @f方明光著

605 ## @a红楼梦@x对比研究@x金瓶梅

例 5：文献研究对象涉及多个作品的题名主题。

200 1# @a《红楼梦》和《金瓶梅》中的建筑@9《hong lou meng》he《jin ping mei》zhong de jian zhu @f孟庆田著

605 ## @a红楼梦@x古建筑@x建筑艺术@x研究

605 ## @a金瓶梅@x古建筑@x建筑艺术@x研究

例 6:文献研究对象应用到其他学科。

200 1# @a三国演义与经营谋略@9san guo yan yi yu jing ying mou lue @f郭济兴,#王建树,#李世俊著

605 ## @a三国演义@x谋略@x应用@x商业经营

例 7:题名名称与学科概念已构成专指复合概念主题词,同时还涉及其他学科方面主题。

200 1# @a毛泽东读《水浒传》@9mao ze dong du《shui hu zhuan》@f董志新著

600 #0 @a毛泽东@f#(1893-1976)#@x古典小说评论

606 ## @a《水浒》评论

例 8:文献主题内容除了涉及文献题名,还涉及其他学科方面内容。

200 1# @a寻找白鹿原@9xun zhao bai lu yuan @f卞寿堂著

605 ## @a白鹿原@x小说研究

607 ## @a蓝田县@x地方史@x研究

四、606 论题名称主题(Topical Name Used as Subject)

本字段选择使用。可重复。

1. 指示符

指示符1(主题词层次指示符)		指示符2	
注释	内容	内容	注释
未指定层次	0	#	未定义,填空格
主要词	1	#	
次要词	2	#	

说明:606 字段指示符一般取"0#",说明主题词不分主次。

2. 常用子字段

序号	子字段标识符	子字段内容	注释
1	@a	款目要素	不可重复
2	@j	形式复分	可重复
3	@x	论题复分	可重复
4	@y	地理复分	可重复
5	@z	年代复分	可重复

3. 字段结构

606 0# @a普通主题@x论题复分@y地理复分@z年代复分@j形式复分

4. 字段内容注释

(1)606 字段著录文献论述主题所属学科的主题词。

(2)普通主题包括单主题和多主题。

①单主题又包括单元主题和复合主题,一个单主题使用一个 606 字段。

a. 单元主题著录于 606 字段@a子字段。

b. 当一个主题词不能反映文献主题时,需用多个主题词组配成复合主题词,组配公式为:606 0# @a主体因素@x通用因素@y空间因素@z时间因素@j文献类型因素(例1)。文献中出现多个主体因素主题词时,优先采用交叉组配方式。交叉关系的组配词序采用汉语自然语序,第一个主体因素著录于 606 字段@a子字段,其他主体因素依次著录于 606 字段@x子字段(例 3);不能采用交叉方式组配时,可采用限定组配方式。限定关系的组配以文献论述的事物为主体因素中的中心因素,著录于 606 字段@a子字段,文献论述的事物的其他方面概念主题著录于 606 字段@x子字段(例 4)。

②当文献论述的内容涉及多个主题时,应重复使用 606 字段(例 2)。

(3)@j子字段著录文献的资料种类或形式,如词典、图集、教材,等等,置于 606 字段的最后(例 1)。

(4)影响关系的主题,产生影响概念的主题为主体因素。产生影响概念的主题词形式为"××影响"(专指影响概念的复合主题词)时,字段结构为:606 #0 @a××影响@x受到影响概念的主题词(例 6);无专指影响概念的复合主题词时,字段结构为:606 #0 @a产生影响概念的主题词@x影响@x受到影响概念的主题词(例 5)。

(5)应用关系的主题,应用概念的主题词为主体因素。应用概念的主题词形式为"××应用"(专指应用概念的复合主题词)时,字段结构为:606 #0 @a××应用@x应用到的学科概念主题词(例 8);无专指应用概念的复合主题词时,字段结构为:606 #0 @a应用概念的主题词@x应用@x应用到的学科概念主题词(例 7)。

(6)有相互关系的主题词,一般是主要论述概念的主题词为主体因素。如无法区分相互关系主题的主次关系,则以排在前面的主题词为主体因素。字段结构为:606 #0 @a主要论述概念的主题词@x关系@x次要论述概念的主题词(例 9)。

(7)不同主题概念之间有比较关系,一般是主要论述对象的主题词为主体因素。如果有比较关系的专指主题词(如比较文学),字段结构为:606 #0 @a比较关系专指主题词@x其他方面概念的主题词;如无比较关系专指主题词,字段结构为:606 #0 @a主要论述对象的主题词@x对比研究@x其他方面概念的主题词(例 10、例 11)。同一主题概念在其不同方面(如地域)有比较关系,如果主题概念不同方面有共同的上位主题词,字段结构为:606 #0 @a论述对象的主题词@x对比研究@y共同上位主题词(例 12);如果主题概念不同方面无共同的上位主题词,字段结构为:606 #0 @a论述对象的主题词@x对比研究@y主题概念方面 1 @y主题概念方面 2(例 13)。

5. 实例

例 1:单主题。

200 1# @a广西区域经济合作研究 @9guang xi qu yu jing ji he zuo yan jiu @f龙裕伟著

606 0# @a区域经济@x研究@y广西

例 2:多主题。

200 1# @a建筑快速设计@9jian zhu kuai su she ji @i博物馆@f《大师》编辑部编著

606 0# @a建筑设计@y世界@z现代@j图集

606 0# @a博物馆@x建筑设计@y世界@z现代@j图集

说明:《建筑快速设计》是多卷书,《博物馆》是其中一个分卷。

例 3:限定关系组配词。

200 1# @a茄果类蔬菜育种与种子生产@9qie guo lei shu cai yu zhong yu zhong zi sheng chan @f吕书文,#张伟春,#王丽萍主编

606 0# @a茄果类@x作物育种

说明:"茄果类"蔬菜是文献论述的事物,"作物育种"只是"茄果类"蔬菜的其中一个方面。

例 4:交叉关系组配词。

200 1# @a我参与了北京残奥会@9wo can yu le bei jing can ao hui @f吴兵主编 @g第 29 届奥林匹克运动会组织委员会编

606 0# @a残疾人@x夏季奥运会@y北京@z2008 @j摄影集

说明:"残疾人"与"夏季奥运会"交叉组配表示"残奥会"。

例 5:影响关系主题(无专指影响概念的复合主题词)。

200 1# @a奥运会对举办城市经济的影响@9ao yun hui dui ju ban cheng shi jing ji de ying xiang @f董杰著

606 0# @a奥运会@x影响@x城市经济@x研究

说明:"奥运会"是产生影响概念的主题词,"城市经济"是受到影响概念的主题词。

例 6:影响关系主题(有专指影响概念的复合主题词)。

200 1# @a粮食生产与气象保障@9liang shi sheng chan yu qi xiang bao zhang
@f王运行#[等]#编著

606 0# @a气候影响@x粮食作物@x研究

说明:“气候”是产生影响概念的主题词,“粮食作物”是受到影响概念的主题词。

例 7:应用关系主题(无专指应用概念的复合主题词)。

200 1# @a生物学中的放射性核技术@9sheng wu xue zhong de fang she xing he ji shu @f任时仁编著

606 0# @a放射性同位素@x应用@x生物学@j教材

说明:“放射性同位素”是应用概念的主题词,“生物学”是应用到的学科概念主题词。

例 8:应用关系主题(无专指应用概念的复合主题词)。

200 1# @a军事激光应用@9jun shi ji guang ying yong @f孙华燕,#张延华,#韩意编著

606 0# @a激光应用@x军事技术

说明:“激光”是应用概念的主题词,“军事技术”是应用到的学科概念主题词。

例 9:相互关系主题。

200 1# @a我们的生活不能没有植物@9wo men de sheng huo bu neng mei you zhi wu
@e人与植物@f侯书议主编

606 0# @a植物@x关系@x人类@j青年读物

说明:“植物”是主要论述概念的主题词,“人类”是次要论述概念的主题词。

例 10:不同主题概念之间的比较关系。

200 1# @a马克思主义经济学方法论与批判实在论经济学方法论比较研究@9ma ke si zhu yi jing ji xue fang fa lun yu pi pan shi zai lun jing ji xue fang fa lun bi jiao yan jiu @f马国旺著

606 0# @a马克思主义政治经济学@x方法论@x对比研究
@x批判实在论@x经济学@x方法论

例 11:不同主题概念之间的比较关系。

200 1# @a明清晋商与徽商之比较研究@9ming qing jin shang yu hui shang zhi bi jiao yan jiu @f刘建生,#燕红忠,#张喜琴著

606 0# @a晋商@x对比研究@x徽商@y明清时代

例 12:同一主题概念在不同地域(有共同上位主题词)之间的比较关系。

200 1# @a中国大陆与台湾乡土小说比较史论@9zhong guo da lu yu tai wan xiang tu xiao shuo bi jiao shi lun @f丁帆等著

606 0# @a乡土小说@x对比研究@y中国@z20 世纪

说明:大陆与台湾同属中国领地。

例 13:同一主题概念在不同地域(无共同上位主题词)之间的比较关系。

200 1# @a风起云涌太平洋@9feng qi yun yong tai ping yang @e中美争锋新浪潮 @f伟达著

606 0# @a军事战略@x对比研究@y中国@y美国

五、607 地理名称主题(Geographical Name Used as Subject)

本字段选择使用。可重复。

1. 指示符

指示符 1		指示符 2	
注释	内容	内容	注释
未定义,填空格	#	#	未定义,填空格

2. 常用子字段

序号	子字段标识符	子字段内容	注释
1	@a	款目要素(规范标目规定的地名形式)	不可重复
2	@j	形式复分	可重复
3	@x	论题复分	可重复
4	@y	地理复分	可重复
5	@z	年代复分	可重复

3. 字段结构

607 ## @a地理名称@x论题复分@y地理复分@z年代复分@j形式复分

4. 字段内容注释

(1)607 字段记录以地理名称为研究对象的主题,如《中分表》(web 版)中有此地理名称的专指主题词,则将其著录于 607 字段@a子字段;如《中分表》(web 版)中无此地理名称的专指主题词,则选用文献论述主题所属学科相应主题词做主题字段的标引。

(2)当地理名称与学科概念已构成专指复合概念主题词时，不再使用 607 字段，应选用专指复合概念主题词做相应主题字段的标引(例 1)。

(3)论述某一历史(自然)地域综合性(例 2)或某一方面状况(例 3)的文献，地名作为主体因素著录于 607 字段@a子字段。

(4)综述某一行政区域综合状况的文献，政区名称作为主体因素著录于 607 字段@a子字段(例 4)。

(5)论述某一行政区域方面状况或问题的文献，方面状况或问题对应的主题词作为主体因素著录于 606 字段@a子字段，行政区域作为地理复分因素著录于@y子字段(例 5)。

(6)607 字段可选用@x、@y、@z、@j等子字段对主体因素进行补充、限定。

(7)当文献的研究对象是多个地区时，应重复使用 607 字段。

(8)当文献主题内容除了涉及地名，还涉及其他学科方面内容时，按其论述主题所属学科做相应主题字段的标引(例 6、例 7)。

5. 实例

例 1：地理名称与学科概念构成复合概念主题词。

200 1# @a血雨腥风战瓜岛@9xue yu xing feng zhan gua dao @dBloody engagement in Guadalcanal island @f张越主编@zeng

606 0# @a夸达康纳尔岛战役(1942-1943) @j史料

例 2：历史(或自然)地域综合性状况文献。

200 1# @a中华摇篮@9zhong hua yao lan @e滔滔黄河@f冀夫编辑，#赵丽洁撰文
@g李长锁摄影

607 ## @a黄河@x概况

例 3：历史(或自然)地域某一方面状况文献。

200 1# @a黄河下游泄洪输沙潜力和高效排洪通道构建@9huang he xia you xie hong shu sha qian li he gao xiao pai hong tong dao gou jian @f齐璞，#孙赞盈，#齐宏海著

607 ## @a黄河@x下游@x水力输沙@x研究

607 ## @a黄河@x下游@x分洪@x研究

例 4：某一行政区域综合状况文献。

200 1# @a趣闻上海@9qu wen shang hai @f翦鑫主编

607 ## @a上海@x概况

例 5:某一行政区域方面状况或问题文献。

200 1# @a北京地区暴雨、强对流天气分析与预报技术@9bei jing di qu bao yu、qiang dui liu tian qi fen xi yu yu bao ji shu @f孙明生#[等]#著

606 0# @a暴雨@x天气分析@y北京

606 0# @a暴雨@x天气预报@y北京

606 0# @a强对流天气@x天气分析@y北京

606 0# @a强对流天气@x天气预报@y北京

例 6:文献主题内容除了涉及地名,还涉及其他学科方面内容。

200 1# @a尧茂书首漂长江记@9yao mao shu shou piao chang jiang ji @f西南交通大学编

606 0# @a文化工作者@x生平事迹@y中国@z现代

607 ## @a长江@x考察

例 7:文献主题内容除了涉及地名,还涉及其他学科方面内容。

200 1# @a寻找白鹿原@9xun zhao bai lu yuan @f卞寿堂著

605 ## @a白鹿原@x小说研究

607 ## @a蓝田县@x地方史@x研究

六、690 中国图书馆分类法分类号(Chinese Library Classrfication, CLC)

本字段选择使用,可重复。

1. 指示符

指示符 1		指示符 2	
注释	内容	内容	注释
未定义,填空格	#	#	未定义,填空格

2. 常用子字段

序号	子字段标识符	子字段内容	注释
1	@a	分类号(取自《中图法》)	不可重复
2	@v	版次(《中图法》的版次)	不可重复

3. 字段结构

690 ## @a分类号@v使用《中国法》的版次

4. 字段内容注释

(1)690 字段@a子字段记载取自《中图法》中的规范分类号,为大写的拉丁字母和阿拉伯数字相结合的混合标记符号。

(2)690 字段@v子字段著录《中图法》的版次,用阿拉伯数字表示。2010 年 9 月,国家图书馆出版社出版《中图法》第五版,使用《中图法》第五版分类的图书馆制作的 CNMARC 数据,690 字段@v子字段内容固定为"5"。

(3)690 字段可重复,第 1 个 690 字段中的@a子字段中的分类号为排架号,与 905 字段中的分类号一致。

5. 实例

例 1:200 1# @a计算机在统计中的应用@9ji suan ji zai tong ji zhong de ying yong @f邵建利编著

690 ## @aC819 @v5

例 2:200 1# @a塑料工业和橡胶工业@9su liao gong ye he xiang jiao gong ye @f李俊贤主编

690 ## @aTQ32 @v5

690 ## @aTQ33 @v5

第十讲　7--知识责任块

7--知识责任块常用字段：

- 701　个人名称——等同知识责任
- 702　个人名称——次要知识责任
- 711　团体名称——等同知识责任
- 712　团体名称——次要知识责任

一、701 个人名称——等同知识责任(Personal Name—Alternative Intellectual Responsibility)

702 个人名称——次要知识责任(Personal Name—Secondary Intellectual Responsibility)

本字段选择使用，可重复。

1. 指示符

指示符1		指示符2(名称形式指示符)	
注释	内容	内容	注释
未定义，填空格	#	0	名称按直序方式著录
	#	1	名称按倒序方式著录

说明：701、702 字段指示符为"#0"时，说明该名称是按直序方式即东方人的"姓—名"形式著录；701、702 字段指示符为"#1"时，说明该名称是按倒序方式即西方人的"名—姓"形式著录。目前 701、702 字段的@a子字段对于东方人著录完整的姓名，对于西方人著录姓氏的汉译形式；其姓名原文以"姓原文，#名原文"的形式著录于 701、702 字段第 2 个@c子字段，是直序形式，指示符为"#0"。

2. 常用子字段

序号	子字段标识符	子字段内容	注释
1	@a	款目要素(东方人的姓名、西方人的姓氏汉译形式)	不可重复
2	@c	名称附加(不包括年代)	可重复
3	@f	年代(生年-卒年)	不可重复
4	@4	关系词代码(责任方式)	可重复
5	@9	个人名称汉语拼音	不可重复

3. 常见字段结构(以 701 字段为例)

(1)中国责任者:①701 #0 @a个人名称姓名全称@4 责任方式

②701 #0 @a个人名称姓名全称@f #(生年-卒年)#@4 责任方式

③701 #0 @c#(朝代)#@a个人名称姓名全称@4 责任方式

④701 #0 @c#(朝代)#@a个人名称姓名全称@f #(生年-卒年)#@4 责任方式

(2)东方责任者(中国责任者除外)

①701 #0 @c#(国别)#@a个人名称姓名全称@4 责任方式

②701 #0 @c#(国别)#@a个人名称姓名全称@f #(生年-卒年)#@4 责任方式

(3)西方责任者:①701 #0 @c#(国别)#@a个人名称姓氏汉译形式@c#(个人名称姓原文,#个人名称名原文)#@4 责任方式

②701 #0 @c#(国别)#@a个人名称姓氏汉译形式@c#(个人名称姓原文,#个人名称名原文@f生年-卒年)#@4 责任方式

4. 字段内容注释

(1)对文献负有第一责任的个人名称的规范形式著录于 701 字段@a子字段,对文献负有其他责任的个人名称的规范形式著录于 702 字段@a子字段。东方个人责任者著录姓名全称,西方个人责任者著录姓氏汉译名。

(2)填写在本字段的个人名称必须是具有检索意义的规范名称,不一定与 200 字段@f、@g子字段中填写的个人名称形式完全相同。

(3)中国古代个人责任者(1912 年以前)的朝代简称、外国个人责任者的国别著录于 701、702 字段第 1 个@c子字段圆括号内;西方个人责任者汉译姓著录于@a子字段,姓名原文以"姓原文,#名原文"的形式著录于 701、702 字段第 2 个@c子字段圆括号内。

(4)个人责任者生、卒年著录于 701、702 字段@f子字段圆括号内,用小短横连接。西方个人责任者的姓名原文和生、卒年以"姓原文,#名原文@f生年-卒年"的形式著录于 701、702 字段第 2 个@c子字段圆括号内。

(5)第一种责任方式的个人责任者有 1—3 个时,以个人责任者出现的先后顺序分别将其规范形式著录于 701 字段,有多少个第　责任方式个人责任者,就著录多少个 701 字段;第一种责任方式的个人责任者超过 3 个时,以个人责任者出现的先后顺序著录,将其前 3 个个人责任的规范形式著录于 701 字段。其他责任方式亦同。

(6)知名作家在著作上的署名不是本名,而使用笔名,或兼以本名、笔名题署,应选

择著称于世者或通用的习惯形式为主要款目。若规定信息源中出现其本名,还应为其本名做规范。

(7)责任方式填入@4 子字段。

5. 实例

例 1:中国个人责任者。

200 1# @a三家巷@9san jia xiang @f欧阳山著

701 #0 @a欧阳山@9ou yang shan@4 著

例 2:中国古代个人责任者。

200 1# @a李太白集@9li tai bai ji @f#(唐)#李白著

701 #0 @c#(唐)#@a李白@9li bai @f#(701-762)#@4 著

例 3:东方(除中国外)个人责任者。

200 1# @a伊豆舞女@9yi dou wu nv @f#(日)#川端康成著@g林少华译

701 #0 @c#(日)#@a川端康成@9chuan duan kang cheng @f#(1899-1972)# @4 著

702 #0 @a林少华@9lin shao hua@4 译

例 4:西方个人责任者。

200 1# @a沙漠驼影@9sha mo tuo ying @dTracks @e一个女人的千里澳洲行 @f#(澳)#罗苹·戴维森#(Robyn Davidson)#著@g田思怡译@zeng

701 #0 @c#(澳)#@a戴维森@9dai wei sen @c#(Davidson,#Robyn)#@4 著

702 #0 @a田思怡@9tian si yi@4 译

例 5:知名作家在作品上使用笔名署名。

200 1# @a烟云集@9yan yun ji @f茅盾著

701 #0 @a茅盾@9mao dun @f#(1896-1981)#@4 著

说明:茅盾原名沈德鸿,字雁冰,茅盾是他常用的笔名,也是最著称于世的名字。

例 6:知名作家在作品上使用本名署名。

200 1# @a鲁迅杂文书信选@9lu xun za wen shu xin xuan @f周树人著

701 #0 @a鲁迅@9lu xun @f#(1881-1936)#@4 著

701 #0 @a周树人@9zhou shu ren@4 著

说明:周树人是著名作家鲁迅的原名,鲁迅是最著称于世的名字,为规范名称。

例 7:知名作家在作品上使用笔名署名。

200 1# @a汤姆·索亚历险记@9tang mu suo ya li xian ji

@f#(美)#马克·吐温#(Mark Twain)

701 #1 @c#(美)# @a马克·吐温@9ma ke tu wen @c#(Mark Twain @f1835-1910)#@4 著

说明:马克·吐温(Mark Twain)是美国著名作家萨缪尔·兰亨·克莱门(Samuel Langhorne Clemens)最常用的笔名,不是"名·姓"形式的名称,仅是名,故原题照录。

例 8:同一种责任方式的个人责任者超过 3 个。

200 1# @a聚合物材料用化学助剂@9ju he wu cai liao yong hua xue zhu ji @f肖卫东#[等]#编著

304 ## @a编著者还有:何本桥、何培新、黄珊

701 #0 @a肖卫东@9xiao wei dong@4 编著

701 #0 @a何本桥@9he ben qiao@4 编著

701 #0 @a何培新@9he pei xin@4 编著

6. 相关字段

200 字段(题名与责任说明)@f、@g子字段记载的是责任说明在题名页上出现的形式,701 字段、702 字段记载的是责任说明的规范化形式。

二、711 团体名称——等同知识责任(Corporate Body Name-Alternative Intellectual Responsibility)

712 团体名称—次要知识责任(Corporate Body Name-Secondary Intellectual Responsibility)

本字段选择使用,可重复。

1. 指示符

指示符 1(会议指示符)		指示符 2(名称形式指示符)	
注释	内容	内容	注释
团体名称	0	0	以倒序方式著录
会议	1	1	以地区或辖区著录
		2	以直序方式著录

说明:一般的,团体责任者的 711、712 字段指示符取"02",会议名称的 711、712 字段指示符取"12"。

2. 常用子字段

序号	子字段标识符	子字段内容	注释
1	@a	款目要素(必备子字段)	不可重复
2	@b	次级部分	可重复
3	@d	会议届次	不可重复
4	@e	会议地点	
5	@g	会议日期	
6	@4	关系词代码(责任方式)	可重复
7	@9	个人名称汉语拼音	不可重复

3. 常见字段结构(以 711 字段为例)

(1)团体责任者:①711 02 @a团体名称@4 责任方式

②711 02 @a团体名称@b次级部分@4 责任方式

(2)会议:711 12 @a会议名称@d#(届次#:#@f会议日期#:#@e会议地点)

4. 字段内容注释

(1)对文献负有第一责任的团体(会议)名称的规范形式著录于 711 字段@a子字段,对文献负有其他责任的团体(会议)名称的规范化形式著录于 712 字段@a子字段(例 1)。

(2)填写在本字段的团体名称必须是具有检索意义的规范名称,不一定与200 字段中填写的团体名称的形式完全相同。

(3)团体名称属独立机构,直接选择独立机构的名称著录。若团体名称属多级机构,其中最高层次机构为独立机构,其余层次机构为非独立机构,并能反映其中隶属关系者,将团体名称中最高层次的机构名称著录于 711、712 字段@a子字段,较低层次的机构名称著录于@b子字段。当团体名称中层级较多,有多个较低层次时,可重复著录@b子字段(例 2、例 3)。

(4)团体责任说明为"本社编",应以该社全称作为检索点著录于 711、712 字段@a子字段;团体责任者为"本书编委会""本书编写组"或"书名 + 编委会"时,一般不著录于 711 字段(例 4—7)。

(5)会议名称以国际性、地区性、专业性会议的长期稳定的名称为主要成分,其届次、日期、地区名称一般不单独著录。

(6)既有团体责任者,又有个人责任者时,个人责任者著在 701、702 字段,团体责任者在 711、712 字段(例 1、例 2)。

5. 实例

例 1:团体责任者的著录。

200 1# @a四编清代稿钞本@9si bian qing dai gao chao ben @h第一九九册 @f桑兵主编@g广东省立中山图书馆,#中山大学图书馆编

701 #0 @a桑兵@9sang bing@4 主编

712 02 @a广东省立中山图书馆@9guang dong sheng li zhong shan tu shu guan @4 编

712 02 @a中山大学@9zhong shan da xue @b图书馆@4 编

例 2:团体名称属二级机构。

200 1# @a今日说法故事精选@9jin ri shuo fa gu shi jing xuan @e2007 年版@h3 @f王新中,#何淑文主编@g中央电视台《今日说法》栏目组编

701 #0 @a王新中@9wang xin zhong@4 主编

701 #0 @a何淑文@9he shu wen@4 主编

712 02 @a中央电视台@9zhong yang dian shi tai @b《今日说法》栏目组@4 编

例 3:团体名称属多级机构。

200 1# @a《剩余价值理论》释义@9《sheng yu jia zhi li lun》shi yi @h第三册 @f北京大学经济系《资本论》研究组编

711 02 @a北京大学@9bei jing da xue @b经济系@b《资本论》研究组@4 编

例 4:团体名称为“本书编写组”。

200 1# @a公路资料员上岗指南@9gong lu zi liao yuan shang gang zhi nan @e不可不知的 500 个关键细节@f本书编写组编

说明:不著录 711 字段。

例 5:团体名称为“本书编委会”。

200 1# @a物业管理基本制度与政策@9wu ye guan li ji ben zhi du yu zheng ce @f杨建平主编@g本书编委会编写

701 #0 @a杨建平@9yang jian ping@4 主编

说明:不著录 711 字段。

例 6:团体名称为“书名 + 编委会”的形式。

200 1# @a简明政法词典@9jian ming zheng fa ci dian @f《简明政法词典》编委会编

说明:不著录 711 字段。

例 7:团体责任者为“本社”。

200 1# @a不见黄河心不死@9bu jian huang he xin bu si @e黄河传说故事@f本社编

210 ## @a杭州@c浙江文艺出版社@d2013

711 02 @a浙江文艺出版社@9zhe jiang wen yi chu ban she@4 编

第十一讲　8--国际使用块

801 记录来源(Originating Source)

本字段为必备字段,可重复。

1. 指示符

指示符 1		指示符 2(功能指示符)	
注释	内容	内容	注释
未定义,填空格	#	0	原始编目机构
	#	1	转录机构(将数据转换成机读形式的机构)
	#	2	修改机构(修改记录的知识内容或记录结构的机构)
	#	3	发行机构(发行记录的机构)

说明:原始编目数据的 801 字段指示符取“#0”,修改机构对编目数据进行知识内容或记录结构的修改后,著录第 2 个 801 字段,第 2 个 801 字段的指示符取“#2”。

2. 常用子字段

序号	子字段标识符	子字段内容	注释
1	@a	国家代码标识(两个大写英文字符)	不可重复
2	@b	机构代码(各机构自行定义)	不可重复
3	@c	处理日期	不可重复

3. 常见字段结构

(1)801 #0 @a国家代码标识@b原编机构自定义代码@c处理日期

(2)801 #0 @a国家代码标识@b原编机构自定义代码@c处理日期

　　802 #2 @a国家代码标识@b修改(套录)机构自定义代码@c修改(套录)日期

4. 字段内容注释

本字段包含记录来源的标识,包括编制数据的机构、将数据转换成机读形式的机构、修改原始记录或数据的机构以及发行当前记录的机构。

例 1:由编目机构编制的新记录。

新记录

HEA 01040nam0#2200337###450#

801 #0 @aCN@bNLC@c19880220

原编机构

例 2:由套录数据机构套录数据。

套录记录，不改变数据内容和结构

HEA 01040nam0#2200337###450#

原编机构

801 #0 @aCN@bNLC@c19990502

套录数据机构

801 #2 @aCN@bGXG@c19990718

说明:本记录由中国国家图书馆于 1999 年 5 月 2 日编制,1999 年 7 月 18 日被代码为 GXG 的广西图书馆套录数据。现在基层图书馆大部分书目数据均是通过套录权威的原编机构数据而来,如对原编机构的数据没有进行字段内容或数据结构的修改,而只是增加了第 2 个 801 字段、馆藏字段等,则头标第 5 字符位“记录状态”无需从“n”改为“c”。

例 3:由修改机构进行内容或结构方面的修改。

修改记录

HEA 01040cam0#2200337###450#

原编机构

801 #0 @aCN@bNLC@c19990502

修改机构

801 #2 @aCN@bPUL@c19990718

说明:本记录由中国国家图书馆于 1999 年 5 月 2 日编制,1999 年 7 月 18 日被代码为 PUL 的北京大学图书馆对字段内容和数据结构进行了修改。

5. 相关字段

(1)第 1 个 801 字段@c子字段记载的是原编机构编制本条记录的日期,与 100 字段@a子字段中的“入档日期”对应,一旦生成,不可改变;第 2 个 801 字段@c子字段记载的是修改机构套录本条记录时的日期,与 100 字段@a子字段中的“入档日期”不同。

(2)005 字段记录最后处理数据的日期和时间,由计算机自动生成,为动态数据,一旦有改动就会更新。它可以和第 2 个 801 字段@c子字段内容(套录记录生成日期)相同,也会因为编目员在套录记录生成之后对数据进行修改而与第 2 个 801 字段@c子字段内容不同。

普通图书 CNMARC 常用字段一览表

字段名称	字段号	指示符		子字段	实例
		1	2		
记录头标		#	#	无	HEA　01824nam0#2200457###450#
记录标识号	001	#	#	无	001 ## 011989009021
记录处理时间标识	005	#	#	无	005 ## 19850501141236.0
国际标准书号	010	#	#	abc	010 ## @a7-118-00249-1 @b精装@dCNY55.00
通用处理数据	100	#	#	a	100 ## @a20070122d2003####em#y0chiy0110####ea
作品语种	101	012	#	abc	101 0# @achi
出版国别	102	#	#	ab	102 ## @aCN @b110000
专著性文字资料	105	#	#	a	105 ## @ay###z###000yy
文字资料——形态特征	106	#	#	a	106 ## @ar
题名与责任说明	200	01	#	acdefghivz9	200 1# @a袖珍英汉辞典@9xiu zhen ying han ci dian @f郑易里编
版本说明	205	#	#	ab	205 ## @a2 版
出版发行	210	#	#	acd	210 ## @a广州@c华南理工大学出版社@d1993
载体形态项	215	#	#	acde	215 ## @a200 页@c照片@d26cm
丛编项	225	012	#	ahiv	225 2# @a英汉对照翻译丛书
一般性附注	300	#	#	a	300 ## @a纪念抗日战争胜利五十周年
丛编连接	461	#	01	1	461 #0 @12001#@a英汉对照翻译丛书
丛编连接	462	#	01	1	462 #0 @12001#@a教育随笔系列
并列正题名	510	01	#	az	510 1# @aThree little pigs @zeng
封面题名	512	01	#	a9	512 1# @a惶惑@9huang huo
书脊题名	516	01	#	a9	516 1# @a荧屏后的彩虹@9ying ping hou de cai hong
其他题名	517	01	#	a9	517 1# @a哈默传@9ha mo zhuan
附加题名	540	01	#	a9	540 1# @a英汉辞典@9ying han ci dian
个人名称主题	600	#	0	acfjxyz	600 #0 @a冰心@f#(1900-1999)#@x传记
团体名称主题	601	0	2	abcjxyz	601 02 @a松下电器工业公司@x经验

续表

字段名称	字段号	指示符		子字段	实例
		1	2		
题名主题	605	#	#	ajxyz	605 ## @a西游记@x人生哲学@x研究
论题名称主题	606	0	#	ajxyz	606 0# @a区域经济@x研究@y广西
地理名称主题	607	#	#	ajxyz	607 ## @a上海@x概况
中图分类号	690	#	#	av	690 ## @aI247.5 @v5
个人名称 主要知识责任	701	#	01	abdf g49	701 #0 @a郑礼飒@9zheng li sa@4 著
个人名称 次要知识责任	702	#	01	abdf g49	702 #0 @a董克诚@9dong ke cheng@4 译
团体名称 主要知识责任	711	01	012	abde f49	711 02 @a贵州省林业厅@9gui zhou sheng lin ye ting @4 主编
团体名称 次要知识责任	712	01	012	abde f49	712 02 @a国家图书馆@9guo jia tu shu guan@4 编
记录来源	801	#	0123	abcg	801 #0 @aCN @bNLC @c20061115 801 #2 @aCN @bGXG @c20070122

第十二讲 书目数据编制实例分析

一、《你若微笑，日光倾城》

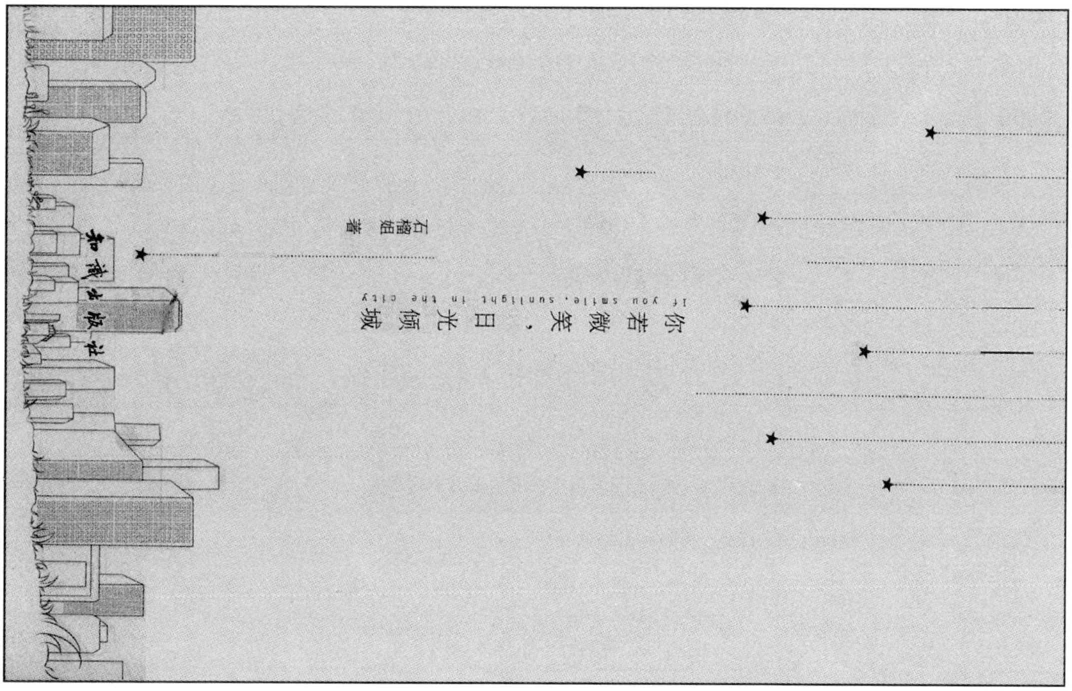

图书在版编目（CIP）数据

你若微笑，日光倾城 / 石榴姐著. —北京：知识出版社，2012.11

ISBN 978-7-5015-6936-6

Ⅰ. ①你… Ⅱ. ①石… Ⅲ. ①长篇小说—中国—当代 Ⅳ. ①I247.5

中国版本图书馆CIP数据核字（2012）第216339号

责任编辑：马 跃
责任印制：张新民
装帧设计：花 婧

知识出版社出版发行
地 址：北京市西城区阜成门北大街17号
邮政编码：100037
电 话：010—88390732
网 址：http://www.ecph.com.cn
印 刷：长沙超峰印刷有限公司
经 销：新华书店经销
开 本：660 mm×960 mm 1/16
印 张：16
字 数：196千字
版 次：2012年11月第1版 2012年11月第1次印刷

ISBN 978-7-5015-6936-6 定价：24.80元
本书如有印装质量问题，可与出版社联系调换

1. 例片

字段号	字段指示符		字段内容
HEA	#	#	00891nam0#2200277###450#
001	#	#	012013000001
005	#	#	20130104101718.0
010	#	#	◆a978-7-5015-6936-6◆dCNY24.80
100	#	#	◆a20120207d2012####em#y0chiy0110####ea
101	0	#	◆achi
102	#	#	◆aCN◆b110000
105	#	#	◆ay###z###000ay
106	#	#	◆ar
200	1	#	◆a你若微笑,日光倾城◆9ni ruo wei xiao,ri guang qing cheng ◆dIf you smile sunlight in the city◆f石榴姐著◆zeng
210	#	#	◆a北京◆c知识出版社◆d2012
215	#	#	◆a227页◆d23cm
510	1	#	◆aIf you smile sunlight in the city◆zeng
606	0	#	◆a长篇小说◆y中国◆z当代
690	#	#	◆aI247.57◆v5
701	#	0	◆a石榴姐◆9shi liu jie◆4著
801	#	0	◆aCN◆bNLC◆c20120207
801	#	2	◆aCN◆bGXG◆c20130104

2. 知识点说明

(1)100 字段@a 子字段中“入档日期”与第 1 个 801 字段@c 子字段内容(记录生成日期)相同,一旦生成,不可改变。005 字段记录最后处理数据的日期和时间,由计算机自动生成,为**动态数据**,一旦有改动就会更新。

(2)当 100 字段@a 子字段中“出版类型”为 d 时,“出版日期 1”所填“出版年”与 210 字段@d 子字段记载的“出版年”相同。

(3)105 字段第 11 字符位是文学体裁代码,非文学体裁文献用“y”,小说用“a”,与 606 字段记载的主题词和 690 字段记载的分类号相对应。

(4)200 字段@a 子字段原题照录正题名,题名中所含标点符号(非著录用标识符)

按正题名语种的标点符号形式著录。

（5）主要信息源（题名页）上出现的并列题名著录于 200 字段@d 子字段，并列题名语种同时著录于@z 子字段，@d 子字段与@z 子字段必须成对出现。有检索意义的并列题名及其语种重复著录于 510 字段。并列题名的文字、标点符号著录遵循其语言文字的书写规则，首字母及专有名词大写。

（6）210 字段@c 子字段记载的是出版者，102 字段@b 子字段记载的则是出版者所在地的地区代码，两者一一对应。

（7）690 字段@v 子字段记载使用《中国法》的版次，目前使用的分类法是《中图法》第五版。

二、《光电技术基础》

普通高等院校光电工程系列"十二五"规划教材

光电技术基础

苏俊宏　尚小燕　弥　谦　编著

国防工业出版社

·北京·

内容简介

全书分为八章。第一章为光电技术及光电器件基础，主要介绍半导体物理基础、光电效应、光电器件的分类及其特性评价。第二章介绍发光器件及其应用。第三章介绍常用的半导体光电器件的工作原理、特性参数及其应用。第四章、第五章介绍以光电发射现象为基础而发展起来的真空光电器件、光电成像器件以及摄像管的工作原理、特性参数。第六章介绍固体成像器件及其应用，主要以电荷耦合器件为主。第七章介绍光电耦合器件及其应用。第八章以应用为目的，重点介绍几种典型的光电系统。

本书可作为测控技术与仪器、光信息科学与技术、光电信息工程、精密仪器等专业的教材；也可作为从事光学技术与光电工程、检测及计量技术、自动化仪器仪表、信息工程、产品质量检测与控制等有关专业工程技术人员与科技人员的参考书。

图书在版编目（CIP）数据

光电技术基础 / 苏俊宏，尚小燕，弥谦编著. —北京：国防工业出版社，2011.10
普通高等院校光电工程系列"十二五"规划教材
ISBN 978-7-118-07635-6

Ⅰ. ①光… Ⅱ. ①苏…②尚…③弥… Ⅲ. ①光电技术-高等学校-教材 Ⅳ. ①TN2

中国版本图书馆 CIP 数据核字(2011)第 192855 号

国防工业出版社出版发行
（北京市海淀区紫竹院南路 23 号　邮政编码 100048）
北京奥鑫印刷厂印刷
新华书店经售

开本 787×1092　1/16　印张 16¾　字数 384 千字
2011 年 10 月第 1 版第 1 次印刷　印数 1—4000 册　定价 30.00 元

（本书如有印装错误，我社负责调换）

国防书店：(010)68428422　　发行邮购：(010)68414474
发行传真：(010)68411535　　发行业务：(010)68472764

1.例片

字段号	字段指示符		字段内容
HEA	#	#	01656nam0#2200313###450#
001	#	#	012013000002
005	#	#	20130205092952.0
010	#	#	◆a978-7-118-07635-6◆dCNY30.00
100	#	#	◆a20120207d2011####em#y0chiy0110####ea
101	0	#	◆achi
102	#	#	◆aCN◆b110000
105	#	#	◆ay###z###000yy
106	#	#	◆ar
200	1	#	◆a光电技术基础◆9guang dian ji shu ji chu◆f苏俊宏,#尚小燕,#弥谦编著
210	#	#	◆a北京◆c国防工业出版社◆d2011
215	#	#	◆a258页◆d26cm
300	#	#	◆a普通高等院校光电工程系列"十二五"规划教材
606	0	#	◆a光电子技术◆x高等学校◆j教材
690	#	#	◆aTN2◆v5
701	#	0	◆a苏俊宏◆9su jun hong◆4编著
701	#	0	◆a尚小燕◆9shang xiao yan◆4编著
701	#	0	◆a弥谦◆9mi qian◆4编著
801	#	0	◆aCN◆bNLC◆c20120207
801	#	2	◆aCN◆bGXG◆c20130103

2.知识点说明

(1)第一种责任方式的个人责任者有1—3个时,依次著录于200字段@f子字段,且用英文状态下的逗号",#"标识第二、第三个责任者,同时将第1—3个责任者以出现的先后顺序分别填入701字段,有多少个第一责任方式个人责任者,就著录多少个701字段。

(2)成套的教材、教参、教辅类图书不予汇集于丛编字段,记入附注字段。本例中附注项著录的规定是"统一使用300字段"。如规定"严格使用3--字段",本例中300

字段可改为 333 字段。

（3）第一个 801 字段记载原编机构编制本条数据的相关信息，@b 子字段“NLC”是原编机构“中国国家图书馆”的自定义代码，@c 子字段记载的是中国国家图书馆编制本条数据的时间，一旦生成，不可改变；第二个 801 子字段记载套录（或修改）数据机构的相关信息，@b 子字段“GXG”是套录（或修改）数据机构“广西图书馆”的自定义代码，@c 子字段记载的是广西图书馆套录（或修改）本条数据的时间，一旦生成，不可改变。

三、《图解水稻插秧机常见故障诊断与排除》

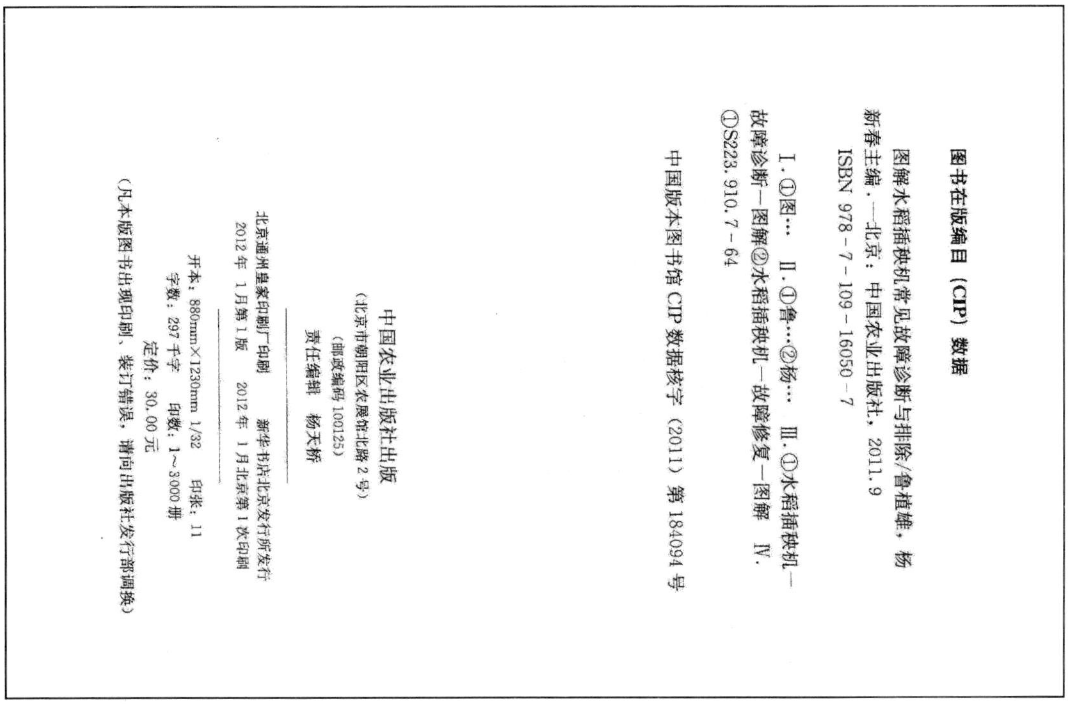

图书在版编目（CIP）数据

图解水稻插秧机常见故障诊断与排除/鲁植雄，杨新春主编. —北京：中国农业出版社，2011.9

ISBN 978-7-109-16050-7

Ⅰ.①图…　Ⅱ.①鲁…②杨…　Ⅲ.①水稻插秧机—故障诊断—图解②水稻插秧机—故障修复—图解　Ⅳ.①S223.910.7-64

中国版本图书馆 CIP 数据核字（2011）第 184094 号

中国农业出版社出版
（北京市朝阳区农展馆北路 2 号）
（邮政编码 100125）
责任编辑　杨天桥

北京通州皇家印刷厂印刷　新华书店北京发行所发行
2012 年 1 月第 1 版　2012 年 1 月北京第 1 次印刷

开本：880mm×1230mm 1/32　印张：11
字数：297 千字　印数：1～3000 册
定价：30.00 元

（凡本版图书出现印刷、装订错误，请向出版社发行部调换）

1. 例片

字段号	字段指示符		字段内容
HEA	**#**	**#**	**01206oam2#2200337###450#**
001	**#**	**#**	**012013000003**
005	**#**	**#**	**20130205101718.0**
010	**#**	**#**	**◆a978-7-109-16050-7◆dCNY30.00**
100	**#**	**#**	**◆a20120427d2012####em#y0chiy0110####ea**
101	**0**	**#**	**◆achi**
102	**#**	**#**	**◆aCN◆b110000**
105	**#**	**#**	**◆aa###z###000yy**
106	**#**	**#**	**◆ar**
200	**1**	**#**	**◆a** 图解水稻插秧机常见故障诊断与排除 **◆9tu jie shui dao cha yang ji chang jian gu zhang zhen duan yu pai chu◆f** 鲁植雄,#杨新春主编
210	**#**	**#**	**◆a** 北京 **◆c** 中国农业出版社 **◆d2012**
215	**#**	**#**	**◆a341** 页 **◆d21cm**
225	**2**	**#**	**◆a** 建设社会主义新农村图示书系
461	**#**	**0**	**◆12001#◆a** 建设社会主义新农村图示书系
606	**0**	**#**	**◆a** 水稻插秧机 **◆x** 故障诊断 **◆j** 图解
606	**0**	**#**	**◆a** 水稻插秧机 **◆x** 故障修复 **◆j** 图解
690	**#**	**#**	**◆aS223.910.7－64◆v5**
701	**#**	**0**	**◆a** 鲁植雄 **◆9lu zhi xiong◆4** 主编
701	**#**	**0**	**◆a** 杨新春 **◆9yang xin chun◆4** 主编
801	**#**	**0**	**◆aCN◆bNLC◆c20120427**
801	**#**	**2**	**◆aCN◆bGXG◆c20130105**

2. 知识点说明

(1)105 字段第 0—2 字符位是图表代码,无图表用“y”,有图一般用“a”。215 字段@c 子字段记载其他形态细节,包括图表信息,与 105 字段@a 子字段中图表代码在大部分情况下对应。题名中已标明“图解”“画册”“图册”“漫画”“摄影集”等字样,在 215 字段则不需重复著录@c 子字段。

（2）头标区定长，共 24 个字符，其中第 5 字符记录状态代码和第 8 字符层次等级代码与丛编字段相关。当在编文献为多层次出版物（如丛书）时，其 CNMARC 数据头标第 5 字符记录状态代码取“o”（新记录）或“c”（修改过的记录），第 8 字符层次等级代码取“2”（低层次记录）。

（3）丛编正题名著录于 225 字段@a 子字段，有检索意义的丛编正题名同时著录于 461 字段。225 字段@a 子字段的题名形式与 461 字段中记录的检索点形式相同，则 225 字段指示符为“2#”。

四、《历史地理研究》

图书在版编目(CIP)数据

历史地理研究 (3) / 复旦大学历史地理研究中心.
—上海:复旦大学出版社,2010.3
ISBN 978-7-309-07054-5

Ⅰ.历… Ⅱ.复… Ⅲ.历史地理—中国—文集
Ⅳ.K928.6-53

中国版本图书馆 CIP 数据核字(2010)第 015976 号

历史地理研究(3)
复旦大学历史地理研究中心

出版发行 复旦大学出版社 上海市国权路 579 号 邮编:200433
86-21-65642857(门市零售)
86-21-65100562(团体订购) 86-21-65109143(外埠邮购)
fupnet@fudanpress.com http://www.fudanpress.com

责任编辑 史立丽
出 品 人 贺圣遂

印 刷 句容市排印厂
开 本 787×960 1/16
印 张 21.25
字 数 310 千
版 次 2010 年 3 月第一版第一次印刷

书 号 ISBN 978-7-309-07054-5/K·270
定 价 38.00 元

1. 例片

字段号	字段指示符		字段内容
HEA	**#**	**#**	**01062nam0#2200277###450#**
001	**#**	**#**	**012013000004**
005	**#**	**#**	**20130105151718.0**
010	**#**	**#**	**◆a978-7-309-07054-5◆dCNY38.00**
100	**#**	**#**	**◆a20120601d2010####em#y0chiy0110####ea**
101	**0**	**#**	**◆achi**
102	**#**	**#**	**◆aCN◆b310000**
105	**#**	**#**	**◆ay###z###000yy**
106	**#**	**#**	**◆ar**
200	**1**	**#**	**◆a** 历史地理研究 **◆9li shi di li yan jiu◆h3◆f** 复旦大学历史地理研究中心#[编]
210	**#**	**#**	**◆a** 上海 **◆c** 复旦大学出版社 **◆d2010**
215	**#**	**#**	**◆a337** 页 **◆d24cm**
606	**0**	**#**	**◆a** 历史地理 **◆y** 中国 **◆x** 文集
690	**#**	**#**	**◆aK928.6 –53◆v5**
711	**0**	**2**	**◆a** 复旦大学 **◆9fu dan da xue◆b** 历史地理研究中心 **◆4** 编
801	**#**	**0**	**◆aCN◆bNLC◆c20120601**
801	**#**	**2**	**◆aCN◆bGXG◆c20130105**

2. 知识点说明

(1)文献在题名页、版权页、封面均未载明责任方式,经考证后著录为“编”,置于方括号内与责任者姓名共同著录于 200 字段@f 子字段。

(2)有共同题名的多卷书的分卷(册)次著录于 200 字段@h 子字段,遵循客观著录的要求。

(3)团体责任者著录于 711 或 712 字段。团体名称属多级机构,将团体名称中最高层次的机构名称著录于 711 或 712 字段@a 子字段,较低层次的机构名称著录于@b 子字段。当团体名称中层级较多,有多个较低层次时,可重复著录@b 子字段。

五、《放轻松》

图书在版编目（CIP）数据

放轻松：人人都会有点小怪癖 /（德）佐宁莫瑟尔著；华俊颖译. -- 北京：中国画报出版社, 2011.11
ISBN 978-7-5146-0269-2

Ⅰ. ①放… Ⅱ. ①佐… ②华… Ⅲ. ①心理保健－通俗读物 Ⅳ. ①R161.1-49

中国版本图书馆CIP数据核字(2011)第206005号

Published in its Original Edition with the title
Take it easy – kleine Macken hat doch jeder: Das Buch f ü r alle anderen
by Verlag Herder GmbH

图字：01-2011-5860号

放轻松：人人都会有点小怪癖

出 版 人：田 辉
选题策划：张 雪 孙潭玲
作　　者：(德)马里昂·佐宁莫瑟尔
译　　者：华俊颖
责任编辑：卓娜
出版发行：中国画报出版社
（中国北京市海淀区车公庄西路33号 邮编：100048）
电　　话：010-88417359（总编室兼传真）010-68469781（发行部）
010-88417417（发行部传真）
网　　址：http: // www.zghbcbs.com
电子邮箱：cpph1985@126.com
印　　刷：三河腾飞印务有限公司
监　　印：敖 晔
经　　销：新华书店
海外总代理：中国国际图书贸易集团有限公司
开　　本：889mm × 1194mm 1/32
印　　张：4.5
版　　次：2012年1月第1版 第1次印刷
书　　号：ISBN 978-7-5146-0269-2
定　　价：20.80元

1. 例片

字段号	字段指示符		字段内容
HEA	#	#	**01315nam0#2200325###450#**
001	#	#	**012013000005**
005	#	#	**20130105162718.0**
010	#	#	◆**a978-7-5146-0269-2**◆**dCNY20.80**
100	#	#	◆**a20120601d2012####em#y0chiy0110####ea**
101	1	#	◆**achi**◆**cger**
102	#	#	◆**aCN**◆**b110000**
105	#	#	◆**ay###z###000yy**
106	#	#	◆**ar**
200	1	#	◆**a** 放轻松◆**9fang qing song**◆**e** 人人都会有点小怪癖◆**dTake it easy**◆**ekleine Macken hat doch jeder**◆**f#**(德)#马里昂·佐宁莫瑟尔著◆**g** 华俊颖译◆**zeng**
210	#	#	◆**a** 北京◆**c** 中国画报出版社◆**d2012**
215	#	#	◆**a144** 页◆**d20cm**
305	#	#	◆**a** 由北京永固兴码文化传媒有限公司独家授权。
510	1	#	◆**aTake it easy**◆**ekleine Macken hat doch jeder**◆**zeng**
517	1	#	◆**a** 人人都会有点小怪癖◆**9ren ren dou hui you dian xiao guai pi**
606	0	#	◆**a** 心理健康◆**j** 普及读物
690	#	#	◆**aR395.6**◆**v5**
701	#	0	◆**c#**(德)#◆**a** 佐宁莫瑟尔◆**9zuo ning mo se er**◆**4** 著
702	#	0	◆**a** 华俊颖◆**9hua jun ying**◆**4** 译
801	#	0	◆**aCN**◆**bNLC**◆**c20120601**
801	#	2	◆**aCN**◆**bGXG**◆**c20130105**

2. 知识点说明

(1)当文献为译著时,101 字段指示符为“1#”,正文语种填入@a 子字段,原作语种填写在@c 子字段。

(2)主要信息源(题名页)上出现的其他题名信息著录在 200 字段@e 子字段。正题名、其他题名信息各有并列正题名和并列其他题名信息(在主要信息源上出现),在 200 字段依次著录@a 子字段(正题名)、@e 子字段(其他题名信息)后,再依次著录@d 子字段(并列正题名)、第 2 个@e 子字段(并列其他题名信息),在 200 字段的最后著录并列题名语种@z 子字段。同时将有检索意义的并列正题名、并列其他题名信息的规范形式全部填入 510 字段,将有检索意义的其他题名信息填入 517 字段。

(3)一般翻译著作以原著者为第一责任说明,著录于 200 字段@f 子字段,并填入 701 或 711 字段以供检索;译者为其他责任说明,著录于 200 字段@g 子字段,并填入 702 或 712 字段以供检索。在 200 字段,外国个人责任者按原题如实著录,规定信息源上有其国别,需著录国别简称(《中国文献编目规则(第二版)》附录 4)于汉译姓前圆括号"#( )#"内。规定信息源上同时载有外国个人责任者姓名原文和汉译姓名,则将个人责任者姓名原文著录于其汉译姓后圆括号"#( )#"内,如无外国个人责任者姓名原文则只著录汉译姓。在 7--字段,外国个人责任者的国别著录于 701、702 字段第 1 个@c 子字段圆括号内,西方个人责任者汉译姓著录于@a 子字段,如有其姓名原文则以"姓原文,#名原文"的形式著录于 701、702 字段第 2 个@c 子字段圆括号内。

(4)305 字段记载版本与书目沿革附注。本例中附注项著录的规定是"严格使用 3--字段"。如规定"统一使用 300 字段",本例中 305 字段可改为 300 字段。

六、《良知对抗暴力》

EIN GEWISSEN GEGEN DIE GEWALT ODER CASTELLIO GEGEN CALVIN

良知对抗暴力

——卡斯特里奥对抗加尔文

斯蒂芬·茨威格　著
舒昌善　译

生活·讀書·新知　三联书店

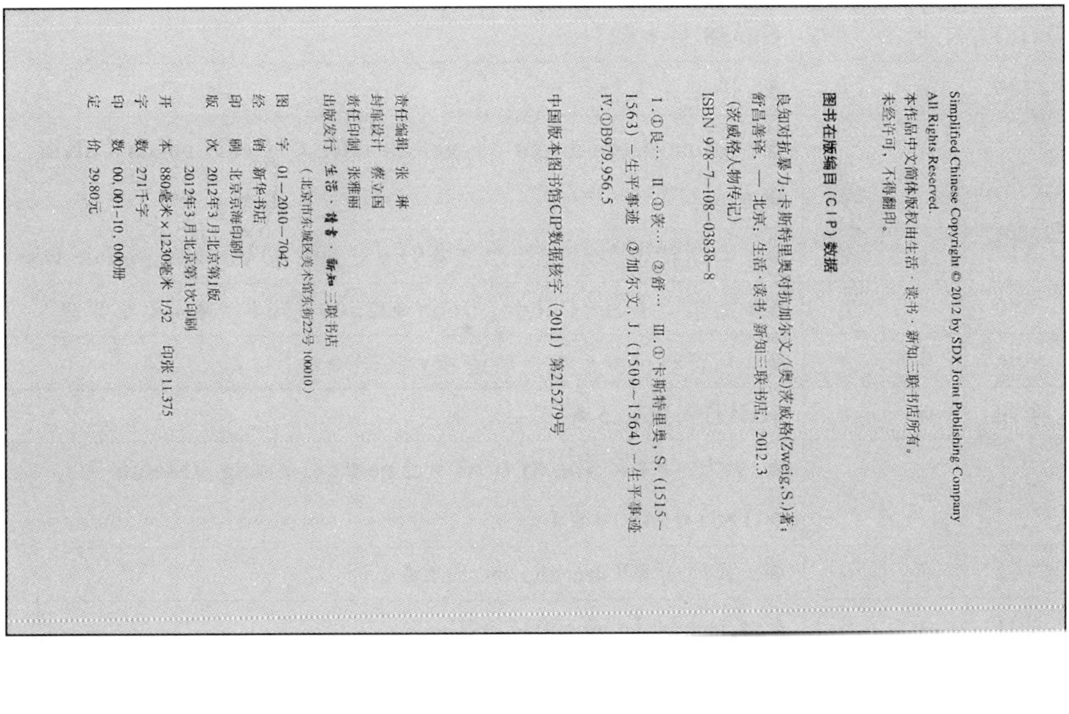

Simplified Chinese Copyright © 2012 by SDX Joint Publishing Company
All Rights Reserved.
本作品中文简体版权由生活·读书·新知三联书店所有。
未经许可，不得翻印。

图书在版编目（CIP）数据

良知对抗暴力：卡斯特里奥对抗加尔文/(奥)茨威格(Zweig,S.)著；舒昌善译. —北京：生活·读书·新知三联书店，2012.3
（茨威格人物传记）
ISBN 978-7-108-03838-8

Ⅰ.①良…　Ⅱ.①茨…　②舒…　Ⅲ.①卡斯特里奥，S.（1515～1563）－生平事迹　②加尔文，J.（1509～1564）－生平事迹
Ⅳ.①B979.956.5

中国版本图书馆CIP数据核字（2011）第215279号

责任编辑　张　琳
封扉设计　蔡立国
责任印制　张雅丽
出版发行　生活·讀書·新知三联书店
（北京市东城区美术馆东街22号 100010）
图　　字　01－2010－7042
经　　销　新华书店
印　　刷　北京京海印刷厂
版　　次　2012年3月北京第1版
2012年3月北京第1次印刷
开　　本　880毫米×1230毫米　1/32　印张 11.375
字　　数　271千字
印　　数　00,001－10,000册
定　　价　29.80元

1. 例片

字段号	字段指示符		字段内容
HEA	#	#	01567nam0#2200361###450#
001	#	#	012013000006
005	#	#	20130105170021.0
010	#	#	◆a978-7-108-03838-8◆dCNY29.80
100	#	#	◆a20120601d2012####em#y0chiy0110####ea
101	1	#	◆achi◆cger
102	#	#	◆aCN◆b110000
105	#	#	◆ay###z###000yc
106	#	#	◆ar
200	1	#	◆a良知对抗暴力◆9liang zhi dui kang bao li◆dEin gewissen gegen die gewalt oder Castellio gegen Calvin◆e卡斯特里奥对抗加尔文◆f斯蒂芬·茨威格著◆g舒昌善译◆zger
210	#	#	◆a北京◆c生活·读书·新知三联书店◆d2012
215	#	#	◆a358页◆d21cm
300	#	#	◆a茨威格人物传记
510	1	#	◆aEin gewissen gegen die gewalt oder Castellio gegen Calvin ◆zger
517	1	#	◆a卡斯特里奥对抗加尔文◆9ka si te li ao dui kang jia er wen
600	#	0	◆a加尔文◆c#(Calvin, John◆f1509-1564)#◆x生平事迹
606	0	#	◆a基督教徒◆x生平事迹◆y法国◆z中世纪
690	#	#	◆aB979.956.5◆v5
701	#	0	◆c#(奥)#◆a茨威格◆9ci wei ge◆c#(Zweig,#Stefan ◆f1881-1942)#◆4著
702	#	0	◆a舒昌善◆9shu chang shan◆4译
801	#	0	◆aCN◆bNLC◆c20120601
801	#	2	◆aCN◆bGXG◆c20130105

2. 知识点说明

(1)105 字段第 12 字符位是传记代码,非传记用"y",人物合传用"c",与 606 字段记载的主题词和 690 字段记载的分类号相对应。

(2)主要信息源(题名页)上正题名后出现的破折号"——"属于正题名中所含标点符号还是引出对相关题名进行限定、补充、解释的其他题名信息,需要编目员进行识别。

(3)主要信息源(题名页)上出现的并列题名著录于 200 字段@d 子字段,并列题名语种同时著录于@z 子字段。正题名有并列正题名,而其他题名信息无并列其他题名信息,在 200 字段依次著录正题名、并列正题名后,再著录其他题名信息,同时将有检索意义的并列正题名填入 510 字段,有检索意义的其他题名信息同时填入 517 字段。

(4)经判断,主要信息源(题名页)上出现的信息"茨威格人物传记"不属于丛书信息和其他题名信息,但对本书内容在一定程度上有所揭示,因此著录于附注项。

(5)在 701、702 字段,西方人个人责任者的姓名原文和生、卒年以"姓原文,#名原文@f 生年-卒年"的形式著录于@c 子字段圆括号内。

七、《一味中药治顽疾》

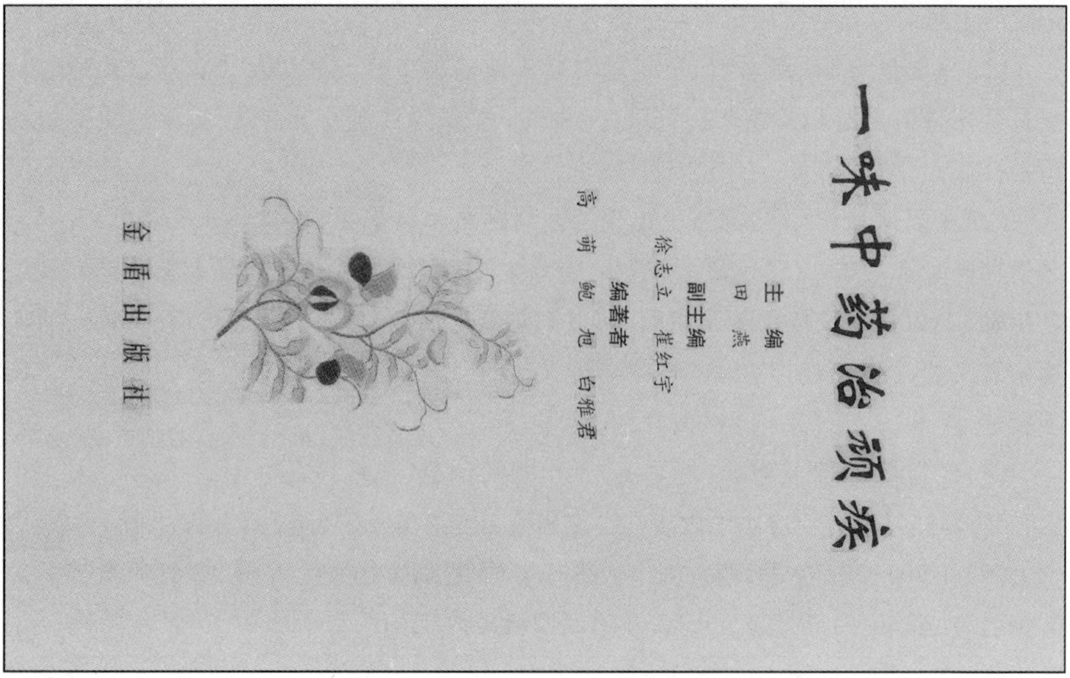

内容提要

本书精选常用中草药 200 余种，对每味中药的成分、现代药理、临床应用、传统功能、性味与归经、用法与用量作了详细介绍，包括治疗内科、外科、妇科、儿科、皮肤科、耳鼻喉科疾病、肿瘤及疑难杂症的具体应用方法。其内容翔实，科学性强，适合临床医师、药师、医学院校师生、中医药开发研究人员及中医爱好者阅读。

图书在版编目(CIP)数据

一味中药治顽疾/田燕主编. -- 北京 ：金盾出版社，2012.2
ISBN 978-7-5082-7020-3

Ⅰ. ①一… Ⅱ. ①田… Ⅲ. ①中草药—临床应用 Ⅳ. ①R282.7

中国版本图书馆 CIP 数据核字(2011)第 112670 号

金盾出版社出版、总发行
北京太平路 5 号(地铁万寿路站往南)
邮政编码：100036 电话：68214039 83219215
传真：68276683 网址：www.jdcbs.cn
北京蓝迪彩色印务有限公司印刷、装订
各地新华书店经销
开本：850×1168 1/32 印张：12.5 字数：307 千字
2012 年 2 月第 1 版第 1 次印刷
印数：1～8 000 册 定价：31.00 元

1. 例片

字段号	字段指示符		字段内容
HEA	#	#	01117nam0#2200325###450#
001	#	#	012013000007
005	#	#	20130105171005.0
010	#	#	◆a978-7-5082-7020-3◆dCNY31.00
100	#	#	◆a20120601d2012####em#y0chiy0110####ea
101	0	#	◆achi
102	#	#	◆aCN◆b110000
105	#	#	◆ay###z###000yy
106	#	#	◆ar
200	1	#	◆a 一味中药治顽疾◆9yi wei zhong yao zhi wan ji◆f 田燕主编◆g 高萌,#鲍旭,#白雅君编著
210	#	#	◆a 北京◆c 金盾出版社◆d2012
215	#	#	◆a384 页◆d21cm
606	0	#	◆a 中草药◆x 临床应用
690	#	#	◆aR282◆v5
701	#	0	◆a 田燕◆9tian yan◆4 主编
702	#	0	◆a 高萌◆9gao meng◆4 编著
702	#	0	◆a 鲍旭◆9bao xu◆4 编著
702	#	0	◆a 白雅君◆9bai ya jun◆4 编著
801	#	0	◆aCN◆bNLC◆c20120601
801	#	2	◆aCN◆bGXG◆c20130105

2. 知识点说明

(1)同一种责任方式的个人责任者有 1—3 个时,依次著录于 200 字段@f 或@g 子字段,且用英文状态下的逗号“,#”标识第二、第三个责任者,同时将第 1—3 个责任者以出现的先后顺序分别填入 701 或 702 字段。

(2)有主编者又有编著(编译、编写、编撰)者时,主编者著录于 200 字段@f 子字段,并同时填入 701 或 711 字段;编著者著录于 200 字段@g 子字段,并同时填入 702 或 712 字段。副主编一般不予著录。

八、《惶惶不可终日》

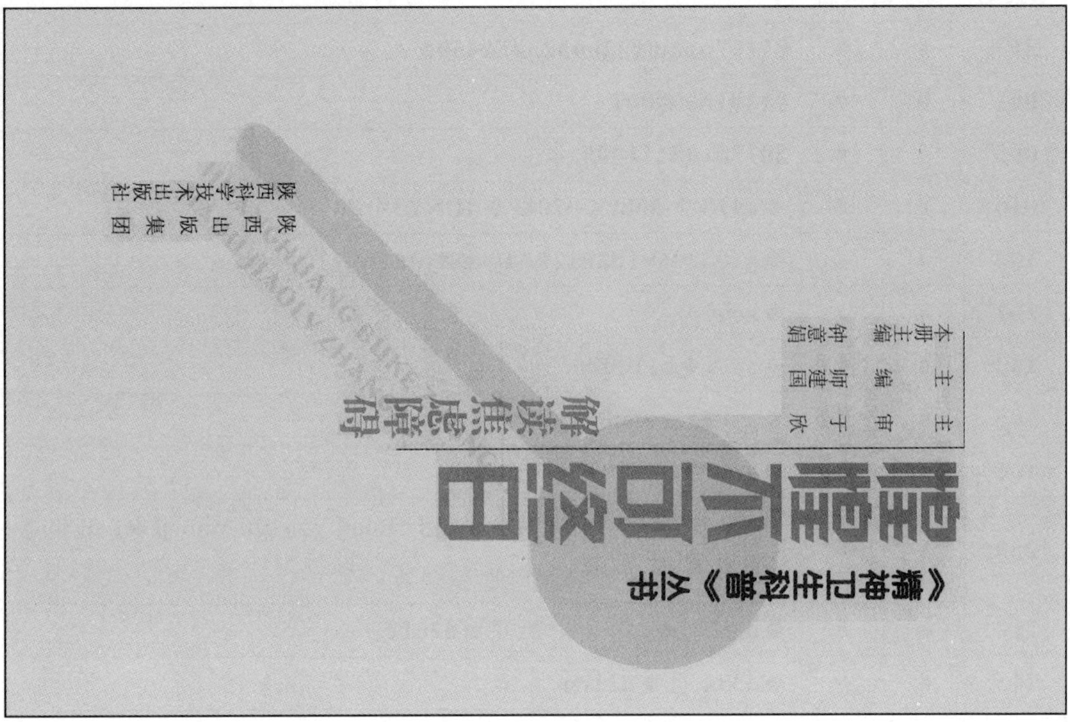

《精神卫生科普》丛书

惶惶不可终日

解读焦虑障碍

主　审　于　欣

主　编　师建国

本册主编　钟意娟

陕西出版集团

陕西科学技术出版社

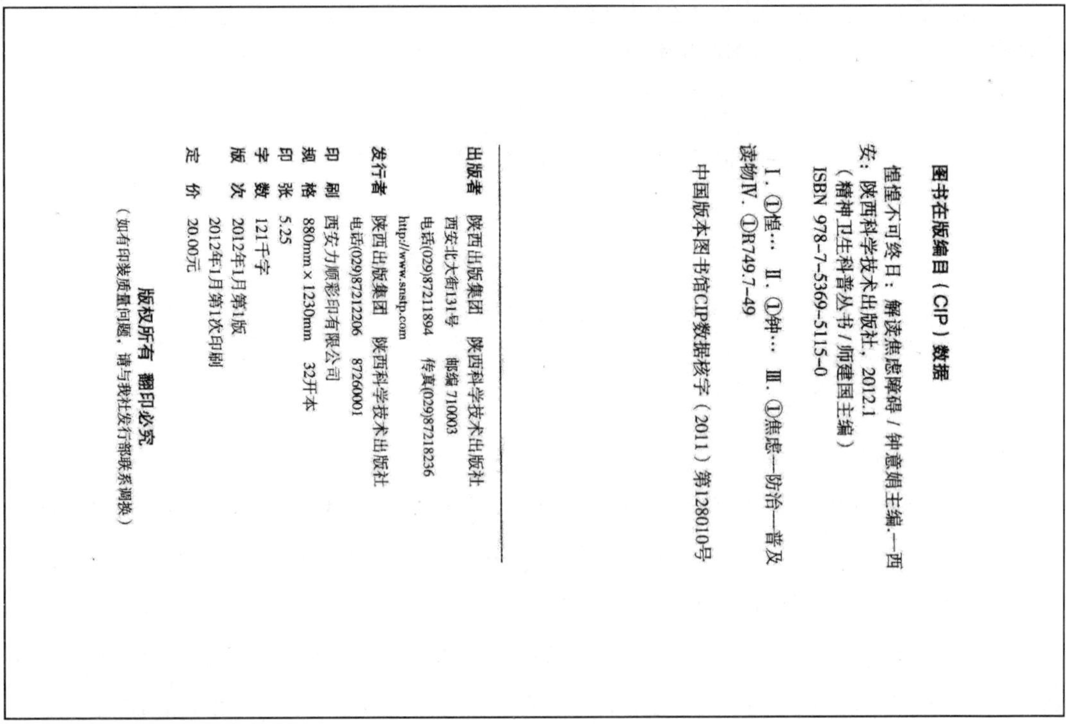

图书在版编目（CIP）数据

惶惶不可终日：解读焦虑障碍 / 钟意娟主编.—西安：陕西科学技术出版社，2012.1

（精神卫生科普丛书 / 师建国主编）

ISBN 978-7-5369-5115-0

Ⅰ.①惶… Ⅱ.①钟… Ⅲ.①焦虑—防治—普及读物Ⅳ.①R749.7-49

中国版本图书馆CIP数据核字（2011）第128010号

出版者　陕西出版集团　陕西科学技术出版社

西安北大街131号　邮编 710003

电话(029)87211894　传真(029)87218236

http://www.snstp.com

发行者　陕西出版集团　陕西科学技术出版社

电话(029)87212206　87260001

印　刷　西安力顺彩印有限公司

规　格　880mm×1230mm　32开本

印　张　5.25

字　数　121千字

版　次　2012年1月第1版

2012年1月第1次印刷

定　价　20.00元

版权所有　翻印必究

（如有印装质量问题，请与我社发行部联系调换）

1. 例片

字段号	字段指示符		字段内容
HEA	#	#	01193oam2#2200313###450#
001	#	#	012013000008
005	#	#	20130105170503.0
010	#	#	◆a978-7-5369-5115-0◆dCNY20.00
100	#	#	◆a20120601d2012####em#y0chiy0110####ea
101	0	#	◆achi
102	#	#	◆aCN◆b610000
105	#	#	◆aa###z###000yy
106	#	#	◆ar
200	1	#	◆a 惶惶不可终日◆9huang huang bu ke zhong ri◆e 解读焦虑障碍◆f 钟意娟主编
210	#	#	◆a 西安◆c 陕西科学技术出版社◆d2012
215	#	#	◆a144 页◆c 图◆d22cm
225	2	#	◆a《精神卫生科普》丛书
461	#	0	◆12001#◆a《精神卫生科普》丛书
517	1	#	◆a 解读焦虑障碍◆9jie du jiao lv zhang ai
606	0	#	◆a 焦虑◆x 防治◆j 普及读物
690	#	#	◆aR749.7－49◆v5
701	#	0	◆a 钟意娟◆9zhong yi juan◆f#(1968-)#◆4 主编
801	#	0	◆aCN◆bNLC◆c20120601
801	#	2	◆aCN◆bGXG◆c20130105

2. 知识点说明

(1)105 字段第 0—2 字符位是图表代码,有图时一般用“a”,此时 215 字段@c 子字段(记载其他形态细节,包括图表信息)在大部分情况下对应著录“图”。

(2)头标区定长,共 24 个字符,其中第 5 字符记录状态代码和第 8 字符层次等级代码与丛编字段相关。当在编文献为多层次出版物(如丛书)时,其 CNMARC 数据头标第 5 字符记录状态代码取“o”(新记录)或“c”(修改过的记录),第 8 字符层次等级代码取“2”(低层次记录)。

(3)其他题名信息一般按规定信息源所题顺序依次著录在 200 字段@e 子字段,有检索意义的其他题名信息同时填入 517 字段。

(4)丛编正题名著录于 225 字段@a 子字段,有检索意义的丛编正题名同时著录于 461 字段。225 字段@a 子字段的题名形式与 461 字段中记录的检索点形式相同,则 225 字段指示符为“2#”。题名页上出现的主编师建国为丛书责任者,丛编责任说明一般不予著录。

九、《医疗利益纠纷》

教育部人文社会科学研究规划基金项目

医疗执业不当利益法律规制研究（编号 06JA820044）的最终研究成果

医疗利益纠纷

——现状、案例与对策

刘　鑫　著

中国人民公安大学出版社

·北　京·

图书在版编目（CIP）数据

医疗利益纠纷：现状、案例与对策/刘鑫著．—北京：中国人民公安大学出版社，2012.2

ISBN 978－7－5653－0770－6

Ⅰ.①医…　Ⅱ.①刘…　Ⅲ.①医疗纠纷—研究—中国
Ⅳ.①D922.164

中国版本图书馆 CIP 数据核字（2012）第 018799 号

医疗利益纠纷
——现状、案例与对策
刘　鑫　著

出版发行：中国人民公安大学出版社
地　　址：北京市西城区木樨地南里
邮政编码：100038
经　　销：新华书店
印　　刷：北京蓝空印刷厂

版　　次：2012 年 2 月第 1 版
印　　次：2012 年 2 月第 1 次
印　　张：11.5
开　　本：880 毫米×1230 毫米　1/32
字　　数：280 千字

书　　号：ISBN 978－7－5653－0770－6
定　　价：32.00 元

网　　址：www.cppsup.com.cn　www.porclub.com.cn
电子邮箱：zbs@cppsup.com　zbs@cppsu.edu.cn

营销中心电话：010－83903254
读者服务部电话（门市）：010－83903257
警官读者俱乐部电话（网购、邮购）：010－83903253
公安图书分社电话：010－83905672

1. 例片

字段号	字段指示符		字段内容
HEA	#	#	01282nam0#2200289###450#
001	#	#	012013000009
005	#	#	20130105171503.0
010	#	#	◆a978-7-5653-0770-6◆dCNY32.00
100	#	#	◆a20120601d2012####em#y0chiy0110####ea
101	0	#	◆achi
102	#	#	◆aCN◆b110000
105	#	#	◆ay###z###000yy
106	#	#	◆ar
200	1	#	◆a医疗利益纠纷◆9yi liao li yi jiu fen◆e现状、案例与对策◆f刘鑫著
210	#	#	◆a北京◆c中国人民公安大学出版社◆d2012
215	#	#	◆a15,348页◆d21cm
300	#	#	◆a教育部人文社会科学研究规划基金项目。
300	#	#	◆a医疗执业不当利益法律规制研究(编号06JA820044)的最终研究成果。
606	0	#	◆a医疗纠纷◆x基本知识◆y中国
690	#	#	◆aD925.104◆v5
701	#	0	◆a刘鑫◆9liu xin◆4著
801	#	0	◆aCN◆bNLC◆c20120601
801	#	2	◆aCN◆bGXG◆c20130105

2. 知识点说明

(1)正题名中所含标点符号依图书原题著录于200字段@a子字段。其中出现的破折号“——”属于正题名中所含标点符号还是引出对相关题名进行限定、补充、解释的其他题名信息,需要编目员进行识别。

(2)其他题名信息一般按规定信息源所题顺序依次著录在200字段@e子字段,无检索意义的其他题名信息无需著录517字段。

(3)页数一般包括正文页数及正文前、后页数。如正文页数与正文前、后页数单独编码，正文前、后内容较为重要，且页数超过 10 页时，则依照“正文前，#正文，#正文后”的顺序著录于 215 字段@a 子字段。

（4）对各著录项目因著录规则的规定未予著录而又必须进一步补充说明的内容可采取自由行文的方式著录于 3--字段。一般性附注著录于 300 字段，如有多条一般性附注，可分别记入多个 300 字段。如各馆有规定不著录附注项，本例中的 2 个 300 字段可不著录。

十、《镜头定格的“真实幻像”》

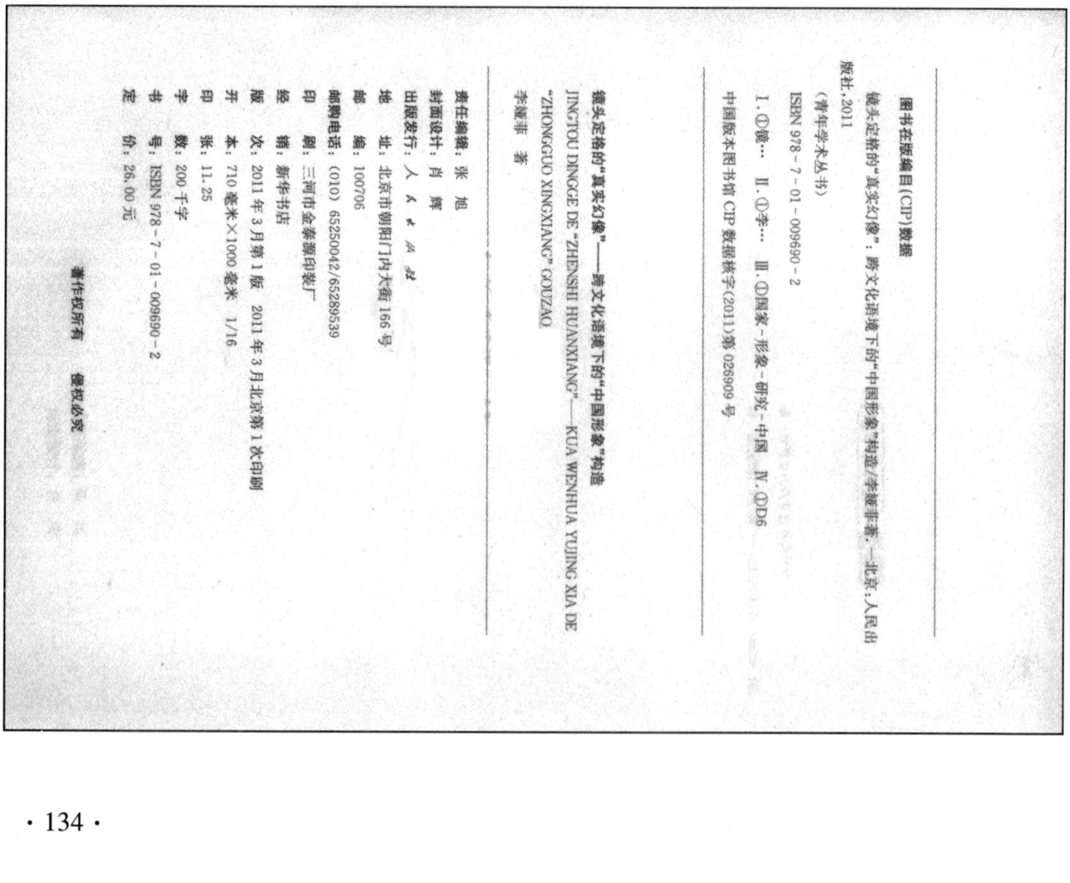
图书在版编目(CIP)数据

镜头定格的“真实幻像”：跨文化语境下的“中国形象”构造/李娅菲著. —北京：人民出版社，2011

（青年学术丛书）

ISBN 978-7-01-009690-2

Ⅰ.①镜… Ⅱ.①李… Ⅲ.①国家-形象-研究-中国 Ⅳ.①D6

中国版本图书馆 CIP 数据核字(2011)第 026909 号

镜头定格的“真实幻像”——跨文化语境下的“中国形象”构造

JINGTOU DINGGE DE “ZHENSHI HUANXIANG”——KUA WENHUA YUJING XIA DE “ZHONGGUO XINGXIANG” GOUZAO

李娅菲 著

责任编辑：张 旭
封面设计：肖 辉
出版发行：人民出版社
地　　址：北京市朝阳门内大街 166 号
邮　　编：100706
邮购电话：(010) 65250042/65289539
印　　刷：三河市金泰源印装厂
经　　销：新华书店
版　　次：2011 年 3 月第 1 版　2011 年 3 月北京第 1 次印刷
开　　本：710 毫米×1000 毫米　1/16
印　　张：11.25
字　　数：200 千字
书　　号：ISBN 978-7-01-009690-2
定　　价：26.00 元

1. 例片

字段号	字段指示符		字段内容
HEA	#	#	01193oam2#2200313###450#
001	#	#	012013000010
005	#	#	20130105172013.0
010	#	#	◆a978-7-01-009690-2◆dCNY26.00
100	#	#	◆a20111221d2011####em#y0chiy0110####ea
101	0	#	◆achi
102	#	#	◆aCN◆b110000
105	#	#	◆ac###z###000yy
106	#	#	◆ar
200	1	#	◆a 镜头定格的“真实幻像”◆9jing tou ding ge de“zhen shi huan xiang”◆e 跨文化语境下的“中国形象”构造◆f 李娅菲著
210	#	#	◆a 北京◆c 人民出版社◆d2011
215	#	#	◆a170 页◆c 照片◆d24cm
225	1	#	◆a 青年学术丛书◆i 文化
517	1	#	◆a 跨文化语境下的“中国形象”构造◆9kua wen hua yu jing xia de“zhong guo xing xiang”gou zao
606	0	#	◆a 文化史◆y 中国
690	#	#	◆aK203◆v4
701	#	0	◆a 李娅菲◆9li ya fei◆4 著
801	#	0	◆aCN◆bNLC◆c20111221
801	#	2	◆aCN◆bGXG◆c20130105

2. 知识点说明

(1)正题名、其他题名信息中所含标点符号均依图书原题著录于 200 字段@a、@e 子字段。

(2)其他题名信息一般按规定信息源所题顺序依次著录在 200 字段@e 子字段，有检索意义的其他题名信息同时填入 517 字段。

(3)105 字段第 0—2 字符位是图表代码，有照片时一般用“c”，此时 215 字段@c 子字段(记载其他形态细节，包括图表信息)对应著录“照片”。

(4)丛编正题名著录于 225 字段@a 子字段,有检索意义的丛编正题名同时著录于 461 字段;附属丛编题名原题照录于@i 子字段,有检索意义的附属丛编题名同时著录于 462 字段。如丛编题名和附属丛编题名均无检索意义,则无需著录 4--字段,225 字段指示符为“1#”。本例中,出版物以丛编题名“青年学术丛书”汇集的丛编很多,附属丛编题名“文化”范围过大,对文献的识别度都不高,无实际检索意义,因此无需著录 4--字段。

十一、《文化常识全知道》

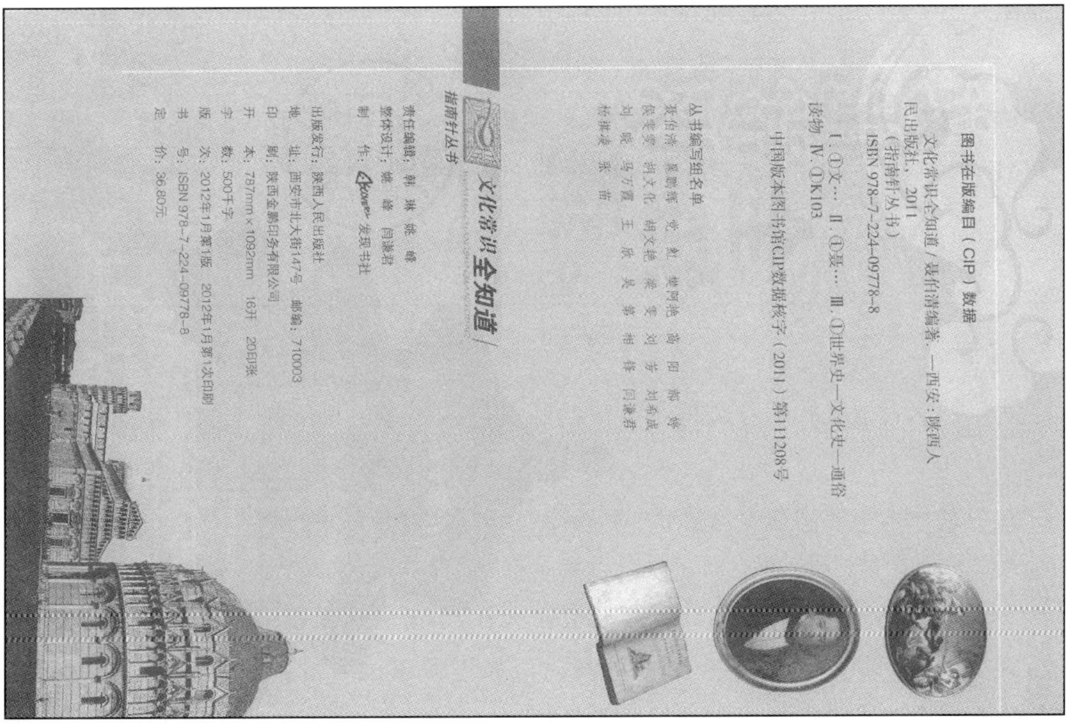
图书在版编目（CIP）数据

文化常识全知道 / 聂伯清编著. —西安：陕西人民出版社，2011
（指南针丛书）
ISBN 978-7-224-09778-8

Ⅰ. ①文… Ⅱ. ①聂… Ⅲ. ①世界史—文化史—通俗读物 Ⅳ. ①K103

中国版本图书馆CIP数据核字（2011）第111208号

丛书编写组名单
聂伯清 晁鹏辉 党 虹 樊阿艳 高 阳 郝 婷
侯雯雯 胡文化 胡文艳 梁 雯 刘 芳 刘希成
刘 晓 马万霞 王 欣 吴 第 相 锋 闫谦君
杨祺凌 张 苗

文化常识全知道
指南针丛书

责任编辑：韩 琳 姚 峰
整体设计：姚 峰 闫谦君
制　　作：Discovery 发现书社

出版发行：陕西人民出版社
地　　址：西安市北大街147号 邮编：710003
印　　刷：陕西金鹏印务有限公司
开　　本：787mm×1092mm 16开 20印张
字　　数：500千字
版　　次：2012年1月第1版 2012年1月第1次印刷
书　　号：ISBN 978-7-224-09778-8
定　　价：36.80元

1. 例片

字段号	字段指示符		字段内容
HEA	**#**	**#**	**01027oam2#2200289###450#**
001	**#**	**#**	**012013000011**
005	**#**	**#**	**20130106080522.0**
010	**#**	**#**	**◆a978-7-224-09778-8◆dCNY36.80**
100	**#**	**#**	**◆a20120601d2012####em#y0chiy0110####ea**
101	**0**	**#**	**◆achi**
102	**#**	**#**	**◆aCN◆b610000**
105	**#**	**#**	**◆aa###z###000yy**
106	**#**	**#**	**◆ar**
200	**1**	**#**	**◆a**文化常识全知道**◆9wen hua chang shi quan zhi dao**
210	**#**	**#**	**◆a**西安**◆c**陕西人民出版社**◆d2012**
215	**#**	**#**	**◆a16,303**页**◆c**图**◆d24cm**
225	**2**	**#**	**◆a**指南针丛书
461	**#**	**0**	**◆12001#◆a**指南针丛书
606	**0**	**#**	**◆a**文化史**◆y**世界**◆j**通俗读物
690	**#**	**#**	**◆aK103-49◆v5**
701	**#**	**0**	**◆a**聂伯清**◆9 nie bo qing◆4**编著
801	**#**	**0**	**◆aCN◆bNLC◆c20111221**
801	**#**	**2**	**◆aCN◆bGXG◆c20130106**

2. 知识点说明

(1)题名页上载有的有关内容特征的版本信息一般原题照录于 200 字段的@e 子字段。

(2)责任说明信息在主要信息源(题名页)上未出现,仅出现在版权页上,在 200 字段不予著录,但需要在 7--检索字段予以揭示。

(3)本例中,出版物以丛编题名“指南针丛书”汇集的丛编很多,对文献的识别度不高,无实际检索意义,本无需著录 4--字段。但如不考虑丛编题名对文献的识别度问题(对编目员有较高要求),可按本例形式著录。

十二、《全球极致时尚零距离》

内容提要

时尚是一种"生活方式"。这个时代，任何人都无法拒绝时尚。

本书全方位介绍了时尚潮流中最炫最酷的元素——时尚之极致，书中到处弥漫着最诱人的时尚气息："迪奥"、"香奈儿"、"海蓝之谜"散发着浓浓的女人情；"劳斯莱斯"、"奔驰"、"宝玑"是绅士的象征；年轻人则追逐"爱马仕"、"保时捷"和"法拉利"。本书将引领你在时尚殿堂里遨游，将丰富的时尚链接呈现给你，让你了解到所有需要掌握的时尚窍门，在时尚的潮流中再也不会迷失方向。品茗本书，在感受原汁原味英文的同时，也能成为最IN的时尚达人！

图书在版编目（CIP）数据

全球极致时尚零距离 ：爱时尚乐英文 / 张元婧主编. -- 北京 ：中国水利水电出版社，2013.3
（Global全球英文精选）
ISBN 978-7-5170-0687-9

Ⅰ. ①全… Ⅱ. ①张… Ⅲ. ①英语—自学参考资料 Ⅳ. ①H31

中国版本图书馆CIP数据核字(2013)第043933号

策划编辑：陈艳蕊 **责任编辑**：陈艳蕊 **加工编辑**：曹亚芳 桂林军

书 名	Global 全球英文精选 **全球极致时尚零距离：爱时尚乐英文**
作 者	主编 张元婧
出版发行	中国水利水电出版社 （北京市海淀区玉渊潭南路 1 号 D 座 100038） 网 址：www.waterpub.com.cn E-mail：mchannel@263.net（万水） sales@waterpub.com.cn 电 话：(010) 68367658（发行部）、82562819（万水）
经 售	北京科水图书销售中心（零售） 电话：（010）88383994、63202643、68545874 全国各地新华书店和相关出版物销售网点
排 版	北京万水电子信息有限公司
印 刷	北京正合鼎业印刷技术有限公司
规 格	170mm×240mm 16开本 21印张 472千字
版 次	2013 年 3 月第 1 版 2013 年 3 月第 1 次印刷
印 数	0001—5000册
定 价	39.90元

1. 例片

字段号	字段指示符		字段内容
HEA	**#**	**#**	**01246nam0#2200301###450#**
001	**#**	**#**	**012013000012**
005	**#**	**#**	**20130815081028.0**
010	**#**	**#**	**◆a978-7-5170-0687-9◆dCNY39.90**
100	**#**	**#**	**◆a20130801d2013####em#y0chiy0110####ea**
101	**0**	**#**	**◆achi◆aeng**
102	**#**	**#**	**◆aCN◆b110000**
105	**#**	**#**	**◆aa###z###000yy**
106	**#**	**#**	**◆ar**
200	**1**	**#**	**◆a** 全球极致时尚零距离**◆9quan qiu ji zhi shi shang ling ju li ◆e** 爱时尚乐英文**◆f** 张元婧主编
210	**#**	**#**	**◆a** 北京**◆c** 中国水利水电出版社**◆d2013**
215	**#**	**#**	**◆a326** 页**◆c** 图**◆d24cm**
300	**#**	**#**	**◆aGlobal** 全球英文精选
517	**1**	**0**	**◆a** 爱时尚乐英文**◆9ai shi shang le ying wen**
606	**0**	**#**	**◆a** 英语**◆j** 自学参考资料
690	**#**	**#**	**◆aH31◆v5**
701	**#**	**0**	**◆a** 张元婧**◆9zhang yuan jing◆4** 主编
801	**#**	**0**	**◆aCN◆bNLC◆c20130801**
801	**#**	**2**	**◆aCN◆bGXG◆c20130815**

2. 知识点说明

(1)正文语种填入 101 字段@a 子字段,当文献正文含有两种或三种语种时,重复著录 101 字段@a 子字段(一般将中文填入第一个@a 子字段)。本例中文献正文含英、汉两种文字,这两种文字的责任者均为中国责任者张元婧,为原著,101 字段指示符为“0#”。

(2)对各著录项目因著录规则的规定未予著录而又必须进一步补充说明的内容可采取自由行文的方式著录于 3--字段。一般性附注著录于 300 字段。如各馆有规定不著录附注项,本例中的 300 字段可不著录。

十三、《这么远，那么近》

图书在版编目（CIP）数据

这么远那么近 / 宇文卿著. -- 北京 ：北京联合出版公司，2013.3

ISBN 978-7-5502-1384-5

Ⅰ. ①这… Ⅱ. ①宇… Ⅲ. ①张国荣（1956～2003）--传记 Ⅳ. ①K825.7

中国版本图书馆CIP数据核字(2013)第030787号

这么远那么近

责任编辑：刘　凯
特约监制：辛海峰　范筱薇
特约编辑：刘　倩
封面设计：伍　胥
内文设计：李　玲

北京联合出版公司出版
（北京市西城区德外大街83号楼9层　100088）
小森印刷（北京）有限公司印刷　　新华书店经销
字数：290千字　787毫米×1092毫米　1/16　印张：20
2013年4月第1版　2013年4月第1次印刷
ISBN 978-7-5502-1384-5
定价：45.00元

1. 例片

字段号	字段指示符		字段内容
HEA	#	#	01350nam0#2200301###450#
001	#	#	012013000013
005	#	#	20130815081302.0
010	#	#	◆a978-7-5502-1384-5◆dCNY45.00
100	#	#	◆a20130801d2013####em#y0chiy0110####ea
101	0	#	◆achi
102	#	#	◆aCN◆b110000
105	#	#	◆aa###z###000yb
106	#	#	◆ar
200	1	#	◆a 这么远##那么近◆9zhe me yuan na me jin◆e 最值得荣迷珍藏的张国荣评传◆f 宇文卿著
210	#	#	◆a 北京◆c 北京联合出版公司◆d2013
215	#	#	◆a312 页◆c 图◆d23cm
517	1	0	◆a 最值得荣迷珍藏的张国荣评传◆9zui zhi de rong mi zhen cang de zhang guo rong ping zhuan
606	0	#	◆a 演员◆x 传记◆y 中国◆z 现代
690	#	#	◆aK825.78 =76◆v5
701	#	0	◆a 宇文卿◆9yu wen qing◆4 著
801	#	0	◆aCN◆bNLC◆c20130801
801	#	2	◆aCN◆bGXG◆c20130815

2. 知识点说明

(1)正题名中所含标点、符号、数字、汉语拼音、外文字母及起语法作用的空格、标点符号均依图书原题著录于 200 字段@a 子字段,著录内容中的标点符号和空格采用正题名语种的标点符号形式。

(2)105 字段第 12 字符位是传记代码,非传记用"y",个人传记用"b",与 606 字段记载的主题词和 690 字段记载的分类号相对应。

十四、《节日情韵》

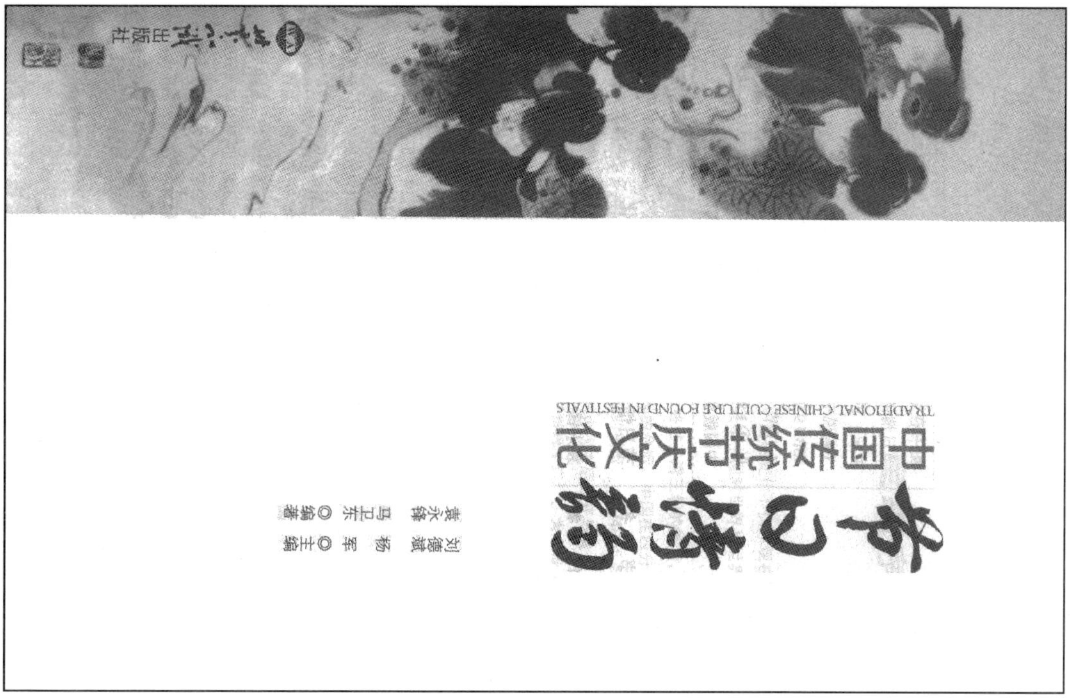

节日情韵

中国传统节庆文化

TRADITIONAL CHINESE CULTURE FOUND IN FESTIVALS

刘德斌 杨 军◎主编

袁永锋 马卫东◎编著

世界知识出版社

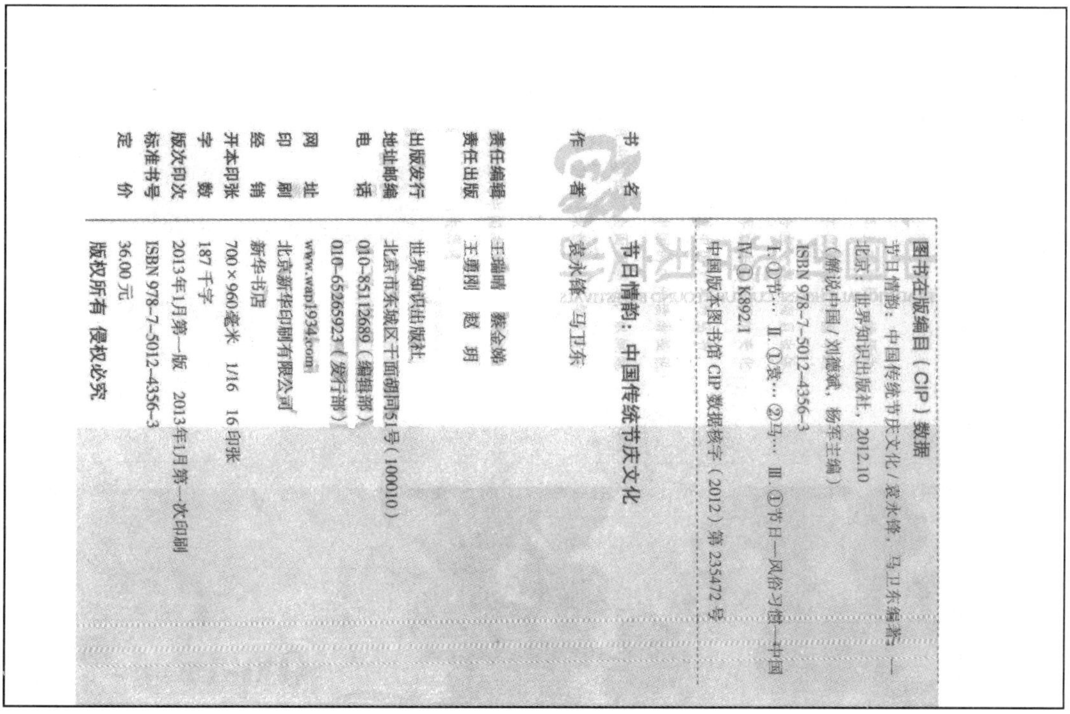

图书在版编目（CIP）数据

节日情韵：中国传统节庆文化 / 袁永锋，马卫东编著. —北京：世界知识出版社，2012.10

（解说中国 / 刘德斌，杨军主编）

ISBN 978-7-5012-4356-3

Ⅰ.①节… Ⅱ.①袁… ②马… Ⅲ.①节日—风俗习惯—中国 Ⅳ.①K892.1

中国版本图书馆 CIP 数据核字（2012）第 235472 号

书　　名　节日情韵：中国传统节庆文化

作　　者　袁永锋　马卫东

责任编辑　王瑞晴　蔡全娣

责任出版　王勇刚　赵　玥

出版发行　世界知识出版社

地址邮编　北京市东城区干面胡同51号（100010）

电　　话　010-85112689（编辑部）

　　　　　010-65265923（发行部）

网　　址　www.wap1934.com

印　　刷　北京新华印刷有限公司

经　　销　新华书店

开本印张　700×960毫米　1/16　16印张

字　　数　187千字

版次印次　2013年1月第一版　2013年1月第一次印刷

标准书号　ISBN 978-7-5012-4356-3

定　　价　36.00元

1. 例片

字段号	字段指示符		字段内容
HEA	#	#	01316oam2#2200337###450#
001	#	#	012013000014
005	#	#	20130815081302.0
010	#	#	◆a978-7-5012-4356-3◆dCNY36.00
100	#	#	◆a20130801d2013####em#y0chiy0110####ea
101	0	#	◆achi
102	#	#	◆aCN◆b110000
105	#	#	◆aa###z###000yy
106	#	#	◆ar
200	1	#	◆a 节日情韵◆9jie ri qing yun◆e 中国传统节庆文化◆dTraditional Chinese culture found in festivals◆f 袁永锋,#马卫东编著◆zeng
210	#	#	◆a 北京◆c 世界知识出版社◆d2013
215	#	#	◆a246 页◆c 图◆d23cm
225	2	#	◆a《解说中国》系列丛书
461	#	0	◆12001#◆a《解说中国》系列丛书
510	1	#	◆aTraditional Chinese culture found in festivals◆zeng
517	1	#	◆a 中国传统节庆文化◆9zhong guo chuan tong jie qing wen hua
606	0	#	◆a 节日◆x 风俗习惯◆y 中国
690	#	#	◆aK892.1◆v5
701	#	0	◆a 袁永锋◆9yuan yong feng◆4 编著
701	#	0	◆a 马卫东◆9ma wei dong◆4 编著
801	#	0	◆aCN◆bNLC◆c20130801
801	#	2	◆aCN◆bGXG◆c20130815

2. 知识点说明

(1)题名页上出现的主编刘德斌、杨军是《解说中国》系列丛书的责任者,从编责任说明一般不予著录。

(2)正题名无并列正题名,而其他题名信息有并列其他题名信息,在 200 字段依次著录正题名、其他题名信息后,再著录与其他题名信息相关的并列其他题名信息,同时将有检索意义的并列其他题名信息填入 510 字段。

十五、《老医说医.2.外感指迷》

老医说医②
——外感指迷

柴中元　著

中国中医药出版社
·北　京·

图书在版编目（CIP）数据
老医说医②——外感指迷／柴中元著．—北京：中国中医药出版社，2013.3
ISBN 978-7-5132-1240-3
Ⅰ.①老…　Ⅱ.①柴…　Ⅲ.①外感病—研究　Ⅳ.①R254
中国版本图书馆CIP数据核字（2012）第268516号

中国中医药出版社出版
北京市朝阳区北三环东路28号易亨大厦16层
邮政编码　100013
传真　010 64405750
北京市泰锐印刷有限责任公司印刷
各地新华书店经销
＊
开本 880×1230　1/32　印张 21.125　字数 454 千字
2013年3月第1版　2013年3月第1次印刷
书号　ISBN 978-7-5132-1240-3

定价　45.00 元
网址　www.cptcm.com

社长热线　010 64405720
购书热线　010 64065415　010 64065413
书店网址　csln.net/qksd/
官方微博　http://e.weibo.com/cptcm

1. 例片

字段号	字段指示符		字段内容
HEA	#	#	01135nam0#2200337###450#
001	#	#	012013000015
005	#	#	20130815081814.0
010	#	#	◆a978-7-5132-1240-3◆dCNY45.00
100	#	#	◆a20130801d2013####em#y0chiy0110####ea
101	0	#	◆achi
102	#	#	◆aCN◆b110000
105	#	#	◆ay###z###000yy
106	#	#	◆ar
200	1	#	◆a 老医说医◆9lao yi shuo yi◆h2◆i 外感指迷◆f 柴中元著
210	#	#	◆a 北京◆c 中国中医药出版社◆d2013
215	#	#	◆a654 页◆d21cm
517	1	#	◆a 外感指迷◆9wai gan zhi mi
606	0	#	◆a 医案◆y 中国◆z 现代◆j 汇编
606	0	#	◆a 医话◆y 中国◆z 现代◆j 汇编
606	0	#	◆a 外感病◆x 研究
690	#	#	◆aR249.76◆v5
690	#	#	◆aR254◆v5
701	#	0	◆a 柴中元◆9chai zhong yuan◆4 著
801	#	0	◆aCN◆bNLC◆c20130801
801	#	2	◆aCN◆bGXG◆c20130815

2. 知识点说明

(1)有共同题名的多卷书的分卷(册)次著录于 200 字段@h 子字段,分卷(册)题名著录于 200 字段@i 子字段,有检索意义的分卷(册)题名同时填入 517 字段。

(2)本例中《老医说医》是多卷书,卷 1 的题名为“养生曝言”,卷 2 的题名为“外感指迷”,卷 3 的题名为“医林蜩鸣”。即,第一层为“老医说医”,第二层为“卷 1 养生曝言”“卷 2 外感指迷”“卷 3 医林蜩鸣”。著录字段结构为:

200 1# @a 正题名@9 正题名汉语拼音@h 分卷(册)次@i 分卷(册)题名

十六、《庄子传. 上》

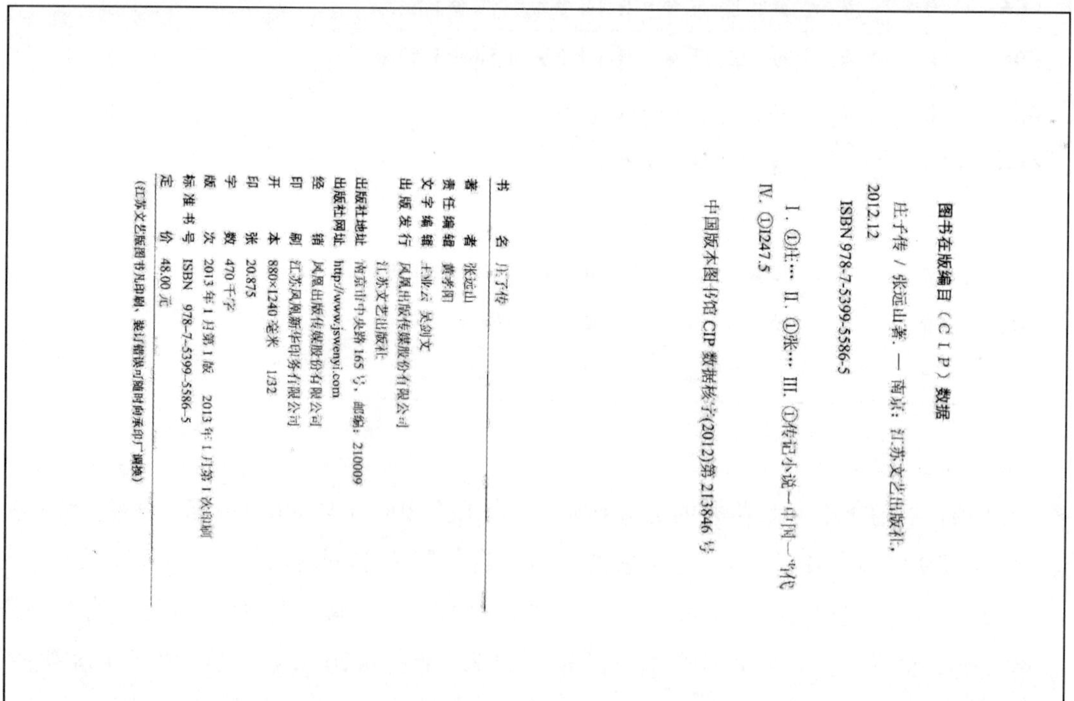
图书在版编目（CIP）数据

庄子传 / 张远山著. — 南京：江苏文艺出版社，2012.12

ISBN 978-7-5399-5586-5

Ⅰ. ①庄… Ⅱ. ①张… Ⅲ. ①传记小说—中国—当代 Ⅳ. ①I247.5

中国版本图书馆 CIP 数据核字(2012)第 213846 号

书　　名　庄子传
著　　者　张远山
责任编辑　黄孝阳
文字编辑　王业云　吴剑文
出版发行　凤凰出版传媒股份有限公司
　　　　　江苏文艺出版社
出版社地址　南京市中央路 165 号，邮编：210009
出版社网址　http://www.jswenyi.com
经　　销　凤凰出版传媒股份有限公司
印　　刷　江苏凤凰新华印务有限公司
开　　本　880×1240 毫米　1/32
印　　张　20.875
字　　数　470 千字
版　　次　2013 年 1 月第 1 版　2013 年 1 月第 1 次印刷
标准书号　ISBN 978-7-5399-5586-5
定　　价　48.00 元

（江苏文艺版图书凡印刷、装订错误可随时向承印厂调换）

1. 例片

字段号	字段指示符		字段内容
HEA	#	#	00872nam0#2200301###450#
001	#	#	012013000017
005	#	#	20130815082544.0
010	#	#	◆a978-7-5399-5586-5◆dCNY24.00
100	#	#	◆a20130801d2013####em#y0chiy0110####ea
101	0	#	◆achi
102	#	#	◆aCN◆b320000
105	#	#	◆ay###z###000ab
106	#	#	◆ar
200	1	#	◆a庄子传◆9zhuang zi zhuan◆e战国纵横百年纪◆h上◆f张远山著
210	#	#	◆a南京◆c江苏文艺出版社◆d2013
215	#	#	◆a335页◆d21cm
517	1	#	◆a战国纵横百年纪◆9zhan guo zong heng bai nian ji
600	#	0	◆a庄周◆f#(前369-前286)#◆x传记
606	0	#	◆a传记小说◆y中国◆z当代
690	#	#	◆aI247.53◆v5
701	#	0	◆a张远山◆9zhang yuan shan◆4著
801	#	0	◆aCN◆bNLC◆c20130801
801	#	2	◆aCN◆bGXG◆c20130815

2. 知识点说明

(1)105 字段第 11 字符位是文学体裁代码，非文学体裁文献用“y”，小说用“a”；105 字段第 12 字符位是传记代码，非传记用“y”，个人传记用“b”。与 690 字段记载的分类号相对应。

(2)本例中《庄子传》是多卷书，分为上、下两卷，“战国纵横百年纪”从属于正题名“庄子传”，对正题名在内容上进行补充说明和解释。即，第一层为“庄子传”“战国纵横百年纪”，第二层为“上”“下”。著录字段结构为：

200 1# @a 正题名@9 正题名汉语拼音@e 其他题名信息@h 分卷(册)次

十七、《十二届全国人大一次会议《政府工作报告》辅助读本》

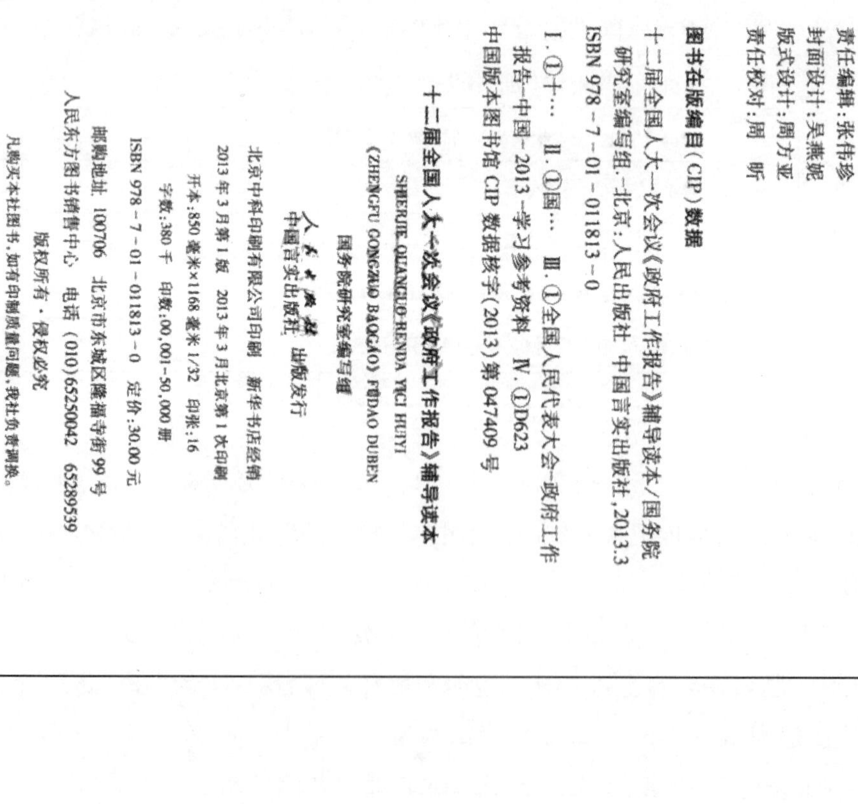

责任编辑:张伟珍
封面设计:吴燕妮
版式设计:周方亚
责任校对:周 昕

图书在版编目(CIP)数据

十二届全国人大一次会议《政府工作报告》辅导读本/国务院研究室编写组.-北京:人民出版社 中国言实出版社,2013.3
ISBN 978-7-01-011813-0

Ⅰ.①十… Ⅱ.①国… Ⅲ.①全国人民代表大会-政府工作报告-中国-2013-学习参考资料 Ⅳ.①D623

中国版本图书馆 CIP 数据核字(2013)第 047409 号

十二届全国人大一次会议《政府工作报告》辅导读本
SHIERJIE QUANGUO RENDA YICI HUIYI
《ZHENGFU GONGZUO BAOGAO》FUDAO DUBEN

国务院研究室编写组

人民出版社
中国言实出版社 出版发行

北京中科印刷有限公司印刷 新华书店经销
2013 年 3 月第 1 版 2013 年 3 月北京第 1 次印刷
开本:850 毫米×1168 毫米 1/32 印张:16
字数:380 千 印数:00,001-50,000 册

ISBN 978-7-01-011813-0 定价:30.00 元

邮购地址 100706 北京市东城区隆福寺街 99 号
人民东方图书销售中心 电话 (010)65250042 65289539

版权所有・侵权必究
凡购买本社图书,如有印制质量问题,我社负责调换。
服务电话:(010)65250042

1. 例片

字段号	字段指示符		字段内容
HEA	#	#	01116nam0#2200289###450#
001	#	#	012013000017
005	#	#	20130815082841.0
010	#	#	◆a978-7-01-011813-0◆dCNY30.00
100	#	#	◆a20130801d2013####em#y0chiy0110####ea
101	0	#	◆achi
102	#	#	◆aCN◆b110000
105	#	#	◆ay###z###000yy
106	#	#	◆ar
200	1	#	◆a十二届全国人大一次会议《政府工作报告》辅助读本◆9shi er jie quan guo ren da yi ci hui yi《zheng fu gong zuo bao gao》fu zhu du ben◆e2013◆f国务院研究室编写组#[编]
210	#	#	◆a北京◆c人民出版社◆c中国言实出版社◆d2013
215	#	#	◆a31,453页◆d21cm
601	0	2	◆a全国人民代表大会◆x政府工作报告◆y中国◆z2013◆j学习参考资料
690	#	#	◆aD623◆v5
711	0	2	◆a国务院研究室◆9guo wu yuan yan jiu shi◆b编写组◆4编
801	#	0	◆aCN◆bNLC◆c20130801
801	#	2	◆aCN◆bGXG◆c20130815

2. 知识点说明

(1)规定信息源载有一个出版地、两个出版者时,出版地著录于 210 字段@a 子字段,两个出版者依次著录于 210 字段的两个@c 子字段。

(2)团体著任者著录于 711 或 712 字段。团体名称属多级机构,将团体名称中最高层次的机构名称著录于 711 或 712 字段@a 子字段,较低层次的机构名称著录于@b 子字段。当团体名称中层级较多,有多个较低层次时,可重复著录@b 子字段。

十八、《找回正能量的自己》

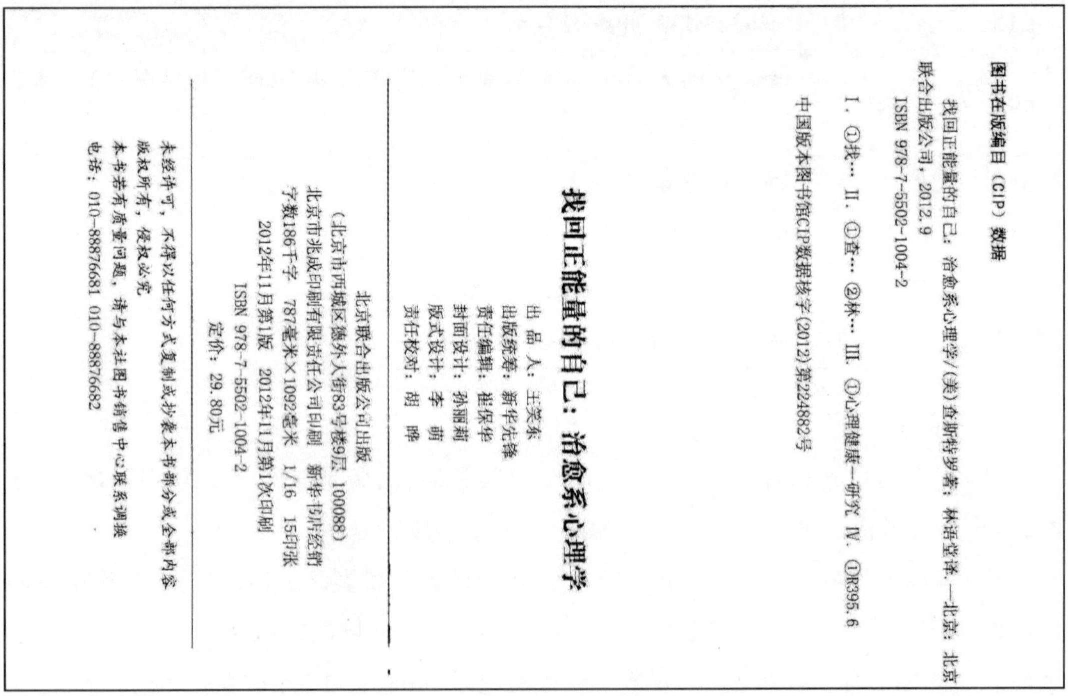

图书在版编目（CIP）数据

找回正能量的自己：治愈系心理学/(美)查斯特罗著；林语堂译.—北京：北京联合出版公司，2012.9

ISBN 978-7-5502-1004-2

Ⅰ. ①找… Ⅱ. ①查… ②林… Ⅲ. ①心理健康—研究 Ⅳ. ①R395.6

中国版本图书馆CIP数据核字(2012)第224882号

找回正能量的自己：治愈系心理学

出 品 人：王笑东
出版统筹：新华先锋
责任编辑：崔保华
封面设计：孙丽莉
版式设计：李 萌
责任校对：胡 晔

北京联合出版公司出版
（北京市西城区德外大街83号楼9层 100088）
北京市兆成印刷有限责任公司印刷 新华书店经销
字数186千字 787毫米×1092毫米 1/16 15印张
2012年11月第1版 2012年11月第1次印刷
ISBN 978-7-5502-1004-2
定价：29.80元

1. 例片

字段号	字段指示符		字段内容
HEA	#	#	**01317nam0#2200313###450#**
001	#	#	**012013000019**
005	#	#	**20130822083111.0**
010	#	#	◆**a978-7-5502-1004-2**◆**dCNY29.80**
100	#	#	◆**a20121113d2012####em#y0chiy0110####ea**
101	1	#	◆**achi**◆**ceng**
102	#	#	◆**aCN**◆**b110000**
105	#	#	◆**ay###z###000yy**
106	#	#	◆**ar**
200	1	#	◆**a** 找回正能量的自己◆**9zhao hui zheng neng liang de zi ji**◆**e** 治愈系心理学◆**dKeeping mentally fit**◆**ea guide to everyday psychology**◆**f**#(美)#约瑟夫·查斯特罗#(**Joseph Jastrow**)#著◆**g** 林语堂译◆**zeng**
210	#	#	◆**a** 北京◆**c** 北京联合出版公司◆**d2012**
215	#	#	◆**a230** 页◆**d21cm**
510	1	#	◆**aKeeping mentally fit**◆**ea guide to everyday psychology**◆**zeng**
517	1	#	◆**a** 治愈系心理学◆**9zhi yu xi xin li xue**
606	0	#	◆**a** 人生哲学◆**j** 通俗读物
690	#	#	◆**aB821**◆**v5**
701	#	0	◆**c**#(美)#◆**a** 查斯特罗◆**9cha si te luo**◆**c**#(**Jastrow**,#**Joseph**)#◆**4** 著
702	#	0	◆**a** 林语堂◆**9lin yu tang**◆**4** 译
801	#	0	◆**aCN**◆**bNLC**◆**c20121113**
801	#	2	◆**aCN**◆**bGXG**◆**c20130815**

2. 知识点说明

(1)当文献为译著时,101 字段指示符为“1#”,正文语种填入@a 子字段,原作语种填写在@c 子字段。

(2)规定信息源上出现的其他题名信息著录在 200 字段@e 子字段,同时将有检索意义的其他题名信息填入 517 字段。

(3)正题名、其他题名信息各有并列正题名和并列其他题名信息,在 200 字段依次著录@a 子字段(正题名)、@e 子字段(其他题名信息)后,再依次著录@d 子字段(并列正题名)、第 2 个@e 子字段(并列其他题名信息),同时将有检索意义的并列正题名、并列其他题名信息全部填入 510 字段。

(4)一般翻译著作以原著者为第一责任说明著录于 200 字段@f 子字段,并填入 701 或 711 字段以供检索;译者为其他责任说明著录于 200 字段@g 子字段,并填入 702 或 712 字段以供检索。在 200 字段,外国个人责任者按原题如实著录,规定信息源上有其国别,需著录国别简称(《中国文献编目规则(第二版)》附录 4)于汉译姓前圆括号“#( )#”内。规定信息源上同时载有外国个人责任者姓名原文和汉译姓名,则将个人责任者姓名原文著录于其汉译姓后圆括号“#( )#”内。在 7--字段,外国个人责任者的国别著录于 701、702 字段第 1 个@c 子字段圆括号内,西方个人责任者汉译姓著录于@a子字段,其姓名原文则以“姓原文,#名原文”的形式著录于 701、702 字段第 2 个@c 子字段圆括号内。

十九、《生如草叶》

图书在版编目（CIP）数据

生如草叶 ： 惠特曼经典诗选 ： 双语美绘版 ： 英文、汉文 / （美） 惠特曼 （Whitman, W.） 著 ； 黎侠译. —南京 ： 江苏文艺出版社， 2012.7
ISBN 978-7-5399-5373-1

Ⅰ. ①生… Ⅱ. ①惠… ②黎… Ⅲ. ①英语—汉语—对照读物②诗集—美国—近代—英、汉 Ⅳ. ①H319.4：I

中国版本图书馆CIP数据核字（2012）第152884号

书　　名　生如草叶：惠特曼经典诗选
作　　者　【美】沃尔特·惠特曼
责任编辑　黄孝阳
责任监制　刘　巍　江伟明
出版发行　凤凰出版传媒集团、凤凰出版传媒股份有限公司
　　　　　江苏文艺出版社（http：//www.jswenyi.com）
发　　行　北京时代华语图书股份有限公司　010-83670231
集团网址　凤凰出版传媒网 http：//www.ppm.cn
经　　销　凤凰出版传媒股份有限公司
印　　刷　北京海纳百川旭彩印务有限公司
开　　本　880×1230毫米　1/32
印　　张　9
字　　数　260千字
版　　次　2012年9月第1版，2012年9月第1次印刷
标准书号　ISBN 978-7-5399-5373-1
定　　价　32.80元
江苏文艺版图书凡印刷、装订错误可随时向承印厂调换

1. 例片

字段号	字段指示符		字段内容
HEA	#	#	**01195nam0#2200349###450#**
001	#	#	**012013000020**
005	#	#	**20130822083732.0**
010	#	#	◆**a978-7-5399-5373-1**◆**dCNY32.80**
100	#	#	◆**a20121012d2012####em#y0chiy0110####ea**
101	2	#	◆**achi**◆**aeng**◆**ceng**
102	#	#	◆**aCN**◆**b320000**
105	#	#	◆**aa###z###000gy**
106	#	#	◆**ar**
200	1	#	◆**a** 生如草叶◆**9sheng ru cao ye**◆**e** 惠特曼经典诗选◆**dSelected poems of Walt Whitman**◆**f#**(美)#沃尔特·惠特曼著◆**g** 弗雷德里克·莱顿等绘◆**g** 黎侠译◆**zeng**
210	#	#	◆**a** 南京◆**c** 江苏文艺出版社◆**d2012**
215	#	#	◆**a277** 页◆**c** 彩图◆**d21cm**
510	1	#	◆**aSelected poems of Walt Whitman**◆**zeng**
517	1	#	◆**a** 惠特曼经典诗选◆**9hui te man jing dian shi xuan**
606	0	#	◆**a** 英语◆**x** 汉语◆**j** 对照读物
606	0	#	◆**a** 诗集◆**y** 美国◆**z** 近代
690	#	#	◆**aH319.4**◆**v5**
690	#	#	◆**aI712.24**◆**v5**
701	#	0	◆**c#**(美)#◆**a** 惠特曼◆**9hui te man**◆**c#(Whitman, Walt**◆**f1819-1892)#**◆**4** 著
702	#	0	◆**c#**(英)#◆**a** 莱顿◆**9lai dun deng**◆**f#(1830.12-1896.1)#**◆**4** 绘
702	#	0	◆**a** 黎侠◆**9li xia**◆**4** 译
801	#	0	◆**aCN**◆**bNLC**◆**c20121113**
801	#	2	◆**aCN**◆**bGXG**◆**c20130815**

2. 知识点说明

(1)对含有译文文献(文献正文为两种或三种语言的对照读物,其中一种语言是原著,其他语言是根据原著翻译而成),将正文语种依次填入 101 字段@a 子字段(一般将中文填入第一个@a 子字段),原作语种填写在 101 字段@c 子字段。

(2)105 字段第 11 字符位是文学体裁代码,非文学体裁文献用“y”,诗歌用“g”。与 606 字段记载的主题词和 690 字段记载的分类号相对应。

(3)主要信息源(题名页)上出现的其他题名信息著录在 200 字段@e 子字段;主要信息源(题名页)上出现的并列正题名著录于 200 字段@d 子字段,并列题名语种同时著录于@z 子字段。正题名无并列正题名,而其他题名信息有并列其他题名信息,在 200 字段依次著录正题名、其他题名信息后,再著录与其他题名信息相关的并列其他题名信息,同时将有检索意义的并列其他题名信息填入 510 字段,将有检索意义的其他题名信息填入 517 字段。

第三课　图书分类

第一讲　认识《中国图书馆分类法》

一、《中国图书馆分类法》(以下简称《中图法》)发展历程

1. 第 1 版于 1975 年 10 月由科学技术文献出版社出版。

2. 第 2 版于 1980 年 6 月由书目文献出版社(今国家图书馆出版社)出版。修订要点:①改变按政治观点列类的方法;②增补了管理学、系统学、遥感技术、遗传工程等类目。

3. 第 3 版于 1990 年 2 月由书目文献出版社(今国家图书馆出版社)出版。修订要点:①将环境科学与安全科学设为一个类组;②使用双表列类,建立法律的第二个分类体系;③扩大冒号组配的使用范围。

4. 第 4 版于 1999 年 3 月由北京图书馆出版社(今国家图书馆出版社)出版。修订要点:①将题名《中国图书馆图书分类法》改为《中国图书馆分类法》;②重点对经济、通信、计算机技术类目进行修订;③将类分图书与类分资料的类目合并为一个版本;④增加了沿革注释;⑤增加了"指示性类目"等。

5. 第 5 版于 2010 年 9 月由国家图书馆出版社出版。修订要点:①对 A 类增加推荐选择使用法;②对 F、TP、U 等大类重点进行类目的增删改,对 D、G、TS 等大类进行较大幅度的局部调整;③增加复分标记、"一般性问题"的禁用标记;④补充类目反向参照;⑤合并使用频率过低的类目。

二、《中图法》第五版基本结构

《中图法》是按照一定的思想观点,以科学分类为基础,结合图书资料的内容和特点,分门别类组成的分类表,是类分图书的依据,由基本大类表、简表、主表、专类复分表、通用复分表等几部分组成。

1. 基本大类表:由一级类目(22 个大类)组成的分类表,揭示分类法的基本学科范畴和排列次序。一般不用于类分图书。

2. 简表：由基本大类和进一步区分出来的二、三级类目组成的分类表，是分类法的类目体系框架。一般适用于馆藏图书量小、实行粗排架的单位类分图书。

3. 主表（详表）：由各级类目组成的分类表，为《中图法》正文，是类分图书的依据。主表按功能分为类名系统、标记系统和注释系统。

4. 专类复分表：《中图法》第五版共设置了68个专类复分表，其中插编于主表类目之间设置了66个，在通用复分表的“总论复分表”“中国地区表”中设置了2个。

5. 通用复分表：附在主表之后单独编列的8个类目表，包括：（1）总论复分表；（2）世界地区表；（3）中国地区表；（4）国际时代表；（5）中国时代表；（6）世界种族与民族表；（7）中国民族表；（8）通用时间、地点和环境、人员表。

三、《中图法》分类体系结构

《中图法》最基本的分类体系是基本部类与基本大类的构成及其序列。

1. 基本部类：也称基本序列，是文献分类法编制中为建立知识分类体系，对知识门类所进行的最概括、最本质的划分与排列，是确立基本大类的基础。《中图法》有五大基本部类。

（1）马克思主义、列宁主义、毛泽东思想、邓小平理论。这是指导我们思想的理论基础，作为社会主义国家的文献分类法，为强调马列主义、毛泽东思想的指导作用，故将其作为一个基本部类列于首位。

（2）哲学、宗教，社会科学，自然科学。关于知识的分类，毛泽东在《整顿党的作风》一文中指出：“什么是知识？世界上的知识只有两门，一门叫做生产斗争知识，一门叫做阶级斗争知识。自然科学、社会科学就是这两门知识的结晶，哲学则是关于自然知识和社会知识的概括和总结。”这是我们确定分类法基本结构的理论根据，因此将哲学、社会科学、自然科学分别作为一个基本部类列出。宗教作为一种意识形态，与哲学有着共同的发源基础，在人类历史发展过程中，宗教与哲学也始终保持着密切的联系，因此将宗教与哲学作为一个类组列出。关于这3个基本部类的序列，因哲学是自然知识和社会知识的概括和总结，故列于第二基本部类，排在社会科学、自然科学之前；社会科学是人类社会活动的总结知识，是指导社会活动和科学活动的科学，与马克思列宁主义的关系比自然科学更为密切，因此列于第三基本部类，排在自然科学之前。

（3）综合性图书。考虑到文献本身的特点，对于一些内容庞杂，类无专属，无法按某一学科内容性质分类的图书，概括为“综合性图书”，作为一个基本部类置于五大部类之末。

2. 基本大类：也称分类大纲，是文献分类法中划分的第一级类目，是在基本序列基础上展开的知识分类体系框架，都是传统的、稳定的、较为概括的学科或知识领域。《中图法》共有22个基本大类。

(1)“A 马克思主义、列宁主义、毛泽东思想、邓小平理论”单独作为一个基本大类列于首位。

(2)逻辑学、伦理学、心理学虽然都已发展成为一个独立的学科,本分类法根据它们与哲学的渊源关系,仍保留在“B 哲学、宗教”大类之内。

(3)社会科学、自然科学这两个基本部类的内容很多,发展很快,因此在社会科学基本部类下展开为 9 个大类,自然科学基本部类下展开为 10 个大类,以满足文献分类和文献检索的需要。根据知识体系从一般到特殊、从总到分的次序原则,在社会科学、自然科学各大类之前,分别列出“C 社会科学总论”和“N 自然科学总论”这两个总论性类目,以组成社会科学和自然科学的完整体系。

(4)社会科学基本部类的内部排列次序,主要是根据基本大类间关系密切的程度和与其他部类的关系来确定,基本次序按“上层建筑—经济基础—意识形态”,即“政治—经济—文化”的次序排列。

①社会科学(包括人文科学)领域中,“政治”独立编列为基本大类。法律是体现统治阶级意志,由国家立法机关制定并由国家强制力保证执行的行为规则,是阶级专政的重要工具,与政治的关系最为密切,因此将法律与政治并列设为一个类组“D 政治、法律”。政治与哲学的关系比其他学科更密切,为使两个部类之间的衔接性更好,“D 政治、法律”大类列于“社会科学”基本部类的首位,“C 社会科学总论”大类之后。

②军事是研究战争和战争指导规律的科学,不但研究战争的性质,还研究战略、战术、军事建设、军事技术等各方面的问题,它和政治既相联系,又相区别,故也作为基本大类“E 军事”紧随在“D 政治、法律”大类之后。

③“F 经济”大类位于上层建筑类之后意识形态类之前。

④属于意识形态范畴的一组大类中,文化、科学、教育、文学、艺术、语言文字等虽都属于广义的文化范畴,但文学、艺术、语言文字在文化发展史上早已形成独立的知识领域,因此将“G 文化、科学、教育、体育”概括为一个类组(只包括新闻、广播、出版、图书、博物、档案等文化事业以及科学研究和教育、体育,即一般所说的文化教育事业)首先序列出来。对于单独作为基本大类列出的“I 文学”大类、“J 艺术”大类、“H 语言、文字”大类,“H 语言、文字”对发展文化有重要的作用,同时又是文学和艺术的基础,故编列在文学和艺术之前,然后依次排列“I 文学”大类、“J 艺术”大类。“历史、地理”分别是从时间、空间角度综合研究人类社会发展及社会环境的密切相关的科学,也将它们概括为一个类组“K 历史、地理”列出。这里的“地理”主要是人文地理,也包括综合性的地理知识,而经济地理、自然地理等专科地理则按其学科属性分别列入有关各类。“K 历史、地理”大类编列在社会科学基本部类的最后,带有总结和归纳的性质。

（5）自然科学基本部类中基本大类的确立，是根据人们在长期认识和改造自然中形成并被科学界所公认的知识范畴进行的。根据自然科学的学科属性，遵循从一般到特殊、从简单到复杂、从低级到高级、从理论到应用的次序，自然科学基本部类的基本大类大体划分为“基础理论（即狭义的自然科学）—技术科学—应用科学”3 个层次。

①自然科学基础理论是研究自然界物质结构和运动形态、自然现象一般规律的科学，包括数学、物理学、化学、天文学、地球科学、生物学。首先将研究自然界物质结构和运动形态最基本、最普遍规律的几门科学概括为“**O** 数理科学和化学”大类，它们对各门自然科学都有普遍的意义，故列于自然科学基本部类的首位。其次列出研究天体物质和人类物质环境的“**P** 天文学、地球科学”大类。在研究无机界的科学之后，列出以有机物质的生命现象作为研究对象的“**Q** 生物科学”大类。

②技术科学是以基础科学理论为基础，针对工程技术中带有普遍性的问题进行应用研究所形成的技术理论科学。由于技术科学与应用科学常存在于同一文献之中不易区分，为类分文献方便将它们在基本大类中不加区分，而在以后的各级划分中视情况加以必要的区分。“**R** 医药、卫生”大类和“**S** 农业科学”大类都是以生物科学为基础的包括技术科学和应用科学的学科，同属于生命科学的范畴，因此列于“**Q** 生物科学”大类之后。农业不只是提供人类生存的资料，还提供工业生产的原料，它是国民经济的基础，因而把“**S** 农业科学”大类列于“**R** 医药、卫生”大类之后“**T** 工业技术”大类之前。

③应用科学是以技术科学为基础而形成的直接应用于生产、生活的技术和工艺。随着当代科学技术的发展和人类改造自然界能力的极大提高，应用科学已形成庞大的科学技术体系。除列出“**T** 工业技术”大类之外，“交通运输”和“航空、航天”综合利用冶金、金属、机械、动力、电子、自动化以及建筑技术等各门科学的成果，又广泛应用于其他各门学科和国民经济各个领域，具有很高的独立性，因此把它们作为基本大类“**U** 交通运输”“**V** 航空、航天”，依次排在“**T** 工业技术”大类之后。“环境科学”是研究人与自然界中各种因素相互作用的规律，并能动地控制这一规律，为人类创造有利的环境的一门科学；“安全科学”是研究安全生产，防止损害人体健康的科学。这两门科学属性相近，都是保护生态环境、维护人类安全，具有高度综合性的科学，为此把二者编列为一个类组“**X** 环境科学、安全科学”大类，排在自然科学基本部类的最后。

④“**T** 工业技术”是一个庞大的学科群，为适应文献分类的需要，再展开为 16 个二级类目，其重要程度不亚于一级类目。“**T** 工业技术”大类的二级类目，大体按能源、原材料、动力、电子与自动化技术的顺序排列，化学工业、轻工业、建筑工程、水利工程涉及多种工业技术的应用，依次排列在自动化技术之后。

遵循知识体系从一般到特殊、从总到分的次序原则

五大基本部类	二十二个基本大类
马克思主义、列宁主义、毛泽东思想、邓小平理论	A 马克思主义、列宁主义、毛泽东思想、邓小平理论
哲学、宗教	B 哲学、宗教
社会科学	C 社会科学总论 D 政治、法律 E 军事 F 经济 G 文化、科学、教育、体育 H 语言、文字 I 文学 J 艺术 K 历史、地理
自然科学	N 自然科学总论 O 数理科学和化学 P 天文学、地球科学 Q 生物科学 R 医药、卫生 S 农业科学 T 工业技术 U 交通运输 V 航空、航天 X 环境科学、安全科学
综合性图书	Z 综合性图书

总论性类目（指向：C 社会科学总论；N 自然科学总论）

社会科学类序列：
上层建筑—经济基础—意识形态
政治—经济—文化

自然科学类序列：
一般—具体 简单—复杂
低级—高级 理论—应用
基础理论—技术科学—应用科学

四、类目

1. 类目结构：类目是构成《中图法》主表的基本单元，由类号、类名、类级、注释和参照等要素组成。

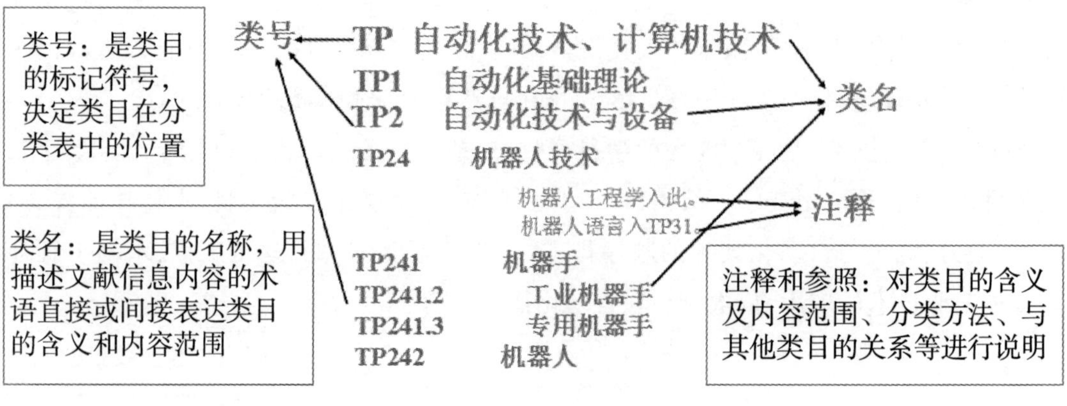

2. 分类法类目的内涵和外延受类目体系的限定，不能脱离类目之间的逻辑关系和类目注释的限定孤立地理解类名的涵义。凡能归入下位类的文献，必然带有其上位类的属性。

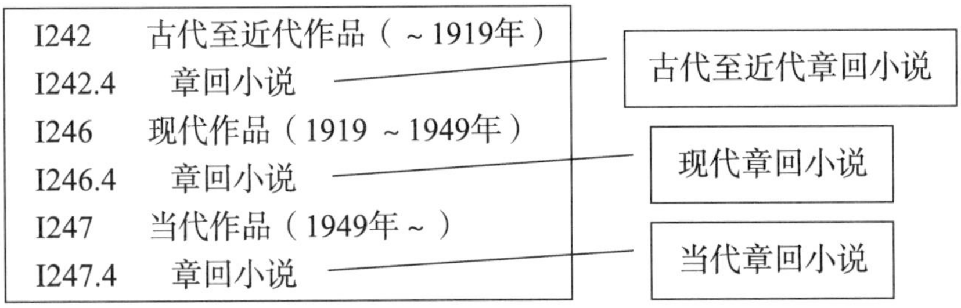

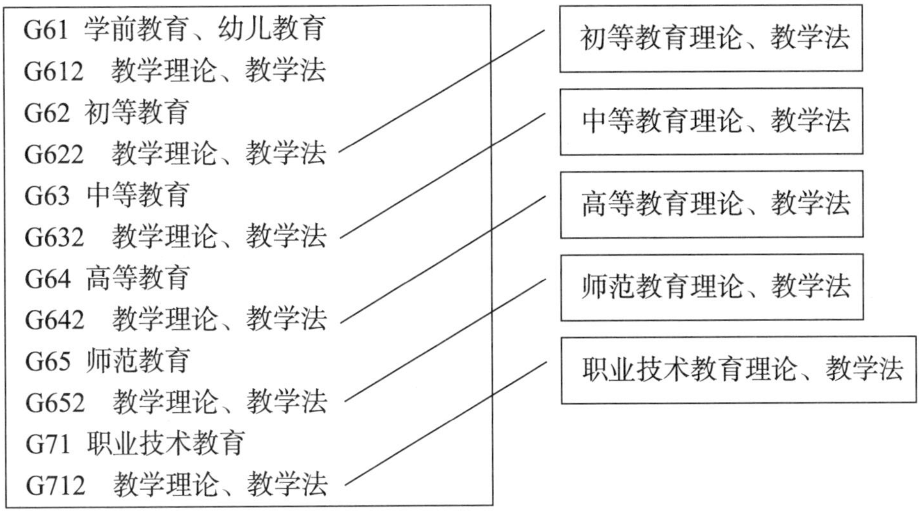

3. 类级：是类目的级别。在印刷版中的表现形式是类目采用不同字体以及类名采用排版的缩格，以显示类目间的等级关系。大部分类目的级别与其类号的位数是一一

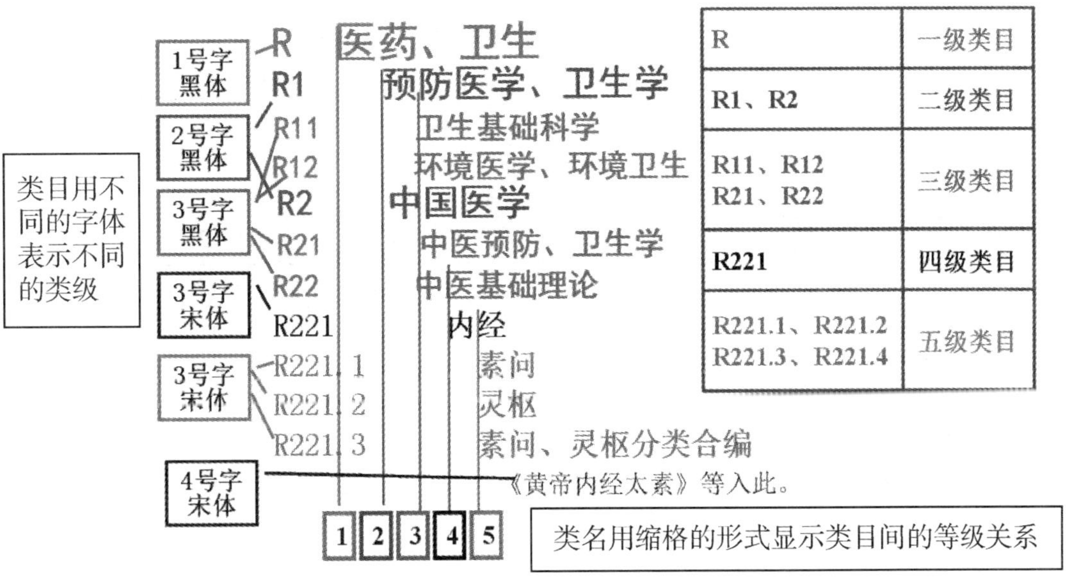

对应的,如一级类目的类号是 1 位,二级类目的类号是 2 位,以此类推。但使用了变通措施编号的类目级别与其类号的位数不一定一一对应。

例 1:**类目级别**与其**类号位数**一一对应。

(类号1位) I 文学 ……………………………………(一级类目)

(类号2位) I **0** 文学理论
I **1** 世界文学
I **2** 中国文学 ……………………………(二级类目)

(类号3位) I **21** 作品集
I **22** 诗歌、韵文
I **23** 戏剧文学
I **24** 小说 ……………………………(三级类目)

(类号4位) I **242** 古代近代作品
I 246 现代作品
I 247 当代作品 ………………(四级类目)

(类号5位) I **247.4** 章回小说
I **247.5** 新体长篇、中篇小说
I **247.6** 新篇短篇小说
I **247.8** 故事、微型小说 ……(五级类目)

例 2:使用**变通措施编号**的**类目级别**与其**类号位数**不一一对应。

(类号3位) TM8 高电压技术
(类号4位) TM91 独立电源技术
TM92 电气化、电能应用
TM93 电气测量技术及仪器 ……………(三级类目)
使用"八分法"编号

(类号5位) S965.1 淡水鱼 …………………………(五级类目)
(类号7位) S965.111 青鱼
S965.112 草鱼 …………………………(六级类目)
使用"双位法"编号

(类号4位) E155 战略导弹部队
(类号5位) E155.9 天军 ……………(六级类目)
使用"借下位类号法"编号

(类号4位) K232 秦、汉 ………………………………(四级类目)
(类号4位) K233 秦
K234 汉 ………………………………(五级类目)
使用"借上位类号法"编号

4. 类目关系

(1)《中图法》中每一个类目都不是孤立存在的,是在类目体系中相互关联、相互制约的有机组成要素。类目的含义不仅仅是由其类名决定,而是将其置于分类体系之中,即在一个由上位概念、同位概念、下位概念、相关概念和类目注释构成的语义空间中进行限定。如:I207.4、I24 的类名虽然都是“小说”,但 I207.4 需与其上位类 I207、I2、I 共同构成“中国小说评论与研究”的含义,I24 需与其上位类 I2、I 共同形成“中国小说作品”的含义。

(2)类目之间的相互关系

①从属关系:上位类、下位类。如:I2 是 I207、I24、I25、I26、I27、I28、I29 的上位类,I207、I24、I25、I26、I27、I28、I29 是 I2 的下位类;I24 是 I242、I246、I247 的上位类;I207.4 是 I207 的下位类,又是 I207.41、I207.42 的上位类。

②并列关系:同位类。如:I242、I246、I247 之间互为同位类,它们有共同的上位类 I24;I207.41、I207.42 之间互为同位类,它们有共同的上位类 I207.4。

③相关关系:类目注释中有“参见”“入……”等说明:

例1:R135.1　生产性毒物及职业中毒

参见R595、R994.3。

R994.3　工业毒理学

参见R135.1。

类目“R994.3”和类目“R135.1”为相关关系

例2:

P184　月球

月质学入此。

P185.83　陨星

陨石学入此。

P68　宇宙地质学

月质学入P184;陨石学入P185.83。

类目“P68”和类目“P184”为相关关系

类目“P68”和类目“P185.83”为相关关系

④交替关系:使用类目和交替类目。

例:[S-9]农业经济　　F3　农业经济

宜入 F3。

说明:类目“S-9”和类目“F3”为交替关系。

(3)类目之间的相互关系是相对的,如 I207 是 I2 的下位类,又是 I207.4 的上位类;I24 是 I2 的下位类,又是 I242、I246、I247 的上位类,I242、I246、I247 之间互为同位类;I207.4 是 I207 的下位类,又是 I207.41、I207.42 的上位类,I207.41、I207.42 之间互为同位类。

I2 中国文学
I207 各体文学评论和研究
I207.2 诗歌、韵文
I207.3 戏剧文学
I207.4 小说
I207.41 古代小说
I207.411 《红楼梦》研究与评论
I207.412 《水浒》研究与评论
I207.413 《三国演义》研究与评论
I207.419 其他古代小说研究与评论
I207.42 现代、当代小说(**1919**年～)
I207.424 章回小说
I207.425 长篇、中篇小说
I207.427 短篇、故事
I207. 5 报告文学
I207. 6 散文、杂著
I207. 7 民间文学
I207. 8 儿童文学
I207. 9 少数民族文学
I24 小说
I242 古代至近代作品（～**1919**年）
I242.4 章回小说
I242.7 短篇小说
I246 现代作品（**1919** ～ **1949**年）
I246.4 章回小说
I246.5 新体长篇、中篇小说
I246.7 新体短篇小说
I247 当代作品（**1949**年～）
I247.4 章回小说
I247.5 新体长篇、中篇小说
I247.7 新体短篇小说
I247.8 故事、微型小说
I25 报告文学
I26 散文
I27 民间文学
I28 儿童文学
I29 少数民族文学

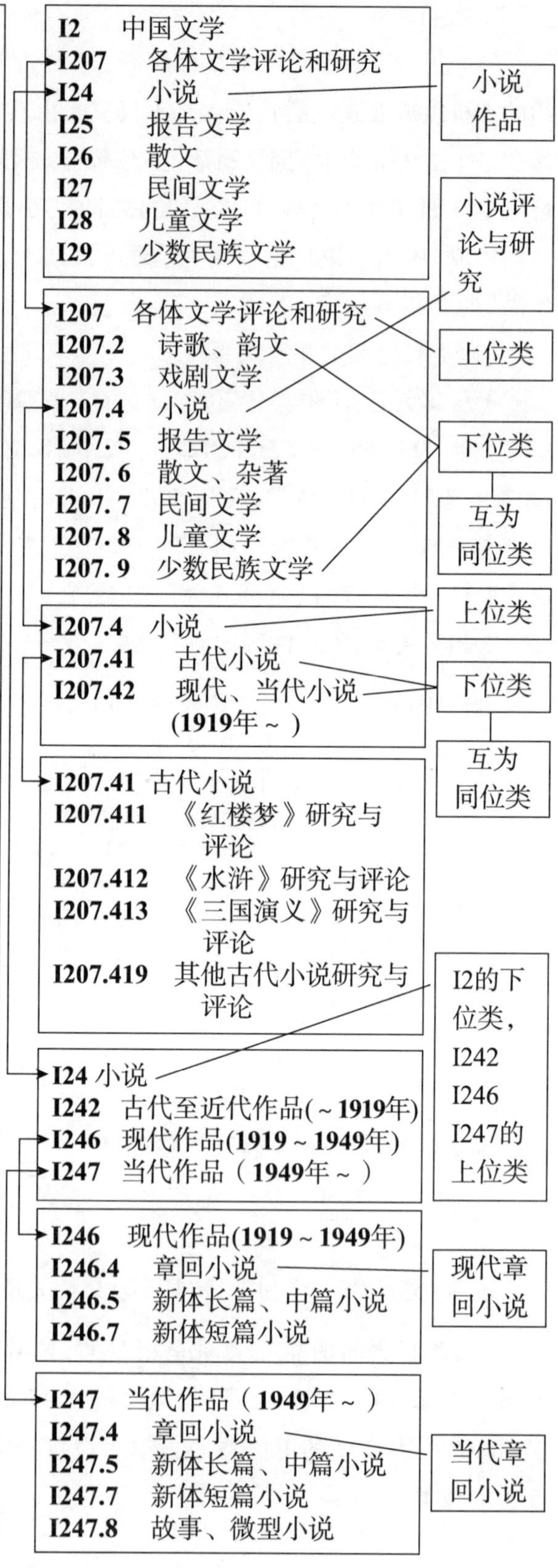

五、标记系统

1. 基本标记符号

《中图法》采用拉丁字母与阿拉伯数字相结合的混合标记制。用一个字母标记一个大类，以字母的顺序反映大类的序列。在“**T** 工业技术”类采用双字母标记其下的 16 个二级类目。在拉丁字母后用阿拉伯数字表示大类下各级类目，数字以小数制排序。

C 社会科学总论	**T** 工业技术
C0 社会科学理论与方法论	**TB** 一般工业技术
C8 统计学	**TD** 矿业工程
C81 统计方法	**TE** 石油、天然气工业
C811 统计调查	**TF** 冶金工业
D 政治、法律	……
E 军事	**TQ** 化学工业
E2 中国军事	**TS** 轻工业、手工业
E22 政治工作	**TU** 建筑科学
F 经济	**TV** 水利工程

2. 辅助标记符号

(1)分类号中使用的辅助标记符号

①间隔符号“.”:使用间隔符号的目的是为了使号码清晰、醒目和易读。

数字的编号制度采用小数制，拉丁字母之后的数字超过 3 位时，规定自左至右每 3 位数字之后加上一个小圆点“.”;当类号中含有其他辅助符号时，以辅助符号为界，分别计算辅助号码前、后数字的位数，每隔 3 位加一个间隔符号。

例 1:TP241.2

例 2:G259.276.7

例 3:G40 -095.12

②总论复分符号“ - ”:置于总论复分号码之前，是总论复分号的前置符号。

一、总论复分表	
-6	参考工具书
-61	名词术语、辞典、百科全书（类书）
-62	手册、名录、指南、一览表、年表

例 1:G25 -61

例 2:G254.11 -62

③国家、地区区分号“(　)”:类目下无可依“世界地区表”或“中国地区表”复分的注释，但又可进行国家或地区复分时，将依“世界地区表”或“中国地区表”复分所取号码写入圆括号内并置于分类号的最后。

例 1:《美国小麦杂交育种经验》

S512.103.51**(712)**

例 2:《河南小麦育种经验》

S512.103**(261)**

二、世界地区表	
1	世界
2	中国
7	美洲
71	北美洲
712	美国

三、中国地区表	
1	北京市
2	华北地区
6	中南地区
61	河南

说明:主表中未注明但又需要使用“中国地区表”复分时,须先用“世界地区表”中表示中国的地区号“2”,再用“中国地区表”复分。

④时代区分号“ = ”

例:《古代长度计量仪》

TH711=**2**

四、国际时代表	
1	原始社会
2	古代

⑤民族、种族区分号“ “ ” ”

例:《西藏民族建筑艺术图集》

TU-882 “**214**”

六、世界种族与民族表	
1	世界种族
2	中国各民族
3	亚洲各民族

七、中国民族表	
11	汉族
14	藏族

说明:主表中未注明但又需要使用“中国民族表”复分时,须先用“世界种族与民族表”中表示中国各民族的号码“2”,再用“中国民族表”复分。

⑥通用时间、地点和环境、人员区分号:“ < > ”

例:《美国冬季训练》

E712.3<**114**>

八、通用时间、地点和环境、人员表	
1	通用时间
11	季度
114	冬

(2)分类表中使用的辅助标记符号

①起止符号“/”,在主表或复分表中用于表示概括一组相连类号的起止范围,只用于分类表中,不能出现在分类号中。

例 1: D93/97 各国法律

例 2: 《世界简史》 √ K1 ×K3/7

K0 史学理论
K1 世界史
K2 中国史

K3/7 世界各国和地区历史
K3 亚洲史
K4 非洲史

②交替符号“[ ]”:表示选择使用的类目。

例:[S-9]农业经济　　　　　F3　农业经济

　　宜入 F3。

③停用符号“{ }”:是前一版本《中图法》中用于标引的分类号,但现已停用。

例:{F830.6}城乡金融组织　　　　　F830.34 城乡金融机构

　　<停用;5 版改入 F830.34>　　　　　<4 版类名:城乡金融组织>

④指示性类目提示符“————”:置于一组用起止符号“/”连接的类号之上,用来标识“指示性类目”。“指示性类目”是为给一组类目做共同的注释而设置的,不能用来类分文献。

例:————————

TP334.1/.4 各种外部设备

⑤复分标记“①”“②”“③”“④”“⑤”“⑥”“⑦”“⑧”“⑨”:对一组类目或多组类目需要复分时,以前各版次的《中图法》只有一个说明性注释来规定,而在具体需要复分的类目下则不再一一注释说明。第五版为增强类目复分助记性,在这些类下无直接复分注释而又需复分的类目的类名后增加了相应标记,分别是:8 个通用复分表分别对应①②③④⑤⑥⑦⑧,⑨对应专类复分表和仿分注释。

例 1:J231　作品综合集②

说明:“②”表示“可依世界地区表分”。

例 2:K825.41　文化⑤

说明:“⑤”表示“可依中国时代表分”。

例 3:————————

B981/989.3 其他各宗教

　　如有必要,可依下表分。

　　1　经典
　　……
　　9　教史

B981　神道门⑨

说明:“⑨”表示可依“B981/989.3 其他各宗教”下的专类复分表复分。

⑥禁用标记“⊗”:“一般性问题”类不用于类分文献,需归入“一般性问题”类目的文献直接归入其上位类。《中图法》第五版对“一般性问题”类规范统一,对不具有此特点的类修改类名,对符合此特点的“一般性问题”类,在其类名后增加了不用类分文献的标记,即⊗,以便提示分类人员,避免误标引并造成与其上位类分类不一致的问题。

例:X928　事故调查与分析(工伤事故分析与预防)

　X928.0　一般性问题⊗

说明:应归入"X928.0 一般性问题⊗"的文献直接归入其上位类"X928 事故调查与分析(工伤事故分析与预防)"

3. 标记符号的排列

(1)基本标记符号的排列:采用从左至右逐位对比的方法进行排列。首先按字母顺序排列,字母后的阿拉伯数字先排第一位数字,然后再是第二位数字,以下类推。

√	×
B1	B1
B11	B2
B111	B3
B112	B4
B12	B11
B19	B12
B2	B19
B3	B111
B4	B112

(2)有辅助标记符号类号的排列:类号中有辅助符号时,在其前各位符号(A—Z,0—9)相同的情况下,依下列次序进行比较排列。

①总论复分号" - "

②国家、地区区分号"(　)"

③种族、民族区分号"""

④时代区分号" = "

⑤通用时间、地点和环境、人员区分号" <　> "

例:R711　《妇科学》

R711 - 62　《妇科学手册》

R711(712)　《美国妇科学》

R711(712) = 56　《八十年代美国妇科学》

R711 = 6　《二十一世纪妇科学展望》

R711 <326 >　《国外妇科学》

六、编号制度

1. 基本编号制:层累制

《中图法》基本采用层累制编号制度,严格按小数方法编排标记符号,并尽可能以号码的位数代表类目的级数。为了使号码适应类目设置的需要，在号码配备上也具有一定的灵活性。

类号分层逐级展开

一至三级类目用黑体字

I　文学…………………………………（一级类目）
I 0　文学理论……………………………（二级类目）
I 0－02　文学的哲学基础………………（三级类目）
I 0－03　文学的方法论…………………（三级类目）
I 0－05　文学与其他学科的关系………（三级类目）
I 01　文艺美学…………………………（三级类目）
I 02　文学理论的基本问题……………（三级类目）
I 021　文学的民族化、大众化……………（四级类目）
I 022　文学与现实生活……………………（四级类目）
……
I 03　文艺工作者………………………（三级类目）
I 04　文学创作论………………………（三级类目）
I 041　题材、主题思想……………………（四级类目）
I 042　人物形象……………………………（四级类目）
……

2. 变通措施编号法

为了类系与类列的扩充需要，《中图法》在基本采用层累制进行编号的同时，又采用空号法、八分法、双位法、借号法等多种变通措施，增强配号的灵活性与扩大号码系统的扩充性。

（1）空号法

又称间隔编号法，即在某类列的同位类之间或前后留有一定数量的空号。当某类列的同位类不是很多时才能采用空号法编号。使用空号法能提高分类法对类目修订的适应能力，便于类目删改、订正、增补，保持类目体系的稳定性。空号法有常规性空号、预留性空号、保留性空号、对应性空号、逻辑性空号。

常规性空号

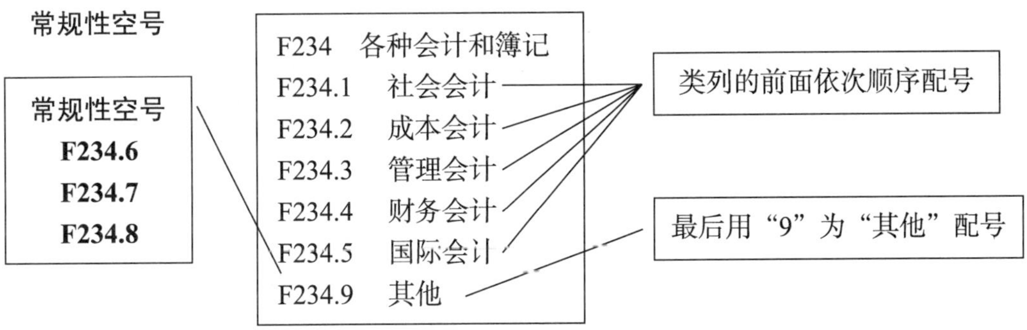

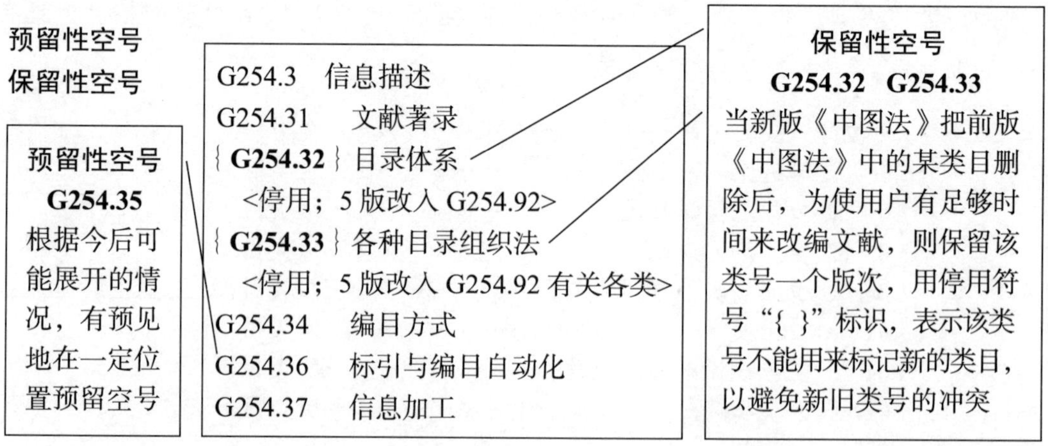

对应性空号。为达到对应编号的目的，为性质相同的类列中没有列举的类目编配对应性空号。

逻辑性空号。当按逻辑性原则应该在类列中某位置设立某类目，而由于某种原因没有列类，则在相应位置进行逻辑性空号。

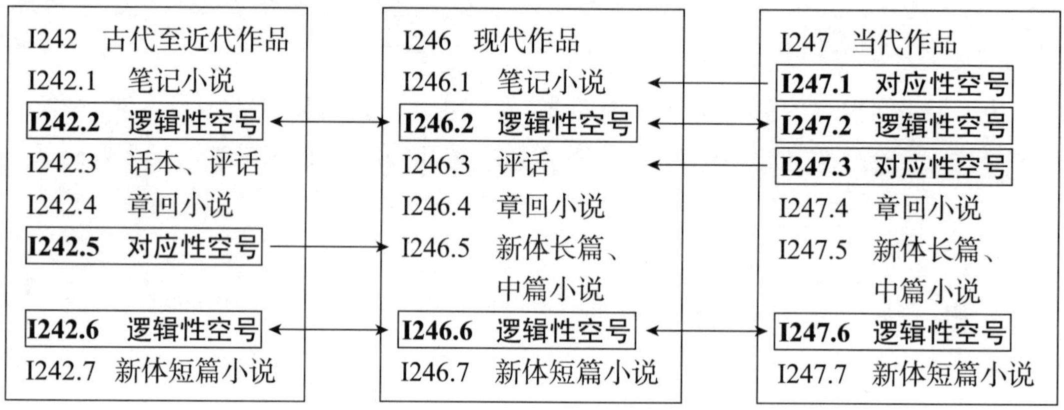

（2）八分法

又称扩九法，是为了解决同位类过多而采用的编号法。分类法采用层累制编号时，当某类列的同位类超过 9 个、少于 18 个时，用 1—8 标记前面的类，9 本身不用来配号，而是用 91、92……98 标记后面的同位类。也可以在任何数字后，仿上述办法标记同位类目。

例

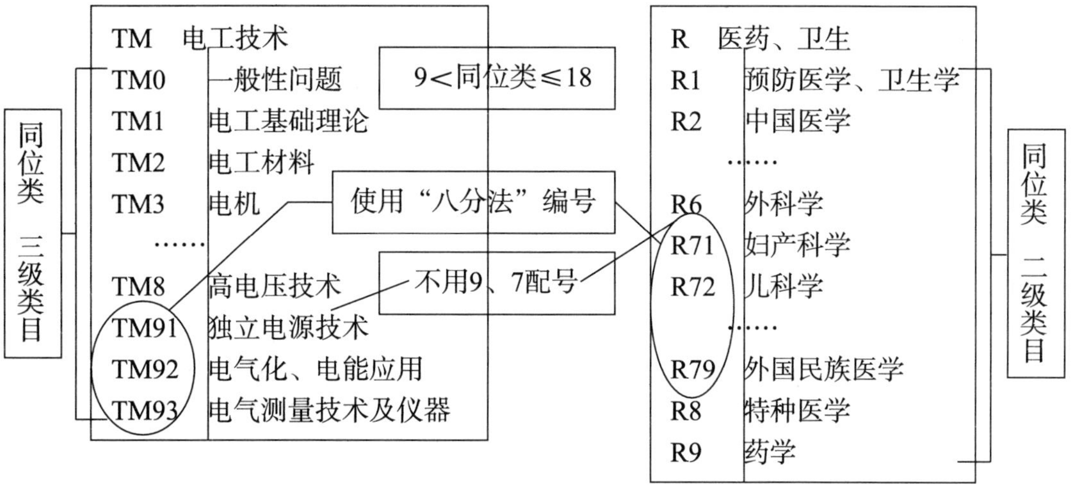

(3)双位法

又称双位制、百分法,是为了解决同位类过多而采用的编号法。分类法采用层累制编号时,当某类列的同位类过多时(大于18个),为避免号码冗长,不用数字1—9配号,而是直接采用双位符号11、12……99等表示同位类。

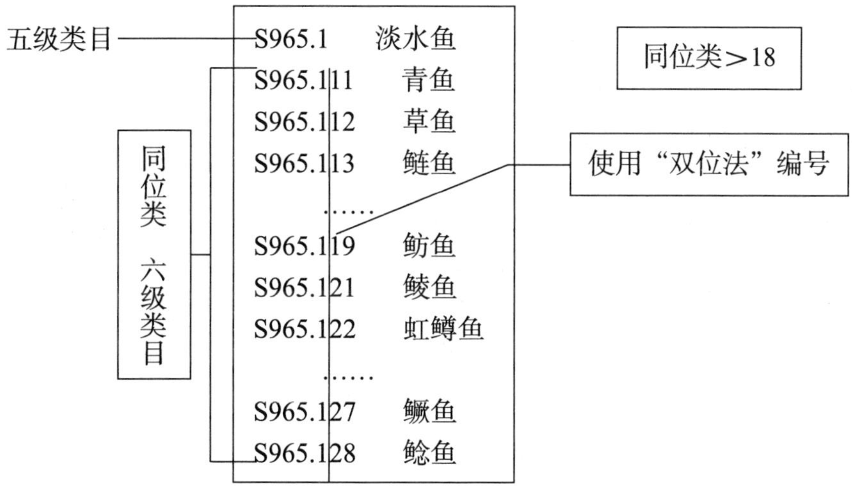

(4)借号法

采用层累制时,为了增加类列的容纳性而采用的借用自身的上位类、下位类或相临类目(同位类)类号的编号法。

①借下位类号:当同位类数量超过9个(但超过不多)时,通常采用其中一个类目的下位类类号(一般是“9”)为其后一个同位类配号。

例1:主表借下位类号。

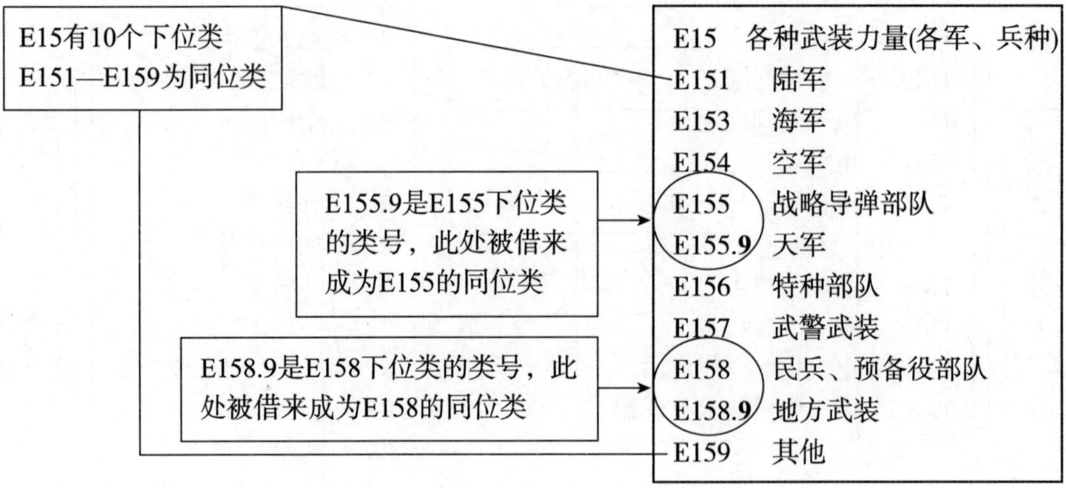

例 2：专类复分表借下位类号。

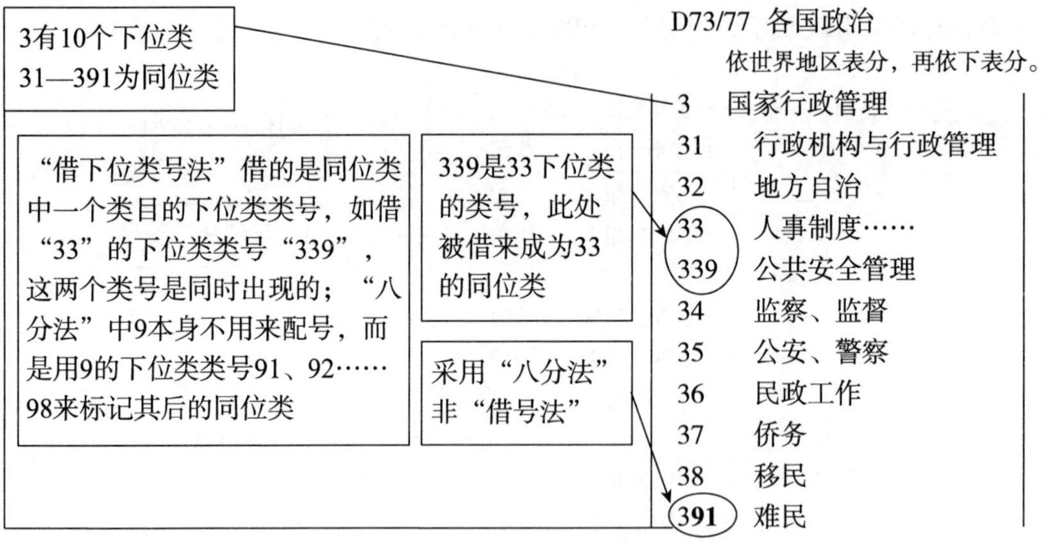

②借上位类号：当同位类数量较少时，为了缩短类号，有时某些下位类会借用与其上位类相邻同位类的类号。

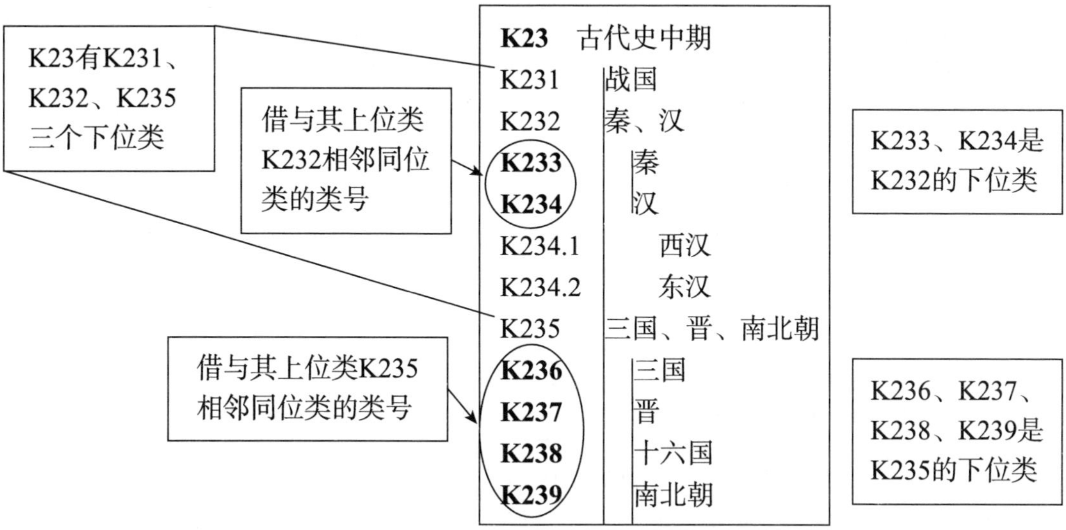

③借同位类号：当某类列的同位类不多，且这些同位类都有较多下位类时，借用与其相邻空余的同位类类号，并将其直接扩展为双位数字，为下位类配号。

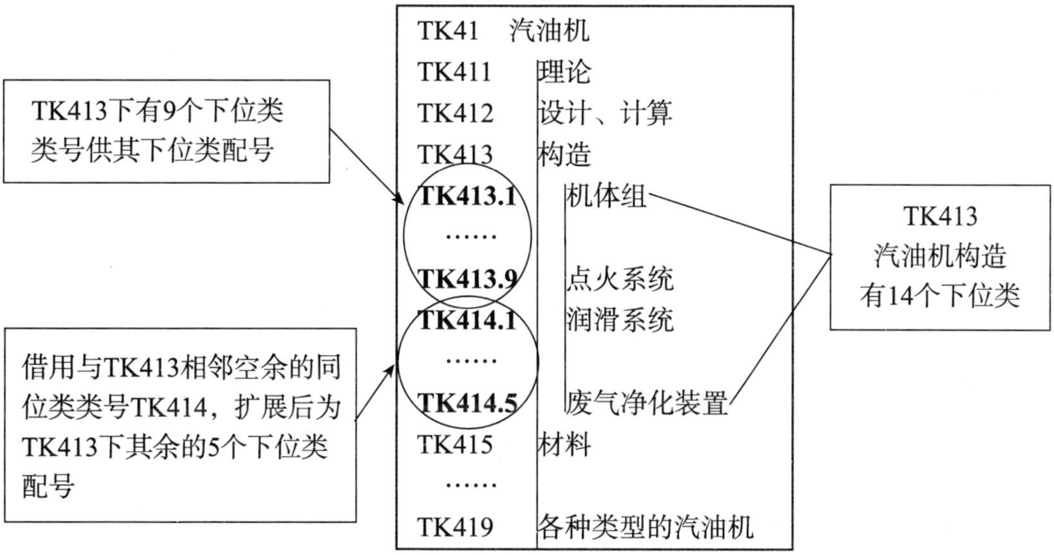

3．统一配号法

在一定范围内对类目中具有相同内涵的要素配以统一的号码。在局部类目体系中，也普遍使用统一配号法。

（1）在哲学、社会科学各类，类号最后一位为“0”一般表示**理论**性类目。

（2）凡涉及国家和地区区分的类目体系，如 B、D、E、I、K 等主表类目以及部分通用复分表类目，通常以“1”表示**世界**，“2”表示**中国**，“3/7”表示**各大洲及各国或地区**。

B0 哲学理论	K0 史学理论	二、世界地区表	三、世界种族与民族表
B1 世界哲学	K1 世界史	1 世界	1 世界种族
B2 中国哲学	K2 中国史	2 中国	2 中国各民族
B3 亚洲哲学	K3 亚洲史	3 亚洲	3 亚洲各民族
……	……	……	……
B7 美洲哲学	K7 美洲史	7 美洲	7 美洲各民族

E0 军事理论	I0 文学理论	J0 艺术理论	D0 政治学、政治理论
E1 世界军事	I1 世界文学	J11 世界艺术	D1 国际共产主义运动
E2 中国军事	I2 中国文学	J12 中国艺术	D2 中国共产党
E3/7 各国军事	I3/7 各国文学	J13/17 各国艺术	D33/37 各国共产党

C829 世界各国统计资料	F1 世界各国经济概况	G259 世界各国图书馆事业
C829.1 世界	F11 世界经济	G259.1 世界
C829.2 中国	F12 中国经济	G259.2 中国
C829.3/.7 各国	F13/17 各国经济	G259.3/.7 各国

F4 工业经济	K810 传记研究与编写	K90 地理学
F41 世界工业经济	K811 世界人物传记	K91 世界地理
F42 中国工业经济	K82 中国人物传记	K92 中国地理
F43/47 各国工业经济	K833/837 各国共产党	K93/97 各国地理

(3)在自然科学各类,类号最后一位为"0"一般表示"**一般性问题**"。

TF0 一般性问题⊗

P20	一般性问题⊗	U260	一般性问题⊗
Q50	一般性问题⊗	V520	一般性问题⊗
S50	一般性问题⊗	X820	一般性问题⊗
X50	一般性问题⊗	X928.0	一般性问题⊗

(4)在工业技术大类,类号最后一位为"1"通常表示基础理论,类号最后一位为"8"通常表示工厂等。

TB2/6 各种机械

可仿下表分。

01	理论
02	设计、计算、制图
……	
08	机械工厂

TJ510	一般性问题⊗
TJ510.1	理论
TJ510.2	设计、计算、制图
……	
TJ510.8	工厂

4. 对应配号法

对于具有相同区分标准或相同类目结构的不同类目，为增强标记符号的助记性，在配号时尽可能使相应部分的号码趋于一致。

例 1：R5 内科学和 R725 小儿内科学、R6 外科学和 R726 小儿外科学这两组类列采用了对应配号法，为了保证其号码的一一对应，同时采用了对应空号法。

R5 内科学	R725 小儿内科学
R51 传染病	R725.1 小儿传染病
R52 结核病	**R725.2 对应性空号**
R53 寄生虫病	R725.3 小儿寄生虫病
R54 心脏、血管疾病	R725.4 小儿心脏、血管疾病
R55 血液及淋巴系疾病	R725.5 小儿血液及淋巴系疾病
R56 呼吸系及胸部疾病	R725.6 小儿呼吸系及胸部疾病
R57 消化系及腹部疾病	R725.7 小儿消化系及腹部疾病
R58 内分泌腺疾病及代谢病	R725.8 小儿内分泌腺疾病及代谢病
R59 全身性疾病	R725.9 小儿全身性疾病
R599 地方病学	

R6 外科学	R726 小儿外科学
R61 外科手术学	R726.1 小儿外科手术学
R62 整形外科学(修复外科学)	R726.2 小儿整形外科学
R63 外科感染	**R726.3 对应性空号**
R64 创伤外科学	**R726.4 对应性空号**
R65 外科学各论	R726.5 小儿各生理系统外科学
R68 骨科学	R726.8 小儿骨科学
R69 泌尿科学	R726.9 小儿泌尿科学

例 2：T/V 各类中，凡涉及工业产品的各种方面性问题时，其列类顺序及配号都大致相同。

TB 感光材料

TB85/858.2 各种摄影机具与设备

资料分类时，TB85/858.2 可依下表分。

01	理论
02	设计、计算、规格
03	结构、零件、装置
04	材料
05	制造用设备
06	制造工艺
07	安装、检验、运行、维修
08	工厂

TE9 石油机械设备与自动化

TE91/978 各种石油机械设备

如有必要，均可依下表分。

01	理论
02	设计、计算、制图
03	结构、零件、装置
04	材料
05	制造用设备
06	制造工艺
07	安装、运行、测试与维修
08	工厂

TF3 冶金机械、冶金生产自动化
TF30 一般性问题⊗
TF301 基础理论
TF302 设计、计算与制图
TF303 结构、零部件
TF304 制造用材料
TF305 制造用设备
TF306 制造工艺
TF307 操作与维修

TH 机械、仪表工业
TH11 机械学（机械设计基础理论）
TH12 机械设计、计算与制图
TH13 机械零件及传动装置
TH14 机械制造用材料
TH15 对应性空号
TH16 机械制造工艺
TH17 机械运行与维修

U26 机车工程
U260 一般性问题⊗
U260.1 机车理论
U260.2 机车设计与计算
U260.3 机车构造
U260.4 机车设备与材料
U260.5 机车仪表
U260.6 机车制造工艺
U260.7 机车装配与检验
U260.8 机车制造厂

V241 航空仪表、航空设备
V241.0 一般性问题⊗
V241.01 基础理论
V241.02 设计、计算、制图
V241.03 结构
V241.04 材料
V241.05 制造、装配
V241.06 试验与试验设备
V241.07 使用、维修、保养
V241.08 对应性空号

第二讲 组配技术

《中图法》的组配技术是指利用分类法中已有类目的号码，按照一定规则组配成复合类号，用以表达类表中未设置的专指类目，一般用于类目复分、类目仿分。

一、类目复分

1. 用通用复分表对类目进行复分

通用复分表附在主表之后，对主表中具有共性的类目起复分作用，不能用来单独类分文献，必须结合主要类目使用。

(1)总论复分表

①主表中各级类目下不论是否有"依总论复分表分"的注释，均可依"总论复分表"复分。组号方法为：

主表类号 + 总论复分符号" - " + 总论复分号。

例 1:《中国文化大百科全书》 G12 - 61

例 2:《中外建筑史》 TU - 09

B2 中国哲学
中国哲学史入此。
B83 美学
依总论复分表分。
D8 外交、国际关系
G1 世界各国文化与文化事业
G11 世界
G12 中国
G63 中等教育
G632.474 考试
G632.479 试题与题解
TU 建筑科学

②主表中已有与"总论复分表"列类一致的类目(如 C、N)，或类目下有列类一致的专类复分表或供仿分的类目，或类目下有相关人类注释，均为列有专类的情况，不再使用"总论复分表"复分。

一、总 论 复 分 表
-03 方法论
-09 历史
-4 教育与普及
-44 习题、试题及题解
-5 丛书、文集、连续出版物
-53 论文集
-61 名词术语、辞典、百科全书(类书)
-62 手册、名录、指南、一览表、年表

C 社会科学总论
C03 科学的方法论
C09 社会科学史
C4 社会科学教育与普及
C44 习题、试题及题解
C5 社会科学丛书、文集、连续出版物
C53 论文集
C61 名词术语、辞典、百科全书(类书)
C62 手册、名录、指南、一览表、年表

H3 常用外国语
H31 英语
H313 语义、语用、词汇、词义
H316 词典

H32/37 各种常用外国语
均可仿H31分。
H32 法语

N 自然科学总论
N03 科学的方法论
N09 自然科学史
N4 自然科学教育与普及
N44 习题、试题及题解
N5 自然科学丛书、文集、连续出版物
N53 论文集
N61 名词术语、辞典、百科全书(类书)
N62 手册、名录、指南、一览表、年表

例 3:《中等教育试题选》

√G632.479　　×G632.474-44

例 4:《中国哲学史》

√B2　　×B2-09

例 5:《中国经济史研究》

√F129　　×F12-09

F12　中国经济
F129　中国经济史
F13/17 各国经济
依世界地区表分，再依下表分。
……
9　经济史

例 6:《美国经济史》　√F171.29　×F171.2-09

例 7:《英语词典》　√H316　×H31-61

例 8:《法语词典》　√H326　×H32-61

例 9:《社会科学辞典》　√C61　×C6-61

例 10:《1992 年度国家自然科学基金项目指南》　√N62　×N6-62

③具有"总论复分表"中两种以上特征的文献,只可选择其中主要的一种形式特征加以复分,不能在同一个类号中同时使用两个总论复分表的号码;若不易区分主次时,按编列在前的形式特征复分。

例 11:《美学研究方法论文集》　√B83-03　×B83-03-53

例 12:《外交名词手册》　√D8-61　×D8-61-62

④"总论复分表"中的"[-7]　文献检索工具"是 Z88、Z89 的交替类目,如启用 Z88、Z89 类,则不用此号复分。

⑤"总论复分表"中的"-8　通用概念"是《中国分类主题词表》的通用概念对应类目,不用于类分文献。

(2)世界地区表

①凡主表、专类复分表、总论复分表中注明"依世界地区表分"时,可直接使用本表复分。组号方法:主类号+世界地区复分号。

例 1:《法国雕塑艺术史》J309.565

J30　雕塑理论
J309　雕塑艺术史
依世界地区表分。

G64　高等教育
G649　世界各国
G649.3/.7　各国
依世界地区表分。

F29 城市经济
F299　世界各国城市经济
F299.3/.7 各国
依世界地区表分。

二、世界地区表

3　亚洲
31　东亚
312　朝鲜
312.6　韩国
313　日本
33　东南亚
339　新加坡
5　欧洲
51　东欧、中欧
516　德国
56　西欧
561　英国
564　比利时
565　法国
7　美洲
71　北美洲
712　美国

②主表常以“3/7”表示世界地区表子类涉及的范围，并在其下注明“依世界地区表分”。在依“世界地区表”复分时，要去掉相应地区子目的重号“3/7”。

例 2:《新加坡高等院校人文素质教育研究》√G649.339　　× G649.333.9

例 3:《美国的市政经济》√F299.712　　× F299.371.2　　× F299.771.2

③主表类目下无“依世界地区表分”的注释，但又可进行国家或地区复分时，将依“世界地区表”复分所取的号码写入国家、地区区分号“(　)”内并置于分类号的最后。

TS97　生活服务技术
TS971.2　饮食文化
TS971.21　茶文化与茶艺

例 4:《多维视角下的英国茶文化研究》TS971.21(561)

④主表中已有涉及国家或地区的专类，不再依“世界地区表”复分。

B5　欧洲哲学
B51/56　欧洲各国哲学
依世界地区表分。
B516　德国哲学

例 5:《德国哲学》　√B516　　× B551.6

⑤凡使用“世界地区表”中“洲”“地区”等概括性地区号码(上位类)复分后，还需再依其他标准进行细分的，必须先在概括性地区号码后加“0”后再进行细分，以便与该地区所属国家号码区别开来。

I1　世界文学
I14　小说集
I3/7　各国文学
依世界地区表分，再依下表分。
09　文学史、文学思想史
095　现代
4　小说
仿 09 分。
5　报告文学
仿 09 分。

例 6:《西欧现代小说选》　√I560.45　　× I564.5

例 7:《比利时报告文学选》　　I564.5

说明:“世界地区表”中类目“西欧”有 6 个下位类，如入“西欧”后还需再依其他标准细分时不先加“0”，可能会与入其下位类的文献(内容主题不同)重号。本例如入“西欧”后不加“0”，直接依专类复分表复分、仿分，则会与例 7 中文献重号。

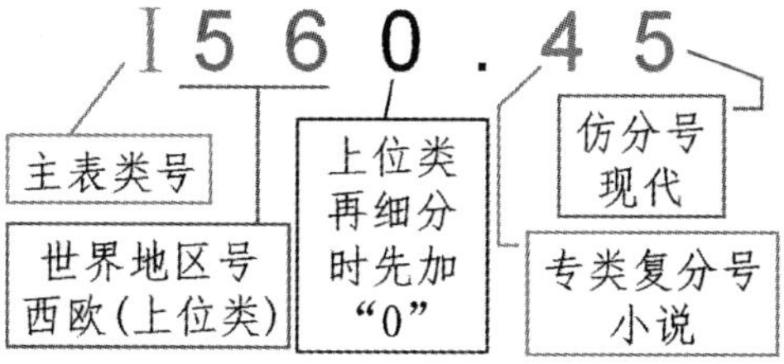

⑥总论世界或同时涉及两个及以上不同洲国家的著作入“世界”；涉及一洲或一个地区多个国家的著作入该洲或地区。如需要，可同时为不同洲或国家做互见分类。

例 8:《欧美小说集》　　I14(排架号)

例 9:《日韩小说选》

690 ## @aI310.4@v5

690 ## @aI313.4@v5

690 ## @aI312.64@v5

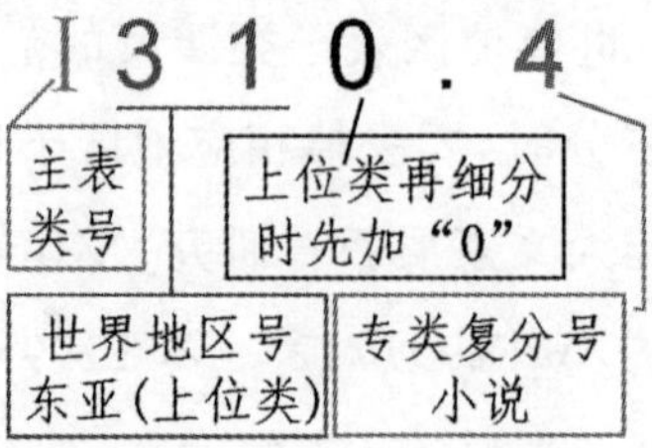

(3)中国地区表

①凡主表、专类复分表、总论复分表中注明“依中国地区表分”时,可直接使用本表复分。组号方法:主类号 + 中国地区复分号。

例 1:《藏与用:山西省图书馆的收藏与利用》 G259.272.5

G259 世界各国图书馆事业
G259.2 中国
G259.27 地方图书馆事业
依中国地区表分。

二、中国地区表
1 省人民政府所在地
3 中央直辖市属各区、地级市
4 各县、县级市
1 北京市
2 华北地区
21 天津市
25 山西省
5 华东地区
53 江苏省
55 浙江省
6 中南地区
61 河南省
67 广西壮族自治区

②主表常以“1/7”表示中国地区表子类涉及的范围,并在其下注明“依中国地区表分”。在依“中国地区表”复分时,要去掉相应地区子目的重号“1/7”。

I2 中国文学
I27 民间文学
I277 当代作品(1949~)
I277.2 民间歌谣
I277.21/.27 各地方歌谣
依中国地区表分。

例 2:《天津民歌选》 I277.221

③主表类目下无“依中国地区表分”的注释,但又可进行地区复分时,须先取“世界地区表”中表示中国的地区号“2”,再用“中国地区表”复分。将取好的复分号写入国家、地区区分号“( )”内并置于分类号的最后。

例 3:《河南小麦育种经验》 × S512.103(61)

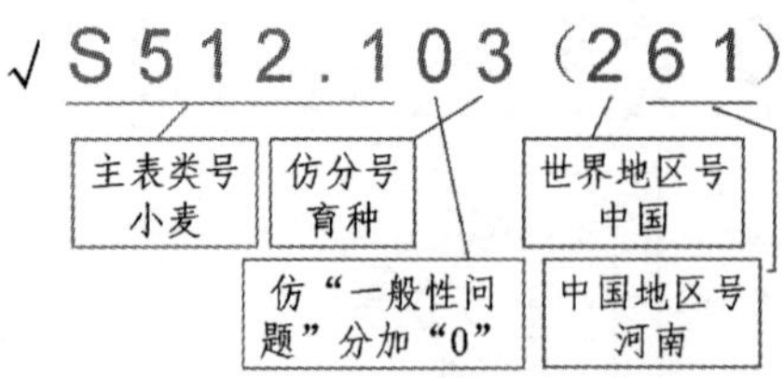

S5 农作物
S50 一般性问题[⊗]
S503 遗传育种和良种繁育

S51/59 各种农作物
均可仿 S50 分。
S51 禾谷类作物[9]
S512 麦[9]
S512.1 小麦[9]

④主表中已有涉及中国国家或地区的专类,不再依“中国地区表”复分。

P941 世界自然地理
P941.7 自然区域
P941.73 沙漠区、荒漠区
P942 中国自然地理
依中国地区表分,再仿 P941分。

⑤凡使用“中国地区表”中“地区”等概括性地区号码(上位类)复分后,还需再依其他标准进行细分的,必须先在概括性地区号码后加“0”后再进行细分,

以便与该地区所属省、直辖市、自治区号码区别开来。

例 4:《华北沙漠区域地理》　✕ P942.273

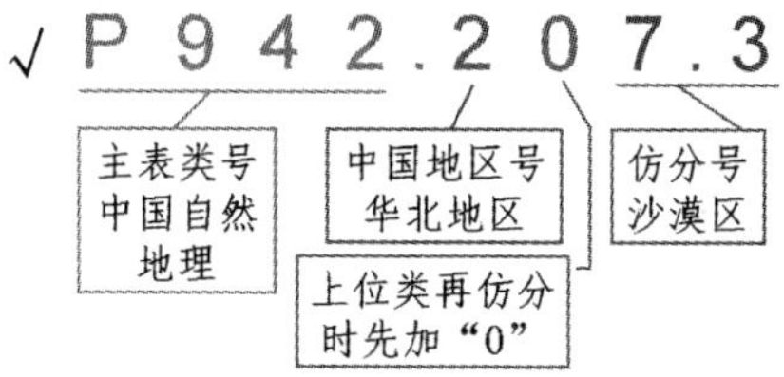

说明:“中国地区表”中类目“华北地区”有 8 个下位类(含 4 个交替类目),如入“华北地区”后还需再依其他标准细分时不先加“0”,可能会与入其下位类的文献(内容主题不同)重号。本例如入“华北地区”后不加“0”直接仿 P941 分,则有可能与论述“绥远省(1928 ~ 1954)”的相关文献重号。

⑥同时涉及两个及以上不同地区的著作入“中国”;涉及某一地区多个省、直辖市、自治区的著作入该地区。如需要,可同时为不同省、直辖市、自治区做互见分类。

例 5:《浙菜系列》TS972.182.55

例 6:《江浙菜》

690 ## @aTS972.182.5@v5

690 ## @aTS972.182.53@v5

690 ## @aTS972.182.55@v5

> TS972.18　世界各国食谱、菜谱
> TS972.182　中国食谱、菜谱
> 依中国地区表分。

⑦“中国地区表”设置了一个专类复分表,供各省、直辖市、自治区进一步细分时使用。

例 7:《南宁市歌谣》　I277.267.1

说明:南宁市是广西的省会城市。

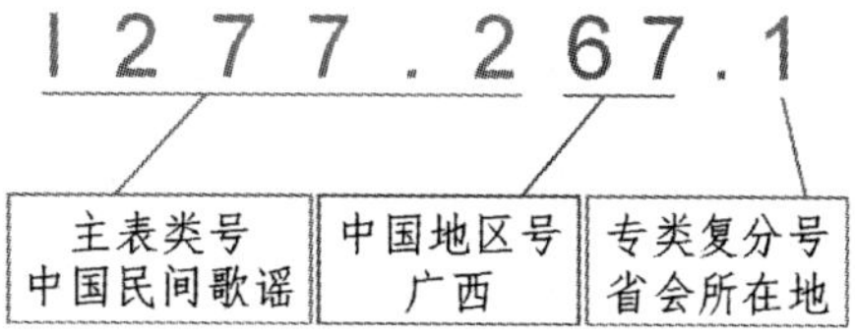

例 8:《全州县歌谣集》　I277.267.4

说明:全州县是广西桂林市所辖县。

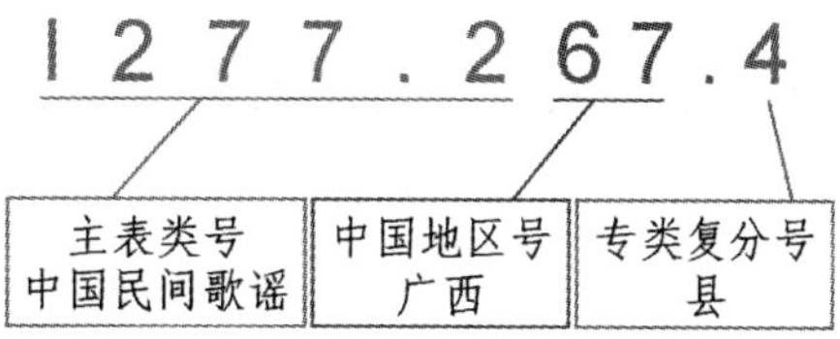

(4)国际时代表、中国时代表

①凡主表、专类复分表、总论复分表中注明“依国际时代表分”或“依中国时代表分”时,可直接使用相关复分表复分。组号方法:主类号 + 国际时代(中国时代)复分号。

例 1:《世界中世纪经济史》 F119.3

例 2:《清代财政史论稿》 F812.949

F11 世界经济、国际经济关系
F119 世界经济史
依国际时代表分。
F812 中国财政
F812.9 财政史
依中国时代表分。

五、中国时代表
3 秦、汉至南北朝
4 隋、唐至清前期
47 元
48 明
49 清前期
5 近代

②主表常以“1/7”表示国际时代表、中国时代子类涉及的范围,并在其下注明“依国际时代表分”或“依中国时代表分”。在依“国际时代表”或“中国时代表”复分时,要去掉相应地区子目的重号“1/7”。

K29 地方史志
K290 方志学
K290.1/.7 各代总志
依中国时代表分。

四、国际时代表
1 上古
2 古代
3 中世纪
4 近代
5 现代
6 21 世纪

例 3:《元一统志》 K290.47

D6 中国政治
D62 政治制度与国家机构
D621 政治制度
D69 政治制度史
D691 清、清以前政治
D691.2 政治制度、国家行政管理
D691.22 国家行政管理

TH7 仪器、仪表
TH71 计量仪器
TH711 长度计量仪器

③主表类目下无“依国际时代表分”或“依中国时代表分”的注释,但又可进行时代复分时,将取好的复分号写在时代区分号“ = ”后。

例 4:《古代长度计量仪》 TH711 =2

④主表中已有涉及时代的专类,不再依“国际时代表”或“中国时代表”复分。

I2 中国文学
I207 各体文学评论和研究
I207.4 小说
I207.41 古代、近代小说

例 5:《元明清西南边疆特殊政区研究》

√D691.22 × D621 =4

例 6:《新闻传播与近代小说之转型》

√I207.41 × I207.4 =5

⑤凡使用“国际时代表”或“中国时代表”中“时代”等概括性时代号码(上位类)复分后,还需再依其他标准进行细分的,必须先在概括性时代号码后加“0”后再进行细分。

⑥除人物传记和跨时代的作家作品集外,凡涉及时代表中两个时代的文献,均归入前一个时代;凡涉及3个及以上时代时应以其概括时代号码复分。如需要,可同时为不同时代做互见分类。

TS6 木材加工工业、家具制造工业
TS66 各种制品
TS666 家具
TS666.2 中国家具
TS666.20 中国各时代家具
依中国时代表分。

例 7:《石韵恪雅:中国明清家具鉴赏》

690 ## @aTS666.204.8@v5

690 ## @aTS666.204.9@v5

⑦跨时期作家的作品集在依时代复分表复分时，应依据后一时代取号；社会政治人物在依时代复分表复分时，应依据其主要活动时期或卒年的时代取号。

（5）世界种族与民族表、中国民族表

①凡主表中注明“依世界种族与民族表分”或“依中国民族表分”时，可直接使用相关复分表复分。组号方法：主类号 + 世界种族与民族（中国民族）复分号。

K89　风俗习惯
K892　中国风俗习惯
K892.3　民族民俗习惯总志
　　依中国民族表分。

TS941　服装工业
TS941.7　各种服饰制品
TS941.74　各种服装：按国家分
TS941.742　中国服装
TS941.742.8　中国民族服装
　　如有必要，可依中国民族表分。

六、世界种族与民族表
1　世界种族
2　中国各民族
3　亚洲各民族
4　非洲各民族
5　欧洲各民族

七、中国民族表
11　汉族
14　藏族
16　苗族
18　壮族（僮族）
36　哈萨克族

例1：《哈萨克族》（中国少数民族风情游丛书）　K892.336

例2：《苗族妇女服装研究》　TS941.742.816

②主表常以“1/8”表示世界种族与民族、中国民族子类涉及的范围，并在其下注明“依世界种族与民族表分”或“依中国民族表”。在依“世界种族与民族表”或“中国民族表”复分时，要去掉相应地区子目的重号“1/8”。

K28　民族史志
K281/288　各民族史志
　　依中国民族表分。

例3：《壮族》　K281.8

②主表类目下无“依世界种族与民族表分”的注释，但又可进行民族复分时，将取好的复分号写入民族、种族区分号双引号““””内并置于分类号的最后。主表类目下无“依中国民族表分”的注释，但又需要使用“中国民族表”复分时，须先用“世界种族与民族表”中表示中国各民族的号码“2”，再用“中国民族表”复分。

TU-88　建筑艺术图集
TU-882　各式建筑艺术图集
　　民族建筑艺术图集入此。

例4：《西藏民族建筑艺术图集》TU－882“214”

（6）通用时间、地点和环境、人员表

本表主要用于资料的复分，使用本表所取的号均需写入通用时间、地点和环境、人员区分符号“<　>”之内并置于分类号的最后。组号方法：主类号 + 通用时间、地点和环境、人员区分符号 + 通用时间、地点和环境、人员区分号。

例:《美国冬季军事训练》 E712.3 **<114>**

> 八、通用时间、地点和环境、人员表
> 1 通用时间
> 11 季度

> E3/7 各国军事
> 依世界地区表分，再依下表分。
> 0 军事政策
> 3 军事教育和训练

2. 用专类复分表对类目进行复分

专类复分表主要插编于主表类目之间,专供具有专类共性的特定类目进一步复分,不能脱离主表单独类分文献,必须结合主要类目使用。

专类复分表的标记符号采用单纯的阿拉伯数字,N/X 各类的专类复分号前一律冠“0”。

专类复分表两侧用黑体竖线标记。

(1)专类复分表按注释规定范围使用。组号方法为:主表类号 + 专类复分号。

例:《乒乓球实战技巧》

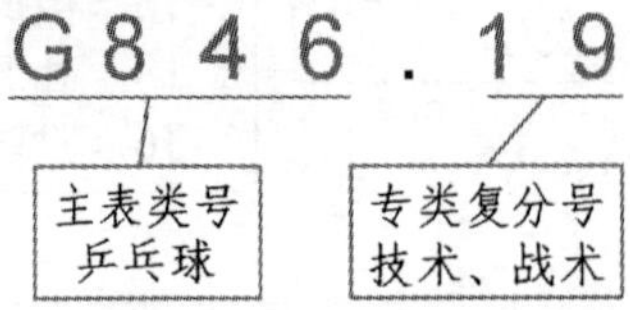

> G82/89 各项体育运动
> 均可依下表分。
> 1 理论、方法
> 19 基本技术、基本战术
> 2 教学、训练
>
> G83 体操运动⑨
> G834 艺术体操⑨
> G834.1 徒手艺术体操⑨
> G834.2 轻机械体操⑨
> G84 球类运动⑨
> G846 乒乓球⑨

(2)专类复分表与有关通用复分表结合使用时,应按注释规定的使用范围和次序进行复分。

例:《美国经济史》

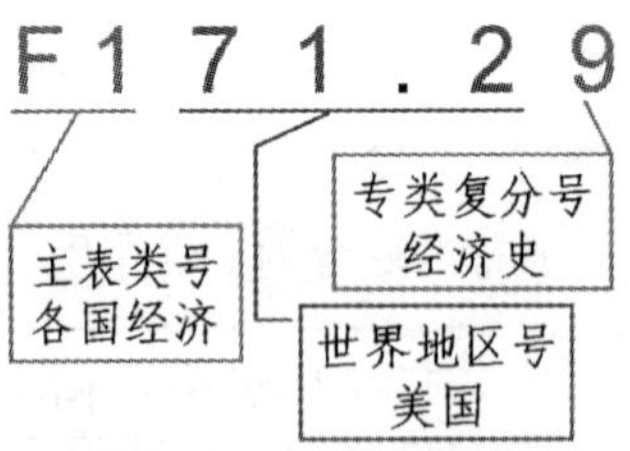

> F12 中国经济
> F129 中国经济史
> F13/17 各国经济
> 依世界地区表分，再依下表分。
> ……
> 9 经济史

(3)主表中社会科学各类,凡属上位类依专类复分表复分的,应先加“0”后再复分。本规定仅限于严格采用层累制编号的类目。

例:《艺术体操教练员培训教程》 × G834.2

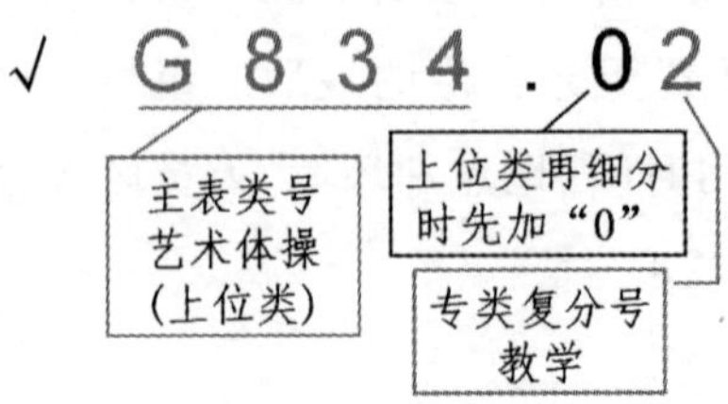

说明："G834 艺术体操"类目有 2 个下位类，进一步细分时需先加"0"，否则就可能会与论述"轻机械体操"的文献重号。

（4）如采用"借号法"编列的类目，属上位类依专类复分表复分时，因不会发生与入其下位类的文献重号现象，可不加"0"。

例1：《石门石刻大全》（石门石刻作品）

× K877.42

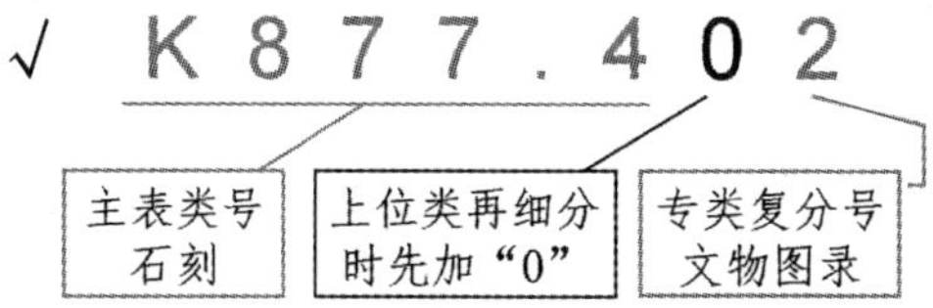

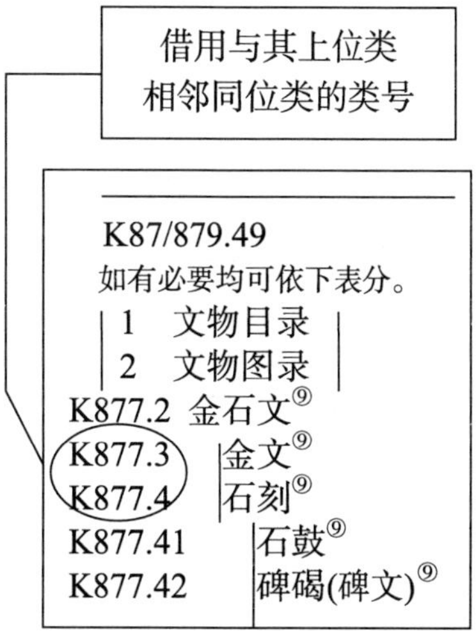

说明："K877.4 石刻"类目有 6 个下位类，且此类列的类号严格采用层累制编号，上位类进一步细分时需先加"0"，否则就可能会与入其下位类的文献（内容主题不同，如例 6 中文献）重号。

例 2：《中国金石文图录》　× K877.202

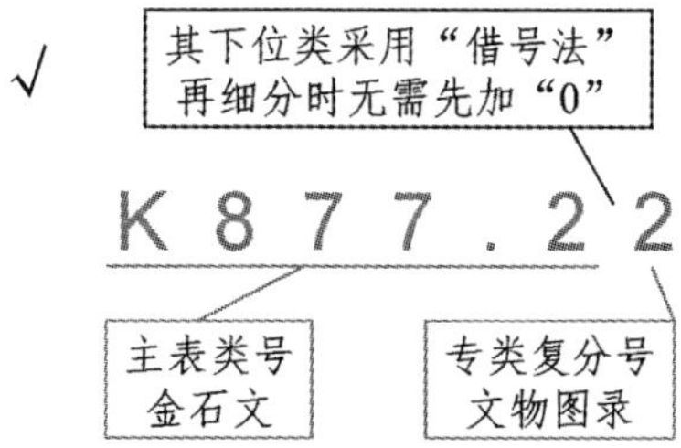

说明："K877.2 金石文"有 2 个下位类，但其下位类"K877.3 金文""K877.4 石刻"采用了"借上位类号法"编号，因此本例中文献在依专类复分表进一步复分时无需先加"0"再复分。

例 3：《三国碑述》　　K877.42

说明：本例有专类，无需复分。

（5）主表中自然科学各类的专类复分表类号前已经冠有"0"，在依专类复分表复分时，不管类目是否有下位类，均不需重复加"0"，直接将专类复分号加在主类号后即可。

例 1:《杉木无性系育种和良种繁殖新技术》

× S791.270.04

√

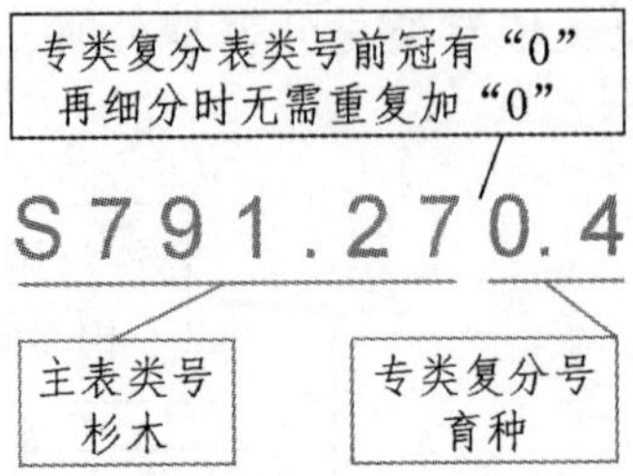

例 2:《中国冷杉造林技术》 × S791.140.05

√

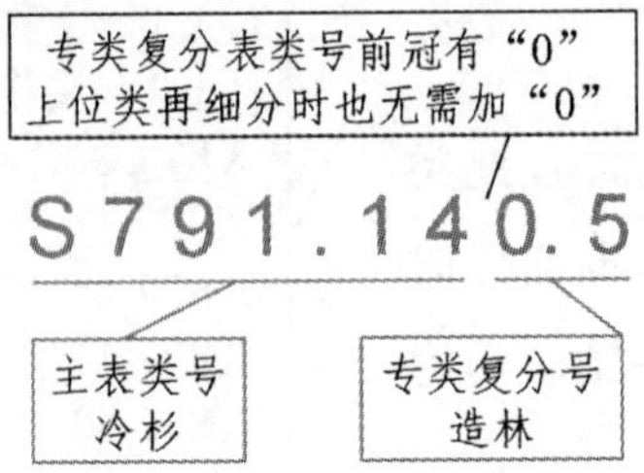

S791/796 各种森林树种

可依下表分。

| 04 育种、引种 |
| 05 育苗、造林 |

S79 森林树种⑨

S791 针叶树类⑨

S791.11 苏铁⑨

S791.14 冷杉⑨

S791.143 紫果冷杉⑨

S791.27 杉木⑨

采用“双位法”编号

二、类目仿分

类目仿分是利用临近的相似或相关类目的子目,作为有关类目进一步区分的依据,具有与复分表相似的作用。

1. 仿邻近类目分

在一组相邻近的类目下出现共性区分的问题时,一般在前面出现的类目下详列子目,另在后面需要按照相同标准进行细分的类目下注明“仿……分”。

例 1:《牛津袖珍英语语法》 H314

说明:有专类入专类。

例 2:《实用法语语法详解与练习》

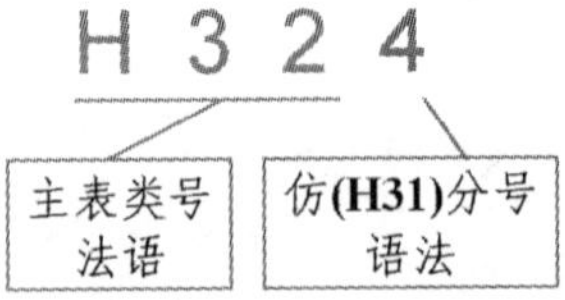

说明:“H31/37”类目的子目都是按照同一标准列类,根据注释要求仿分。

H31 英语
H311 语音
H314 语法
H316 词典
H319 英语教学

H32/37 各种常用外国语
均可仿H31分。
H32 法语⑨
H33 德语⑨

例 3:《俄国历史地图》 K995.126

K99 地图
K991 世界
K992 中国
K992.6 历史地图
依中国时代表分。
K993/997 各国
依世界地区表分,
再仿K992分。

2. 仿总论性类目分

（1）在类列中，将有共性问题的类目概括为“理论”“通论”“世界”等总论性类目（类号的最后1个号码一般为“0”），而在其他各类目下注明“仿分”。注意类目下仿分注释中的加“0”规定。

K20　通史
K204　古代史籍
K204.3　编年
K205　历史事件

K21/27 中国各代史
均可仿K20分，仿分时一律冠“0”。
K21　上古史⑨
K27　中华人民共和国时期⑨

例1：《新中国成立以来重大历史事件回顾与思考》

× K275

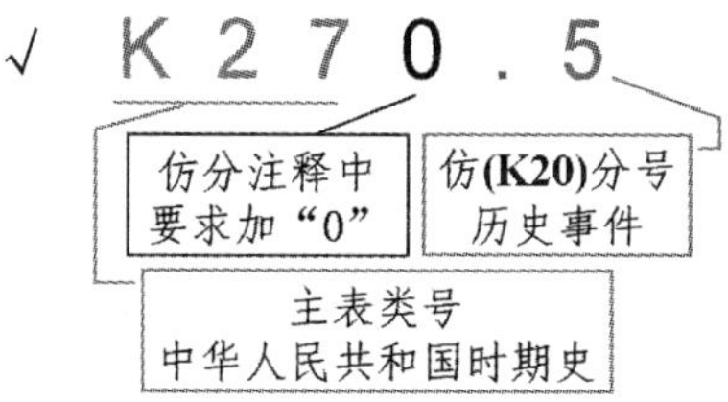

例2：《当代中国编年史：1949.10—2004.10》

× K274.3

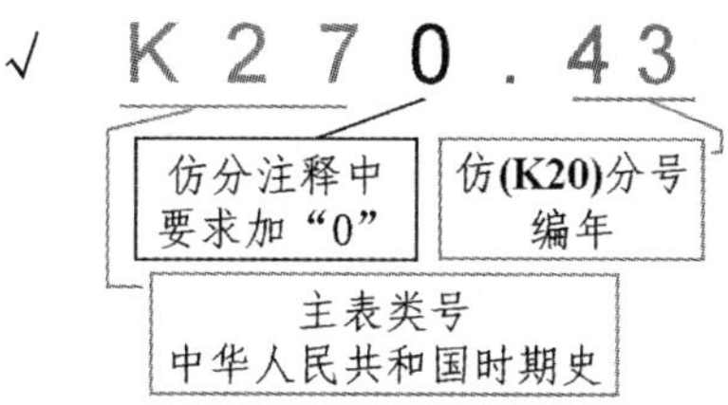

例3：《现代汽车工业投资经济》

F40 工业经济理论
F401　工业经济结构与体制
F403　工业建设与发展
F403.5　工业投资
F405　工业品销售与市场

F407.1/.9 各工业部门经济
如有必要可仿F401/406分。
F407.4　金属加工、机械工业⑨
F407.47　交通运输机械工业⑨
F407.471　汽车⑨

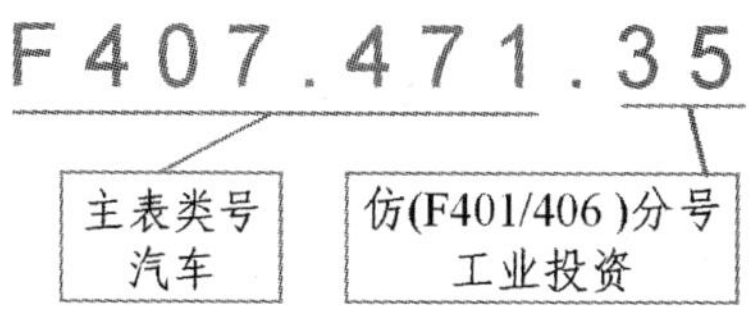

例4：《汽车售后服务企业经营与管理》

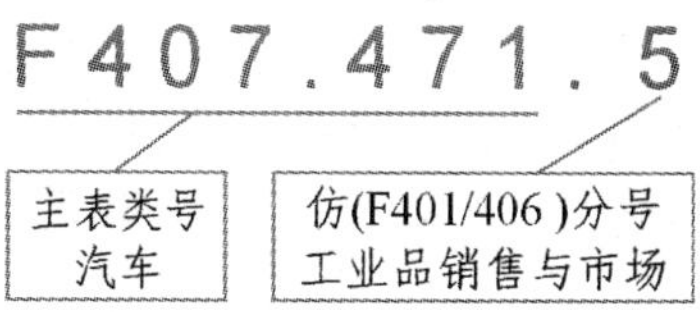

（2）上、下级类目中均出现有共性问题，则在上一级类目下列出共性类目，在下级类目下注明“仿分”。

例1：《钢的等温退火》

TG161.2

说明:仿邻近类目分。

例 2:《钛和钛合金淬火质量检查》

TG166.536

说明:“TG156”“TG166”为类列中的同位类,“TG166.5”为“TG166”的下位类。

TG156 热处理工艺
TG156.2 退火
TG156.3 淬火
TG156.36 淬火质量检查
TG161 钢的热处理
仿TG156分。
TG166 有色金属及其合金的热处理

TG166.2/.9 各种有色金属及其合金的热处理
可仿TG156分。
TG166.5 钛及其合金的热处理

3. 仿“一般性问题”类目分

对类目下的一组具有总论性和通用复分性的问题,《中图法》通常设置“一般性问题⊗”类目加以概括。“一般性问题⊗”类目只起仿分概括说明作用,不用于类分文献,依学科属性归入“一般性问题⊗”类目的文献归入其最直接的上位类。

(1)主表中的类目仿“一般性问题⊗”类目分时,一般要在仿分号前加“0”。

例 1:《生产经营企业事故预防、处理与分析》

√ X928　　× X928.0

说明:“X928.0”类名是“一般性问题⊗”,不用于类分文献。

例 2:《人身触电事故处理》　　× X928.2**2**

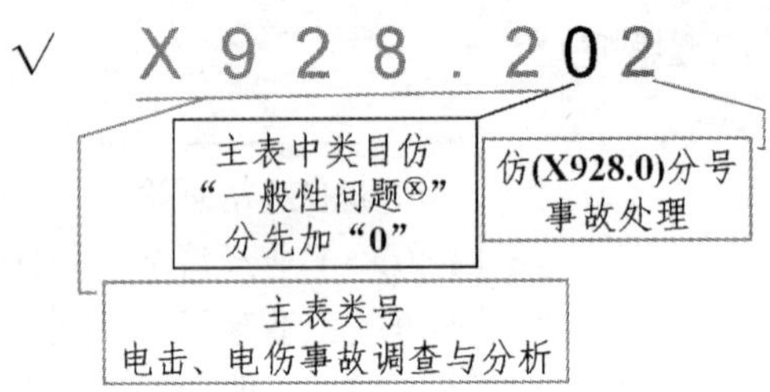

X92 安全管理
X928 事故调查与分析
X928.0 一般性问题⊗
X928.02 事故处理
X928.03 事故预防与预测

X928.1/.9 各种事故调查与分析
可仿X928.0分。
X928.2 电击、电伤事故⑨

(2)“一般性问题”类目仿“一般性问题”类目分时(实际就是临近类目仿分),仿分前无需加“0”,直接将仿分号码加在有关类目之后。

例 1:《钢铸件的缺陷及预防》　TG260.**6**

例 2:《有色金属铸件缺陷防止法》　TG290.**6**

(3)主表中的类目仿“一般性问题”类目所属子目分时,仿分号前无需加“0”,直接将仿分号码加在有关类目之后。

TG25 铸铁件铸造
TG250 一般性问题⊗
TG250.6 铸件的缺陷原因及缺陷预防
TG26 钢件铸造
TG260 一般性问题⊗
仿TG250分。
TG29 有色金属铸造
TG290 一般性问题⊗
仿TG250分。

例:《棉布漂练》 TS192.741

TS19 染整工业
TS190 一般性问题ⓧ
TS190.6 各种纤维及其制品的染整
TS190.64 机织物染整
TS190.641 棉织物染整
TS192 练漂
TS192.7 各种纤维及其制品的练漂
仿TS190.6分。

4. 越级仿分

不按照类目注释要求的次序依次进行细分,而是跨越规定的某一层次,直接依下一个标准复分或仿分时,须在该复分号或仿分号前加“0”,以保证类目展开的逻辑次序。

E2 中国军事
E27 各种武装力量(各军、兵种)
E270 合成部队
E270.1 方面军、集团军
E270.4 团
E270.6 连

E271/277 各军兵种
先仿E270分,再依下表分。
4 战术
41 进攻与防御
9 战例、战史
E271 陆军⑨⑨
E271.1 步兵⑨⑨
E271.6 工程兵⑨⑨

例 1:《中国工程兵连》

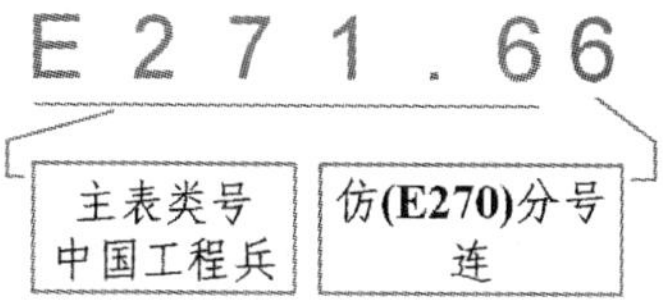

说明:严格按类目注释要求先仿分,无需加“0”。

例 2:《中国步兵连的进攻与防御》

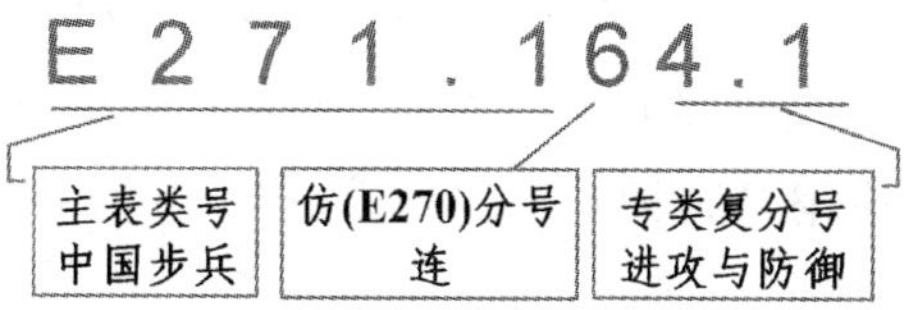

说明:严格按类目注释要求先仿分再复分,无需加“0”。

例 3:《中国工程兵的战斗保障》

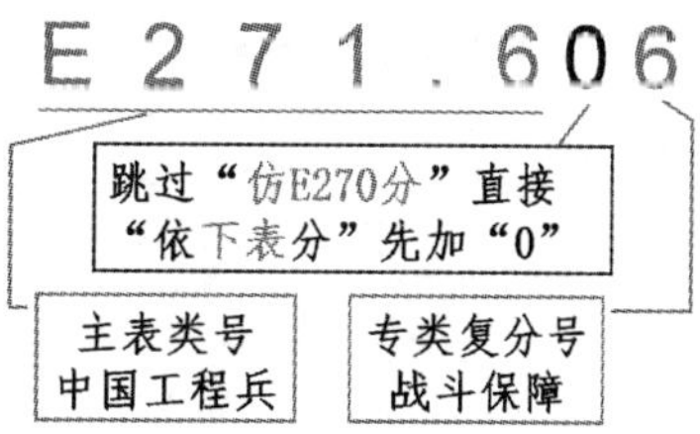

说明:未按类目注释要求依次进行仿分、复分,而是跳过仿分直接复分,则复分前需先加“0”。否则,会与上例《中国工程兵连》重号。

例 4:《中国陆军战史》

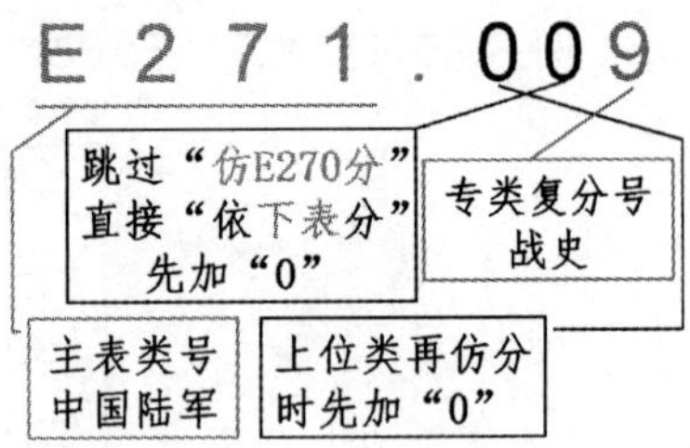

说明:本例中加了 2 个“0”,表示同时涉及上位类仿分加“0”和越级仿分加“0”的情况。即:主表中类目凡属上位类依注释要求进一步仿分的,应先前加“0”再仿分;未按类目注释要求依次进行仿分、复分,而是跳过仿分直接复分的,则复分前需先加“0”。

5. 主表类目属上位类进一步仿分

例 1:《个人计算机逻辑设计》

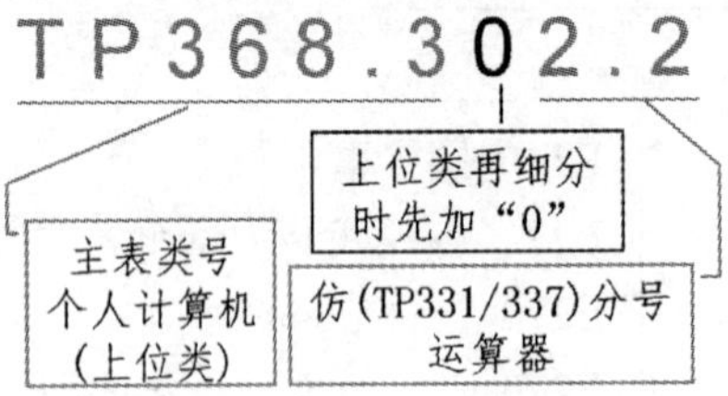

说明:主表中类目凡属上位类依注释要求进一步仿分的,应先前加“0”再仿分。

例 2:《个人计算机存贮器的性能分析》

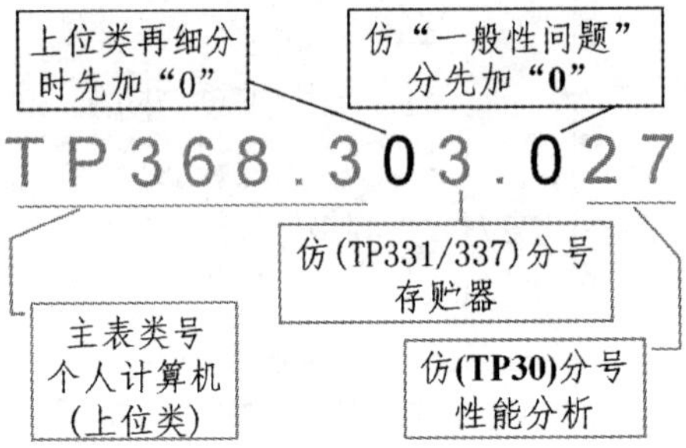

TP3 计算技术、计算机技术
TP30 一般性问题⊗
TP302 设计与性能分析
TP302.7 性能分析、功能分析
TP306 调整、测试、校验、检修、维护
TP306.3 故障诊断与排除
TP33 电子数字计算机⑨
TP332 运算器与控制器(CPU)⑨
TP332.2 运算器⑨
TP333 存贮器⑨
TP36 微型计算机⑨
仿TP331/337分,必要时再仿TP30分。
TP368 各种微型计算机⑨

TP368.1/.6(类目复分仿分规定)
以下各类可仿TP331/337分,必要时再仿TP30分。
TP368.3 个人计算机⑨⑨⑨
TP368.32 笔记本计算机⑨⑨⑨

说明:主表中类目凡属上位类依注释要求进一步仿分的,应先前加“0”再仿分;主表中类目仿“一般性问题⊗”类目分时,一般要在仿分号前加“0”。

例 3:《笔记本电脑的使用与维护》

TP368.320.6

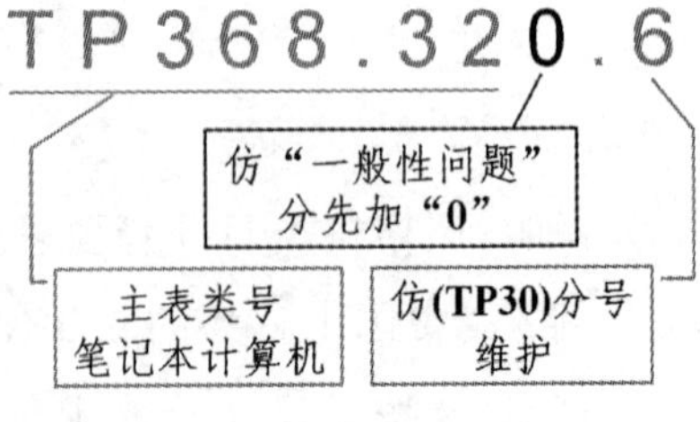

说明:同时涉及越级仿分和仿“一般性问题”分时,只加 1 个“0”。

例 4:《巧学活用电脑维护 108 问》

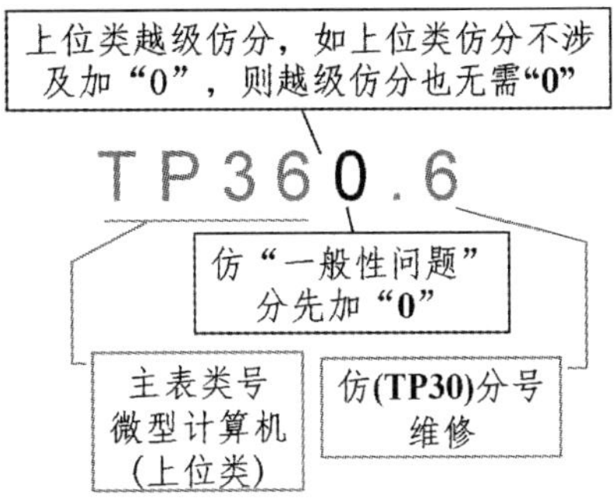

说明:本例属上位类越级仿分情况,如上位类进一步仿分时不会发生与入其下位类的文献重号现象,越级仿分也不会发生与前一仿分号重号现象,此时,也无需先加“0”再仿分。

6. 仿分依据的转换

凡属“各国”仿“中国”分的类目,并同时涉及时代复分的,应将“依中国时代表分”改换成“依国际时代表分”;凡属“各国”仿“中国”分的类目,并同时涉及民族复分的,应将“依中国民族表分”改换成“依世界种族与民族表分”。

K82　中国人物传记
K825　　人物传记：按学科分

K825.1/828(特殊分类规定)
如有必要，可依中国时代表分，并用“=”加以标识。
K825.1　　哲学、社会科学⑤
K826.1　　自然科学、工程技术⑤
K827　　社会政治人物⑤
K828　　社会各界政治人物⑤
K828.7　　　民族人物⑤
依中国民族表分。
K833/837 各国人物传记
依世界地区表分，再仿K82分。

例 1:《克林顿传》

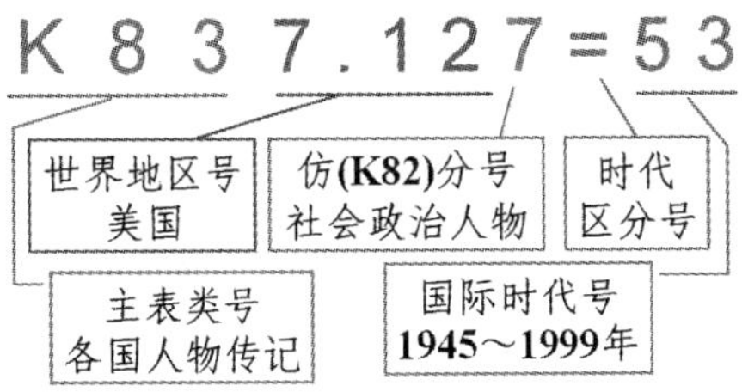

说明:“依世界地区表”分后再“依中国时代表分”时,应将“依中国时代表分”转换为“依国际时代表分”。

四、国际时代表
5　现代（1917年～）
53　　第二次世界大战以后时期至20世纪末(1945～1999年)

例 2:《美国犹太人传记》

六、世界种族与民族表
3　亚洲各民族
37　　西亚各民族
371　　　阿拉伯人
382　　　犹太人
借同位类号

说明:“依世界地区表”分后再“依中国民族表分”时,应将“依中国民族表分”转换为“依世界种族与民族表分”。

三、复分、仿分中加“0”规则总结

序号	加“0”的情况 主表类号 +0 + 复分号或仿分号	不加“0”的情况 主表类号 + 复分号或仿分号
1	主表中类目依世界地区表、中国地区表、国际时代表、中国时代表中的上位类目复分后,如果再依其他标准进行复分或仿分时,先加“0”再复分或仿分	凡采用“借上位类号法”编列的类目,其中属上位类再依其他标准进行复分或仿分时,无需先加“0”
2	主表中社会科学类目凡属上位类依专类复分表复分时,先加“0”再复分	主表中自然科学类目凡属上位类依专类复分表(类号前已冠“0”)复分时,无需先加“0”
3	主表中类目凡属上位类按注释要求进一步仿分时,先加“0”再仿分	仿临近类目(采用同一列类标准)分时,无需先加“0”
4	主表中类目仿“一般性问题⊗”类目分时,先加“0”再仿分	主表类目中仿“一般性问题⊗”类目所属子目分时,无需先加“0”
5	主表中类目越级复分或仿分时,先加“0”再复分或仿分	“一般性问题⊗”类目仿“一般性问题⊗”类目分时,无需先加“0”
6	类目注释中有加“0”的特殊规定时,需按规定次序加“0”	

第三讲　文献分类标引方法

一、文献分类标引基本规则

1. 以文献内容的学科或专业属性为主要标准

对文献进行分类标引时，首先应按文献内容的学科或专业属性区分，然后再依据其他特征即空间、时间、民族、形式等辅助特征区分。只有在不适用按学科或专业属性分类时，才能采用文献的其他标准分类。

例1:《春桃》(中国现代新体短篇小说)

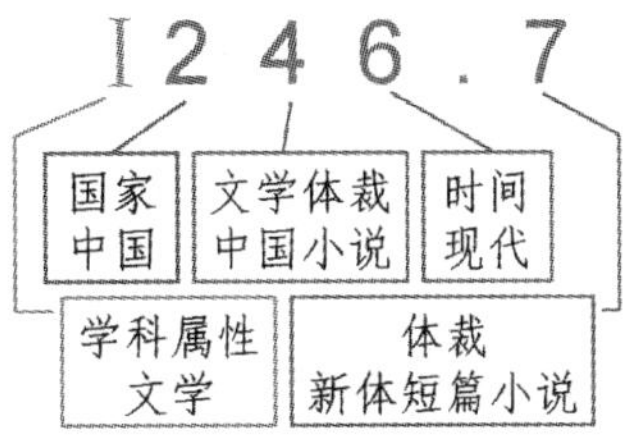

说明：先按其学科属性归入文学类，再按国家—文学体裁—时间—题材的次序细分。本例未再按“I24 小说”下的专类复分表“题材复分表”进一步复分。

例2:《图书馆学百科全书》　G25-61

说明：先按其学科属性归入图书馆学“G25”，再按总体—部分的次序，最后加总论复分表中“百科全书”的复分号“-61”。

例3:《根》(哈利·阿历克斯著，美国长篇小说)

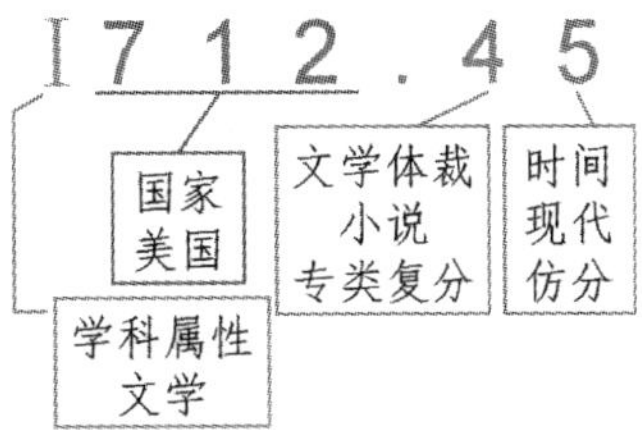

说明：不能仅凭文献题名意义进行归类，必须对文献主题进行周密分析。本例是美国长篇小说，按文献内容的学科属性入“I文学”类，再按国家—文学体裁—时间的次序细分。

2. 专指性原则

(1)文献分类时必须把文献分入最恰当的类目，即有专类入专类，不能随意归入其上位类，或随意进行类目复分或仿分。

例1:《中等教育试题选》　√G632.479　×G632.474-44

例2:《中国经济史研究》　√F129　×F12-09

例3:《英语词典》　√H316　×H31-61

例4:《德国哲学》　√B516　×B551.6

例5:《元明清西南边疆特殊政区研究》　√D691.22　×D621=4

例6:《新闻传播与近代小说之转型》　√I207.41　×I207.4=5

例7:《开心女孩和精灵男孩》(秦文君著，当代儿童小说)　√I287.4

×I247.4

（2）要结合类目上位类、下位类、同位类、相关类以及类目注释归类。

例 1:《三国演义》（明 罗贯中著） I242.4

《金粉世家》（张恨水著） I246.4

《鹿鼎记》（金庸著） I247.4

说明:I242.4、I246.4 和 I247.4 的类名均为“章回小说”。“I242.4 章回小说”与其上位类“I242 古代及近代作品”“I24 小说”“I2 中国文学”共同形成“中国古代章回长篇小说”的涵义;“I246.4 章回小说”与其上位类“I246 现代作品”“I24 小说”“I2 中国文学”共同形成“中国现代章回小说”的涵义;“I247.4 章回小说”与其上位类“I247 当代作品”“I24 小说”“I2 中国文学”共同形成“中国当代章回小说”的涵义。

例 2:《幼儿园课程的理论与实践》 G612

《北京市小学优秀教师教学经验选编》 G622

《选择的智慧:晋元高级中学素质教育案例选》 G632

说明:G612、G622 和 G632 的类名均为“教学理论、教学法”。“G612 教学理论、教学法”与其上位类“G61 学前教育、幼儿教育”共同形成“学前教育、幼儿教育的教学理论”的涵义;“G622 教学理论、教学法”与其上位类“G62 初等教育”共同形成“初等教育的教学理论”的涵义;“G632 教学理论、教学法”与其上位类“G63 中等教育”共同形成“中等教育的教学理论”的涵义。

例 3:《小说童话选》（当代儿童文学短篇小说和童话集）

690 ## @aI287@v5

690 ## @aI287.4@v5

690 ## @aI287.5@v5

I28	儿童文学
I287	当代作品(1949年～)
I287.4	小说
I287.5	故事
I287.7	童话、寓言

说明:本例中文献包含“小说”“童话”两个主题概念,应归入包含这两个主题概念的上位类 I287,并同时为两个主题概念做分类互见。

例 4:《科学合作及其产出计量》（文献计量学专著）

G250.252

G250.2	情报学
G250.25	情报学分支
G250.252	信息计量学 目录计量学、文献计量学、情报计量学等入此。

说明:依类目下注释入类。

例 5:《<西游记>研究资料》

I207.411

说明:有专类入专类。

例 6:《<金瓶梅>人物谱》

I207.419

说明:依类目下注释入类。

例 7:《<心术>评论集》

I207.425

说明:无专类入内容最切合的类。

I207 各体文学评论和研究
I207.4 小说
I207.41 古代、近代小说
I207.411 《红楼梦》研究与评论
I207.412 《水浒》研究与评论
I207.413 《三国演义》研究与评论
I207.414 《西游记》研究与评论
I207.419 其他
对《金瓶梅》的研究评论入此。
I207.42 现代、当代小说(1919年～)
I207.425 长篇、中篇小说

例 8:《养生茶饮大全》　R212

《无公害茶叶种植与加工》　S571.1

《益阳安化黑茶》　TS272.5

《办一个茶叶加工厂》　TS272.8

《红茶雅颂》(红茶文化)　TS971.21

R21 中医预防、卫生学
R212 养生
综合性养生入此。

S571 饮料作物
S571.1 茶

TS27 饮料冷食制造工业
TS272 茶
种植入S571.1。
TS272.2 原料
TS272.3 机械与设备
TS272.4 制造方法
TS272.5 各种茶
茶谱入此。
TS272.7 产品标准与检验
TS272.8 制茶场(厂)

TS97 生活服务技术
TS971 饮食科学
TS971.2 饮食文化
TS971.21 茶文化与茶艺
茶道、茶礼、茶俗、品茶、茶馆文化等入此。

说明:本例中 5 种文献均论述“茶”这个主题概念,而有关“茶”的类目有多个,分别涉及“茶”的多个方面,它们之间有联系也有区别,应结合文献论述的侧重点归类。有关“茶养生”方面的文献入 R 类,有关“茶叶种植”方面的文献入 S 类,介绍“茶叶制造”的文献入 TS272,有关“茶文化”的文献入 TS971.21。

(3)当类表中无专指类目时,可通过复分或仿分组配而得专指类号。

例 1:《法国雕塑艺术史》　J309.565

说明:主表类号(雕塑艺术史)+世界地区号(法国)

例 2:《艺术体操教练员培训教程》　G834.02

说明:主表类号(艺术体操)+“0”(上位类进一步复分)+专类复分号(教学、训练)

例 3:《实用法语语法详解与练习》 H324

说明:主表类号(法语)+仿分号(语法)

例 4:《中国步兵连的进攻与防御》 E271.164.1

说明:主表类号(中国步兵)+仿分号(连)+专类复分号(进攻与防御)

例 5:《美国犹太人传记》 K837.128.738.2

说明:主表类号(各国人物传记)+世界地区号(美国)+仿分号(民族人物)+世界种族与民族号(犹太人)

(4)当类表中无专指类目,又无法通过复分或仿分得到组配号码时,可归入类名为"其他"的子目。

G834	艺术体操⑨
G834.1	徒手艺术体操⑨
G834.2	轻器械体操⑨
G834.21	绳⑨
……	
G834.29	其他⑨ 纱巾、鼓、扇、旗、棍等入此。

例 1:《健身折扇操》 √ G834.29 × G834.2

例 2:《红旗操》 √ G834.29

例 3:《藤鞭操》 √ G834.29

说明:只有类列未设置"其他"的子目时,才可分入其最直接的上位类。

(5)当类表中无专指类目,又无法通过复分或仿分得到组配号码,同时没有设置类名为"其他"的子目时,可直接分入其最直接的上位类。

X92	安全管理
X928	事故调查与分析
X928.0	一般性问题⊗
X928.02	事故处理
X928.03	事故预防与预测
X928.1/.9	各种事故调查与分析 可仿X928.0分。

例 1:《生产经营企业事故预防、处理与分析》

√ X928 × X928.0

说明:"一般性问题"类不用于类分文献,需归入"一般性问题"类目的文献应直接归入其上位类。

例 2:《废水除微污染技术》

√ X52 × X523

X5	环境污染及其防治
X52	水体污染及其防治
X522	河流
X523	地下水
X524	湖泊、水库

说明:X52 的下位类中无"废水",因此本例中文献归入其最直接的上位类 X52。

(6)当类表中无专指类目,又无法通过复分或仿分得到组配号码,同时没有设置类名为"其他"的子目,也无恰当的上位类进行上位标引时,可采取挂靠标引,即针对文献的内容主题,将其归入在概念上与之相关、相近的类目。

例 1:《选择学》入 C934 决策学

例 2:《和平学》入 D068 战争与和平问题理论

二、各种主题文献的分类标引规则

依据文献论述与研究的对象和问题的数量划分,文献可分为单主题文献和多主题文献。

1. 单主题文献的分类标引规则

单主题文献是指文献只论述或研究一个对象，即只有一个主题内容。它可以是论述一个独立的事物、问题、学科，也可以是论述一个主题、问题、学科的一个方面。

根据构成主题概念因素的多寡，单主题可分为单元主题和复合主题。单元主题是指文献只包含一个主题概念因素，复合主题则是指由两个或两个以上概念因素组合而成的单主题。

(1)单元主题文献的分类标引规则

①对某一事物或问题进行综合研究的文献，或同时从多个学科角度研究该事物或问题的文献，应按事物或问题的学科属性归类。

例1:《传播学概论》　G206

说明:只论述一个主题“传播学”，并对其进行综合研究，依类目下注释入类。

例2:《解读云计算》　TP393

说明:对文献主题进行分析后，归入“TP393 计算机网络”。

例3:《铁路与航空运输损害赔偿》D922.296

说明:分别从不同的学科“铁路”“航空运输”来研究同一主题“损害赔偿”的文献，依研究主题的学科归入“经济法”下“交通运输经济和通信经济管理法”类目。

②对从某一学科角度论述某主题的文献，应根据其研究角度归入各有关学科类目。如:论述“茶”这个主题概念的文献有很多，其中，论述“茶养生”方面的文献归入R类，论述“茶叶种植”方面的文献归入S类，介绍“茶叶制造”的文献归入TS272，论述“茶文化”的文献归入TS971.21。

(2)复合主题文献的分类标引规则

对复合主题概念类型的文献进行分类标引，首先依据主体因素的研究角度所属学科归类，再按其他因素归类，或进一步复分、仿分。

①对于论述和研究某事物某一方面的文献，首先应依据事物方面的学科属性归类，再依事物的方面属性归类。

例:《笔记本电脑的维护》

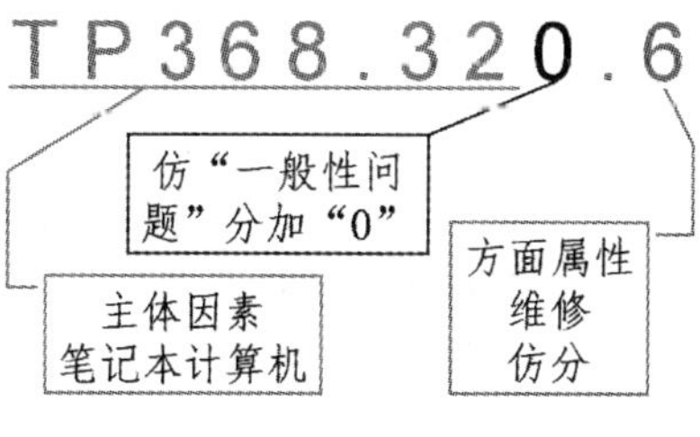

TP3 计算技术、计算机技术
TP30　一般性问题⊗
TP301　理论、方法
TP306　调整、测试、校验、检修、维护
TP36　微型计算机⑨
仿TP331/337分，必要时再仿TP30分。
TP368　各种微型计算机⑨

TP368.1/.6(类目复分仿分规定)
以下各类可仿TP331/337分，必要时再仿TP30分。
TP368.3　个人计算机⑨⑨⑨
TP368.32　笔记本计算机⑨⑨⑨

②对于论述和研究某事物多方面的文献，归入类表中能够概括这些方面的上位类。若没有共同上位类的，则依重点归类或在有关类目中同时反映。

例 1:《轿车的保养与维修》 U469.110.7

例 2:《轿车使用、保养、维修400 问》 U469.11

U46 汽车工程
U469 各种汽车

U469.1/.9 各种汽车
可依下表分。
07 保养与维修
09 驾驶与使用

U469.1 客车⑨
U469.11 小客车、轿车、微型汽车⑨

2. 多主题文献的分类标引规则

多主题文献是指文献研究或论述两个及两个以上的中心内容或中心问题，即有两个或两个以上的主题概念。构成多主题的因素一定是不相容的逻辑关系，它可以是两个或两个以上独立的但可以相互关联的事物、问题或学科及其方面，也可以是一个大主题和与之相独立但可关联的一个或多个小主题。多主题文献包括并列关系主题文献、从属关系主题文献、应用关系主题文献、影响关系主题文献、因果关系主题文献和比较关系主题文献。

(1)并列关系主题文献的分类

并列关系的主题是指文献同时论述两个或两个以上各自独立的主题。

①对具有两个并列主题的文献，首先按其论述重点、写作目的或篇幅较多的主题归类，并为另一个主题做互见分类；如不能辨其重点，归入其共同的上位类；无共同上位类的，则按前一个主题的学科属性归类，并为另一个主题做互见分类。

例 1:《塑料工业和橡胶工业》

690 ## @aTQ32@v5

690 ## @aTQ33@v5

使用“双位法”编号

TQ 化学工业
TQ0 一般性问题ⓧ
TQ11 基本无机化学工业
TQ2 基本有机化学工业
TQ32 合成树脂与塑料工业
TQ33 橡胶工业

例 2:《植物生理学与生物化学历年真题与全真模拟题解析》(2012 全国硕士研究生入学统一考试农学门类联考辅导丛书)

690 ## @aQ945 -44@v5

690 ## @aQ5 -44@v5

例 3:《线性代数与空间解析几何》

690 ## @aO151.2@v5

690 ## @aO182.2@v5

例 4:《高等代数与解析几何》

690 ## @aO15@v5

690 ## @aO182@v5

O1 数学
O15 代数、数论、组合理论
高等代数入此。
O151 代数方程论、线性代数
O151.2 线性代数
O18 几何、拓朴
O181 几何基础
O182 解析几何
O182.1 平面解析几何
O182.2 立体解析几何（空间解析几何）
O187 代数几何
O189 拓朴

例 5:《几何与拓朴》　O18

说明:本例中两个并列主题“几何”“拓朴”难辨重点,但同属于一个类列,具有共同的上位类,可入上位类。

②对于同时涉及 3 个或 3 个以上并列主题的文献,归入其共同的上位类;无共同上位类的,则按前一个有共同上位类的主题学科属性归类,并为其他主题做互见分类。

R5/8　临床各科
除R73外,均可依下表分。
01　预防、控制和卫生
05　治疗学
R5 内科学⑨
R54　心脏、血管疾病⑨
R541　心脏疾病⑨
R541.6　血液循环衰竭⑨
R56　呼吸系及胸部疾病⑨
R563　肺疾病⑨
R563.8　呼吸衰竭⑨
R57　消化系及腹部疾病⑨
R575　肝及胆疾病⑨
R575.3　肝功能衰竭⑨
R6 外科学⑨
R69　泌尿科学⑨
R692　肾疾病⑨
R692.5　肾功能疾病⑨
R74 神经病学与精神病学⑨
R742 脑部疾病⑨

使用“八分法”编号

例 1:《五衰:脑、心、肺、肝和肾功能衰竭》

690 ## @aR5@v5

690 ## @aR692.5@v5

690 ## @aR742@v5

说明:本例中文献归入心、肺、肝功能衰竭的上位类“R5 内科学”,并为肾功能衰竭和脑疾病做互见。

S6　园艺
S60　一般性问题ⓧ
S604　播种、育苗、栽植
[S608]　病虫害和其他灾害及其防治
宜入S436。

S63/68　各种园艺
均可仿S60分。
S66　果树园艺⑨
S661　仁果类⑨
S661.5　山楂⑨
S662　核果类⑨
S662.2　杏⑨
S664　坚果类⑨
S664.1　核桃⑨
S664.2　栗⑨
S665　杂果类⑨
S665.1　枣⑨

例 2:《板栗 核桃 枣 山楂 杏树栽培与病虫害防治》

690 ## @aS660.4@v5

690 ## @aS436@v5

说明:本例中文献论述的是多个主题(有共同上位类)的多个方面(无共同上位类),归入多主题的共同上位类后,再细分至其中一个方面,并为多主题共同上位类的其他几个方面作互见分类。

(2)从属关系主题文献的分类

从属关系的主题是指文献各主题之间具有包含关系、属种关系或整体与部分的关系,即同时论述一个大主题和其中的一个小主题。标引有从属关系主题的文献时,一般依大主题的学科属性归类,必要时可对小主题做互见分类。若论述的重点是小主题,则依小主题的学科属性归类。图例中 A 为大主题,B 为 A 中的一个小主题。

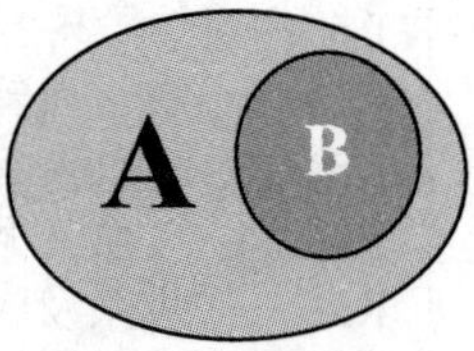

TQ64 油脂和蜡的化学加工工业、肥皂工业
TQ641 基础理论
油脂化学入此。
TQ645 油脂工业产品及副产品
TQ645.1 植物油
TQ645.3 动物油
TQ645.5 甘油
TQ645.6 脂肪酸
TQ645.7 皂用油脂
TQ645.8 工业用油脂

例 1:《植物油与油脂化学》 TQ641

说明:通过"TQ645"可知,"植物油"是"油脂"的下位类,"油脂工业"为大主题。

例 2:《植物与植物生理》

690 ## @aQ94@v5

690 ## @aQ945@v5

Q94 植物学
Q945 植物生理学

(3)应用关系主题文献的分类

应用关系的主题,是一个主题应用到另外一个或几个主题中,或者是几个主题同时应用到另一个主题中。论述一种(或多种)理论、方法、工艺、材料、设备、产品等在某一主题或学科方面的应用的文献,归入应用到的主题或学科所属类目;论述一种理论、方法、材料等在多个主题方面应用的文献,则按该理论、方法本身的学科属性归类,并为应用到的主题或学科做互见分类。全面论述某一理论方法在各方面的应用的文献,按该理论方法的学科属性归类。

例 1:《计算机应用基础》

TP39

说明:本例为全面论述"计算机应用"的文献,入理论。

TP39 计算机的应用
TP399 在其他方面的应用
总论入此。
在其他学科中的应用入有关各类。

《计算机在统计中的应用》

C819

说明:"计算机"是应用概念主题,"统计"是应用到的学科主题,入应用到的学科。

C8 统计学
C81 统计方法
C819 统计技术设备
统计工作自动化、网络化技术入此。

《计算机控制系统及其在火电厂中的应用》

TM621.6

> TM62 发电厂
> TM621　火力发电厂、热电站
> TM621.6　控制设备

说明:"计算机控制系统"是应用概念主题,"火电厂"是应用到的学科主题,入应用到的学科。

《多媒体计算机技术在矿山监测监控系统中的应用》　TD76

> TD7 矿山安全与劳动保护
> TD76　矿山安全监测系统

说明:"计算机技术"是应用概念主题,"矿山监测监控系统"是应用到的学科主题,入应用到的学科。

例2:《数论、几何及概率论在工程中的应用》

TB11

> TB1 工程基础科学
> TB11　工程数学

说明:"数论""几何""概率论"是应用概念主题,"工程"是应用到的学科主题,入应用到的学科。

例3:《遥感技术概论》　TP7

《遥感技术应用》　TP7

> TP7 遥感技术
> TP79　遥感技术的应用
> 总论入此。
> 在其他学科中的应用入有关各类。

说明:以上两例为全面论述"遥感技术"的文献,入理论。

《遥感技术在城市防灾减灾中的应用》

X4

> X4 灾害及其防治
> 灾害学、灾害地理学、灾害管理等入此。

说明:"遥感技术"是应用概念主题,"防灾减灾"是应用到的学科主题,入应用到的学科。

《水文与水管理中的遥感技术》

690 ## @aTP79@v5

690 ## @aP33@v5

690 ## @aTV213.4@v5

> TV 水利工程
> TV2　水资源调查与水利规划
> TV213　水资源开发
> TV213.4　水资源的管理、保护

说明:"遥感技术"是应用概念主题,"水文""水管理"是应用到的学科主题,入理论。

《遥感技术在测绘、气象和地质勘探上的应用》

690 ## @aTP79@v5

690 ## @aP237@v5

690 ## @aP407@v5

690 ## @aP627@v5

说明:“遥感技术”是应用概念主题,“测绘”“气象”“地质勘探”是应用到的学科主题,入理论。

P2 测绘学
P23 摄影测量学与测绘遥感
P237 测绘遥感技术
P3 地球物理学
P33 水文科学
P4 大气科学(气象学)
P40 一般理论与方法
P407 大气遥感
P62 地质、矿产普查与勘探
P624 地质勘探
P627 遥感勘探

(4)影响关系主题文献的分类

影响关系的主题,是指文献内容涉及几个主题,其中一个主题对另一个或多个主题产生影响,或者多个主题对另一个主题产生影响,或各主题之间互相影响。论述一个主题或多个主题影响另一个主题的文献,归入受影响概念的主题所属类目;论述一个主题对多个主题产生影响的文献,一般按发生影响概念的主题归类。

例 1:《奥运会对举办城市经济的影响》

F29

说明:“奥运会”是发生影响概念的主题,“城市经济”是受影响概念的主题,入受影响概念。

例 2:《国际贸易、FDI 对中国劳动力市场的影响》(FDI:对外直接投资)

F249.212

F2 经济管理
F24 劳动经济
F241 劳动力与人力资源
F241.2 劳动力与人力资源市场
F249 世界各国劳动经济概况
F249.2 中国
F249.21 劳动力与人力资源
如有必要,仿F241分。
F29 城市经济、房地产经济

说明:“国际贸易”“FDI”是发生影响概念的主题,“城市经济中国劳动力市场”是受影响概念的主题,入受影响概念。

例 3:《粮食生产与气象保障》

S162.5

说明:“气象”是发生影响概念的主题,“粮食生产”是受影响概念的主题,入受影响概念。

S16 农业气象学
S162 农业气候
S162.2 农业气候区划
依世界地区表分,中国再依中国地区表分。
S162.5 气候与作物生长

例 4:《气候变迁对我国农业的影响》

S162.22

说明:“气候变迁”是发生影响概念的主题,“中国农业”是受影响概念的主题,入受影响概念。

例5:《气候变化对中国生态和人体健康的影响与适应》

690 ## @aP467@v5

690 ## @aX321.2@v5

690 ## @aR122.2@v5

说明:"气候变化"是发生影响概念的主题,"中国生态""人体健康"是受影响概念的主题,入发生影响概念。

P46　气候学
P467　气候变化、历史气候

R12　环境医学、环境卫生
R122　气候卫生与大气卫生
R122.2　气象与卫生

X3 环境保护管理
X32　环境规划与环境管理

X321/324 各种环境规划与环境管理
依世界地区表分，中国再依中国地区表分。
X321　区域环境规划与管理

(5)因果关系主题文献的分类

因果关系的主题,是指文献涉及几个主题,其中一个主题是另一个或多个主题产生的原因,或者一个主题是另一个或多个主题作用的结果。在标引时,一般按结果方面的主题所属学科进行归类;如果一个原因产生多个结果,则按原因方面的主题所属学科进行归类。

例1:《吸烟与肺癌》

R734.202

说明:"吸烟"是因,"肺癌"是果,入结果主题所属类目。

R16 个人卫生
R163　生活制度与卫生
R163.2　戒烟
吸烟与健康入此。

R5/8　临床各科
除R73外，均可依下表分。
01　预防、控制和卫生
02　病理学、病因学
R54 心脏、血管疾病⑨
R59 全身性疾病⑨
R596　遗传性疾病⑨
R596.1　染色体疾病⑨
R73 肿瘤学⑨
R734　呼吸系肿瘤⑨
R734.2　肺肿瘤⑨

例2:《吸烟与心血管疾病》　R54

说明:"吸烟"是因,"心血管疾病"是果,入结果主题所属类目。

例3:《染色体异常引起的疾病》

R596.1

说明:"染色体异常"是因,"疾病"是果,入结果主题所属类目。

Q3 遗传学
Q34　遗传学分支学科
Q343　细胞遗传学
Q343.2　染色体理论(染色体遗传学)

例4:《沙尘暴给人类和自然界带来的危害》

P425.5

说明:"沙尘暴"是因,产生的结果有多个,入原因主题所属类目。

P4 大气科学(气象学)
P42　气象基本要素、大气现象
P425　风
P425.5　特殊区域的风
P425.5+5　沙暴、尘暴

(6)比较关系主题文献的分类

比较关系的主题,是指文献中多个主题之间具有相互比较优劣或异同的关系。论述两个主题相互比较的文献,一般按著者重点论述的或所赞同的主题归类,必要时为另一个主题做互见分类;如不能辩其重点,则按前一个主题的学科属性归类,必要时为另一个主题做互见分类;如果是多个主题之间的比较,且多个主题有共同的概括性类目(上位类),则归入其上位类。

例 1:《马克思主义经济学方法论与批判实在论:经济学方法论比较研究》

690 ## @aF0 -0

@v5

690 ## @aB085

@v5

B08 哲学流派及其研究
B085 新实在论、逻辑实证论 语义哲学、批判实在论、批判本体论等入此。
F0-0 马克思主义政治经济学

说明:两个主题难辨重点,入前一个主题的学科主题所属类目,并为另一个主题做互见分类。

例 2:《明清晋商与徽商之比较研究》

690 ## @aF729.48(225)@v5

690 ## @aF729.48(254)@v5

F72 中国国内贸易经济
F729 贸易史 依中国时代表分。如有必要,可再依中国地区表分,并用地区区分符号()加以标识。

五、中国时代表	
4	隋、唐至清前期
48	明
49	清前期

二、中国地区表	
2	华北地区
25	山西省
5	华东地区
54	安徽省

说明:除人物传记和跨时代的作家作品集外,凡涉及时代表中两个时代的文献,均归入前一个时代,本例文献归入前一个时代"明";主表类目下无"依中国地区表分"的注释,但又可进行地区复分时,须先取"世界地区表"中表示中国的地区号"2",再用"中国地区表"复分。如依"中国时代表"分后不再依"中国地区表"分,则归入"F729.48"即可。

例 3:《风起云涌太平洋:中美争锋新浪潮》

690 ## @aE2@v5

690 ## @aE712@v5

说明:本例中文献主要论述"中国军事"。

例 4:《中国大陆与台、港、澳刑事诉讼法比较研究》

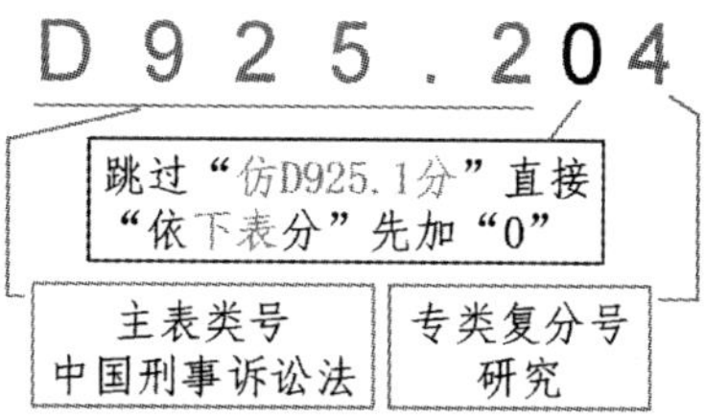

D92 中国法律

D921/926 类目复分仿分规定
均可依下表分。
1　理论
4　学习、研究
D925　诉讼法
D925.2　刑事诉讼法
仿D925.1分。

说明:多个主题之间的比较入其共同的上位类“中国”。

第四讲　分类实例分析

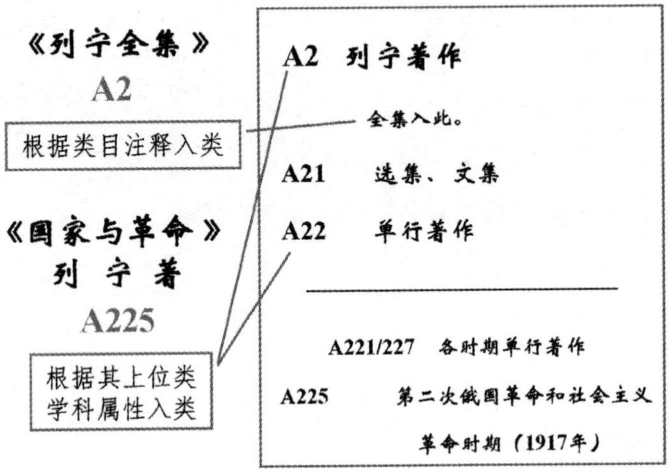
《列宁全集》
A2
根据类目注释入类
《国家与革命》
列 宁 著
A225
根据其上位类
学科属性入类
A2 列宁著作
全集入此。
A21 选集、文集
A22 单行著作
A221/227 各时期单行著作
A225 第二次俄国革命和社会主义
革命时期（1917年）

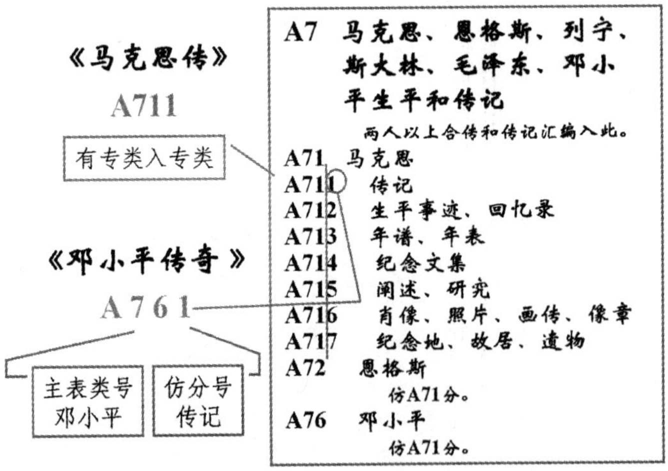
《马克思传》
A711
有专类入专类
《邓小平传奇》
A761
主表类号
邓小平
仿分号
传记
A7 马克思、恩格斯、列宁、
斯大林、毛泽东、邓小
平生平和传记
两人以上合传和传记汇编入此。
A71 马克思
A711 传记
A712 生平事迹、回忆录
A713 年谱、年表
A714 纪念文集
A715 阐述、研究
A716 肖像、照片、画传、像章
A717 纪念地、故居、遗物
A72 恩格斯
仿A71分。
A76 邓小平
仿A71分。

《良知对抗暴力：卡斯特里奥对抗加尔文》

B979.956.5

主表类号	世界地区号
基督教传记	法国

该文献为奥地利著名小说家、传记作家斯蒂芬·茨威格之作，刻画了反对日内瓦宗教改革家加尔文暴政的法国传教士和神学家塞巴斯蒂安·卡斯特里奥的人物形象。

B97 基督教
B979 基督教史
B979.9 传记
依世界地区表分。

二、世界地区表

5 欧洲
56 西欧
565 法国

宗教人物传记不入K81，归入B979.9

《军事哲学》	E0-02
《哲学的文化转向》	G02
《语言哲学》	H0-05
《文学对抗哲学》	I0-02
《艺术哲学》	J0-02
《历史哲学》	K01
《数学与哲学》	O1-0
《生物科学的哲学》	Q-02
《医学的哲学思考》	R-02
《环境哲学杂谈》	X-02
《地球科学的辩证法问题》	P-02

各专门学科的哲学理论文献，分别归入各有关学科。各类目中有专类入专类，无专类则在主表类号后加上总论复分号“-02”

《人文素质教育基础教程》 C43

C4 社会科学教育与普及
C42 教学方法、教学参考书
C43 教材、课本
C44 习题、试题与题解

一、总论复分表
–4 教育与普及
–42 教学法、教学参考书
–43 教材
–44 习题、试题与题解

文献内容涉及全部或多个社会科学学科的文献又叫总论性社会科学文献，归入“C0/79”类目，涉及某一专门学科的文献入有关各类。

有专类入专类

主表中已有与“总论复分表”列类一致的类目，根据“有专类入专类”的分析标引规则，不再使用“总论复分表”复分。

《广西统计年鉴（2011）》 C832.67-54

C83 世界各国统计资料
C831 世界
C832 中国
C832.1/.7 各地区统计资料
依中国地区表分。
C833/837 各国
依世界地区表分。

三、中国地区表
6 中南地区
67 广西壮族自治区

一、总论复分表
-5 丛书、文集、连续出版社
-54 年鉴、年刊

中国地区号
广西

主表类号
中国各地区统计资料

总论复分号
年鉴

主表常以“1/7”表示中国地区表子类涉及的范围，并在其下注明“依中国地区表分”。在依“中国地区表”复分时，要去掉相应地区子目的重号“1/7”。

《新中国思想政治教育史纲》

借下位类号

D6　中国政治
D61　中国革命和建设问题
D619　社会主义革命和社会主义建设成就
D62　政治制度与国家机构
D63　国家行政管理
D64　思想政治教育和精神文明建设

主表中各级类目下不论是否有“依总论复分表分”的注释，均可用“总论复分表”复分。

一、总论复分表
-0　理论和方法论
-09　历史
依世界地区表分。

D64－09

主表类号 中国思想教育

总论复分号 历史

《当代西欧极右翼政党研究》

“56 西欧”有6个下位类

D73/77　各国政治
依世界地区表分，再依下表分。
6　阶级、阶层结构与社会结构
64　政党与政治团体

二、世界地区表
5　欧洲
56　西欧
561　英国
……

D756.064

主表类号 各国政治

世界地区号 西欧(上位类)

上位类再细分时先加“0”

专类复分号 政党

凡使用“世界地区表”中“洲”“地区”等概括性地区号码(上位类)复分后，还需再依其他标准进行细分的，必须先在概括性地区号码后加“0”后再进行细分，以便与该地区所属国家号码区别开来。

《中日建交再研究：以日本田中政权对华建交决策为中心》

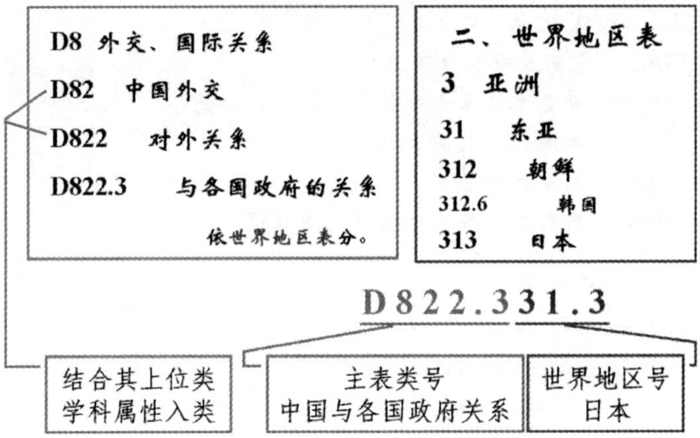

《医疗利益纠纷》

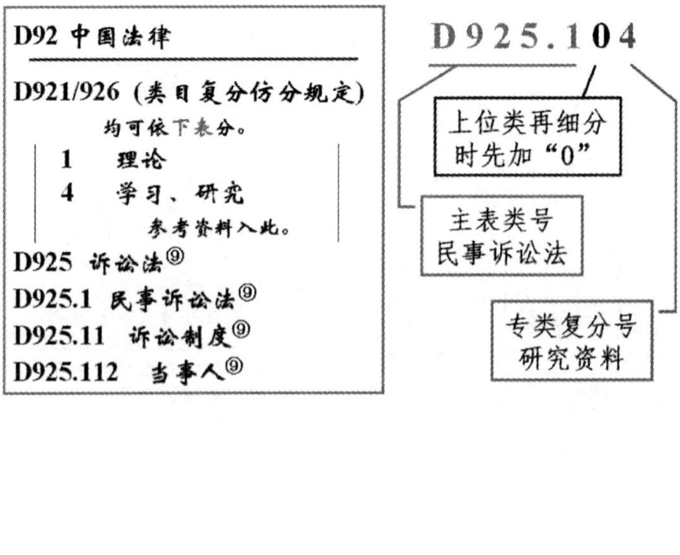

《美国司法审查制度及其理论基础研究》

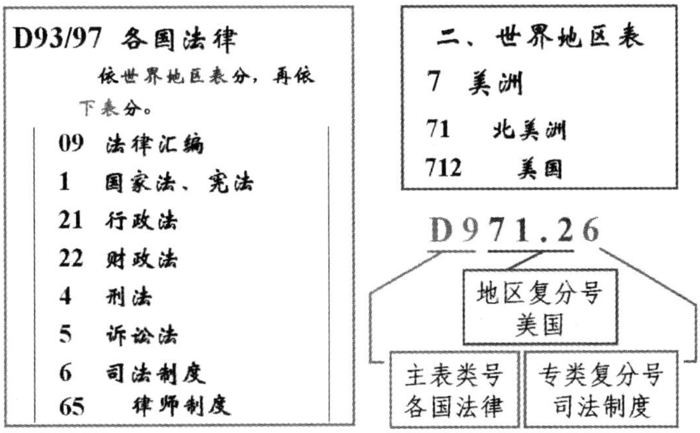

《绞杀世界：二战各国未实施的绝密军事计划》

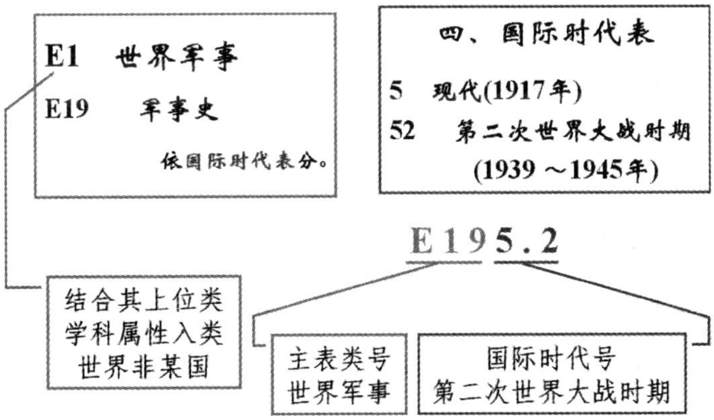

《中小食品企业融资问题研究》

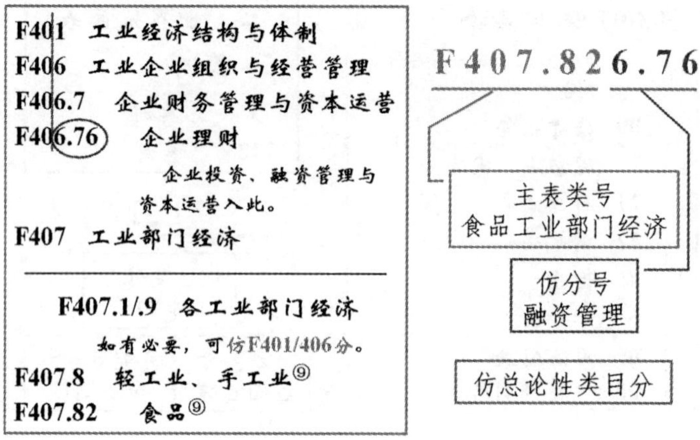

《建筑企业工程项目责任成本管理》

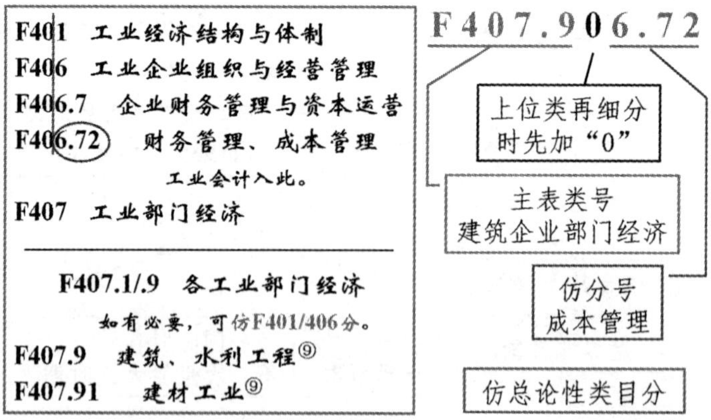

《米其林传奇：从偏僻乡镇小厂到全球轮胎帝国》

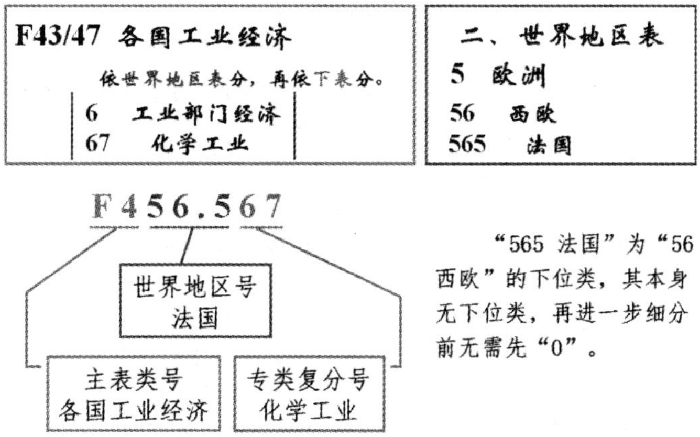

《城市管理学：美国视角》

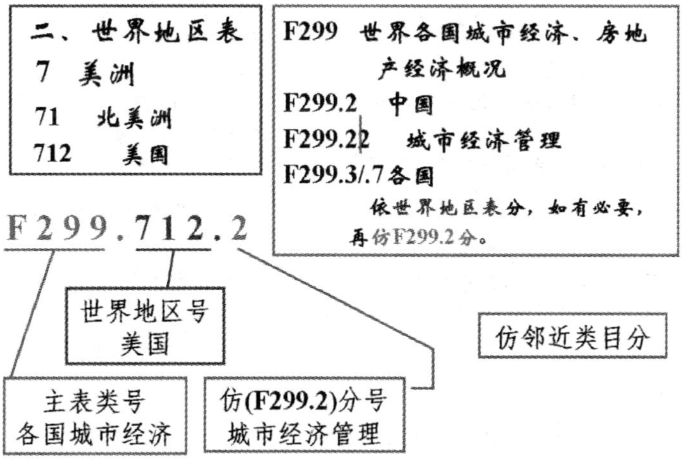

《小学语文教学法》

G623.202

上位类再细分时先加“0”

主表类号 汉语语文

专类复分号 教学法

G62 初等教育
G623 各科教学法、教学参考书

G623.1/.9 各科教学法、教学参考书
如有必要，依下表分。
2 教学法
3 教学参考书
G623.2 汉语语文⑨
G623.21 汉语拼音⑨

学前教育、初等教育、中等教育的教育理论以及各科教材、教学参考书、教学法，职业高中的各科基础文化课教材、教学参考书、教学法分别归入G61/63；高等教育等的教育理论入G64/79，各科教材、教学参考书、教学法则归入相应学科所属类目。

一、总论复分表

-6 参考工具书
-61 名词术语、词典、百科全书

H3 常用外国语
H31 英语
H314 语法
H316 词典
H319 英语教学
H319.4 读物

H32/37 各种常用外国语
均可仿H31分。
H32 法语⑨

《英语语言语法详说》

H314

主表中已有与“总论复分表”列类一致的类目，根据“有专类入专类”的分析标引规则，不再使用“总论复分表”复分。

以提高语言阅读能力为主要目的而编撰的语言读物入该语言各类目。

H319.4

《1970年以来英语小说赏析》

书名	分类号
《英汉医学词汇》	R–61
《英汉化学化工略语词典》	O6–61 TQ–61
《<共产党宣言>探究：对照中、德、英、法、俄文版》	A811.22

专科性词典按学科属性归类，其他语言工具书入“H语言、文字”类目中有关各类。

书名	分类号
《汉语保加利亚语分类词典》	H746.6
《汉维简明词典》	H215.6
《西欧经典童话与民间传说：英汉对照》	H319.4

> H211/289 中国少数民族语言
> 均依下表分。
> 4　语法
> 6　词典
> H215　维吾尔语
>
> H4/95 其他外国语
> 均可仿H211/289中国少数民族语言复分表分。
> H746　保加利亚语⑨

汉语和外语（或少数民族语言）对照的字典、词典以及以提高语言阅读能力为主要目的而编撰的语言读物入外语语言类。

书名	分类号
《英语和法语语法比较研究》	H314 H324
《英法德俄汉词库》	H031
《英法俄德辞典》	H061
《常用谚语九种语言对照：汉、日、俄、英、德、法、西班牙、意大利、拉丁》	H09

两种外语对照的字典、词典入前一种外语语言类，必要时为另一种外语语言做互见分类。

三种及以上语言对照的字典、词典入“H0”类目下。

H0 语言学
H03 语义学、语用学、词汇学、词义学
H031 基本词汇
H06 词典学
H061 词典
H09 语文教学
论述语文教学的一般理论与方法的著作入此。
H3 常用外国语
H31 英语
H314 语法

H32/37 各种常用外国语均可仿H31分。
H32 法语⑨

《<红楼梦>研究资料》

结合其上位类学科属性入类评论非作品

I207.411

有专类入专类

无专类入内容最切合的类

I207.425

《<白鹿原>评论集》

I207 各体文学评论和研究
I207.2 诗歌、韵文
I207.3 戏剧文学
I207.4 小说
I207.41 古代、近代小说
I207.411 《红楼梦》研究与评论
I207.42 现代、当代小说(1919年～)
I207.425 长篇、中篇小说

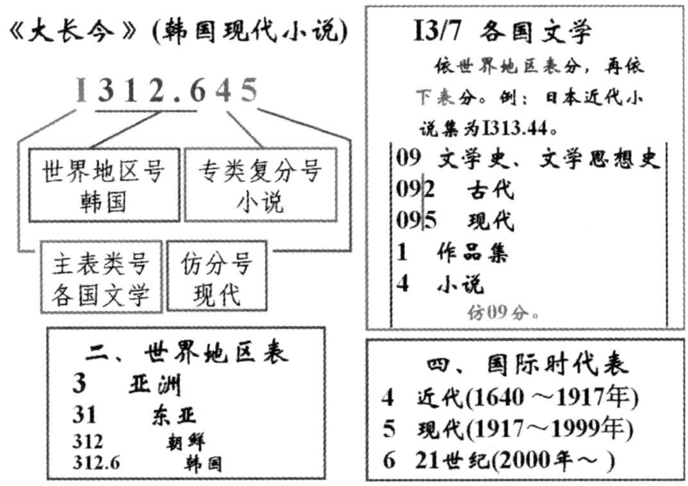
《大长今》(韩国现代小说)
I312.645
世界地区号
韩国
专类复分号
小说
主表类号
各国文学
仿分号
现代
二、世界地区表
3　亚洲
31　东亚
312　朝鲜
312.6　韩国
I3/7 各国文学
依世界地区表分，再依下表分。例：日本近代小说集为I313.44。
09 文学史、文学思想史
092 古代
095 现代
1 作品集
4 小说
仿09分。
四、国际时代表
4 近代(1640～1917年)
5 现代(1917～1999年)
6 21世纪(2000年～)

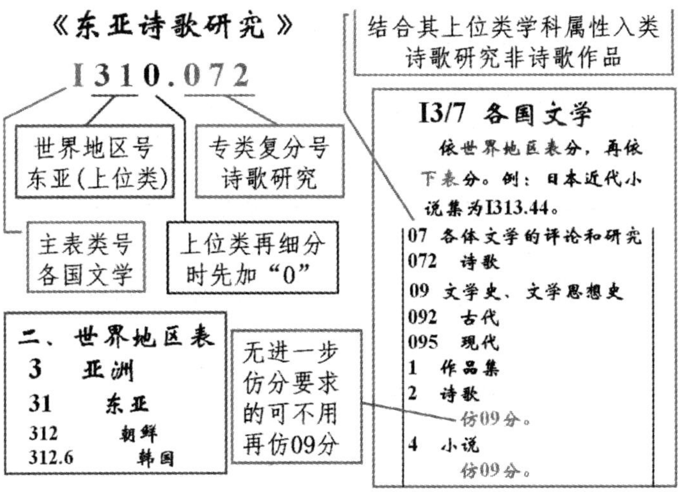
《东亚诗歌研究》
I310.072
世界地区号
东亚(上位类)
专类复分号
诗歌研究
主表类号
各国文学
上位类再细分
时先加“0”
结合其上位类学科属性入类
诗歌研究非诗歌作品
二、世界地区表
3　亚洲
31　东亚
312　朝鲜
312.6　韩国
无进一步
仿分要求
的可不用
再仿09分
I3/7 各国文学
依世界地区表分，再依下表分。例：日本近代小说集为I313.44。
07 各体文学的评论和研究
072 诗歌
09 文学史、文学思想史
092 古代
095 现代
1 作品集
2 诗歌
仿09分。
4 小说
仿09分。

《西欧中世纪史》

K 560.3

主表类号 各国历史

上位类再细分时先加“0”

世界地区号 西欧(上位类)

专类复分号 中世纪

主表中已有涉及国家或地区的专类，不再依“世界地区表”复分；“K56西欧”下未详列子目，根据注释可依“K3/7世界各国和地区历史”下专类复分表复分；“K561英国”下已详列子目，有专类入专类。

K3/7 世界各国和地区历史

凡未列国家或地区的，可依世界地区表分；凡在国家或地区下未详列子目者，均可依下表分；凡在国家下已详列子目者，其通史可依下表“0通史”分。

0	通史
3	中世纪

K56 西欧⑨

K561 英国

K561.3 中世纪史

K561.31 早期封建社会

盎格鲁—撒克逊时期入此。

《盎格鲁—撒克逊编年史》

K 561.31

《中国农业科学院科学家名录》 K826.3-61

K82 中国人物传记

K825 人物传记：按学科分

K825.1/828(特殊分类规定)

K825.1 哲学、社会科学⑤

K825.6 文学⑤

K826.1 自然科学、工程技术⑤

K826.2 医学、卫生⑤

K826.3 农业、林业、畜牧业、渔业⑤

K811 世界人物传记

多学科跨地区跨时代人物总传入此。

K815 人物总传：按学科分

仿K825.1/828分。例：世界文学家传记为K815.6；世界医学家传记为816.2。

《世界农业科学家小传》

借同位类号

K816.3

主表类号 世界人物传记 按学科分

仿分号 农业人物

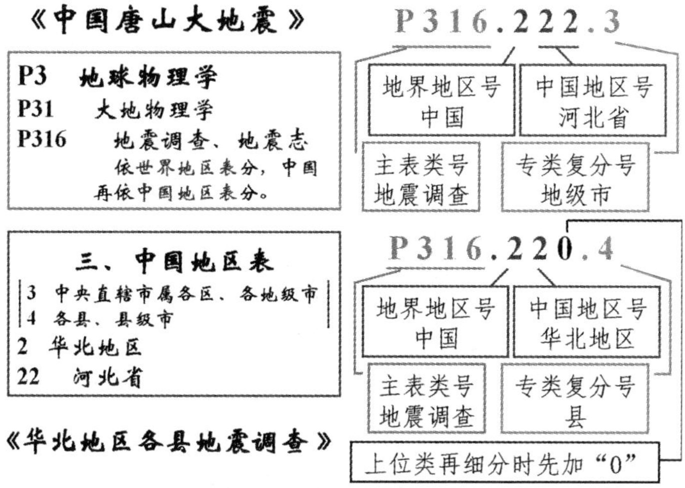

《老医说医.1.养生曝言》　R249.76　R212

《老医说医.2.外感指迷》　R249.76　R254

《老医说医.3.医林蜩鸣》　R249.76

R2 中国医学
R21 中医预防、卫生学
R212 养生
R24 中医临床学
R249 医案、医话
R249.2/.7 个人医案、医话
综合性著作入此。
依中国时代表分。
R25 中医内科学
R254 外感病症

多卷书的内容涉及多个方面的主题，依整套书论述的学科内容综合归类；既有总题名又有分卷题名的多卷书，同时依各分卷书所揭示的学科内容进行归类。

五、中国时代表
7 中华人民共和国(1949～)
76 21世纪(2000年～)

《儿科护理946问》　R473.72

当9＜类列的同位类≤18时，用1-8标记前面的类，9本身不用来配号，而是用91、92…98标记后面的同位类。也可在任何数字后仿上述办法标记同位类目。

R47 护理学
R473 专科护理学
R473.1 卫生保健护理学
……
R473.6 外科护理学
R473.71 妇产科护理学
R473.72 儿科护理学
R473.73 肿瘤科护理学
R473.74 神经病、精神病护理学
R473.75 皮肤病、性病护理学
R473.76 耳鼻咽喉科护理学
R473.77 眼科护理学
R473.78 口腔科护理学

八分法

有专类入专类

《高血压病中西医防治》　R544.105

R5/8 临床各科
除R73外，均可依下表分。
01 预防、控制和卫生
02 病理学、病因学
03 医学微生物学、医学免疫学
04 诊断学
05 治疗学
R5 内科学⑨
R54 心脏、血管(循环系)疾病⑨
R544 血压异常⑨
R544.1 高血压⑨

R544.1：主表类号 高血压
05：专类复分号 治疗学

主表中自然科学各类的专类复分表类号前已经冠有“0”，复分时不管类目是否有下位类均不需重复加“0”。

《图解水稻插秧机常见故障诊断与排除》

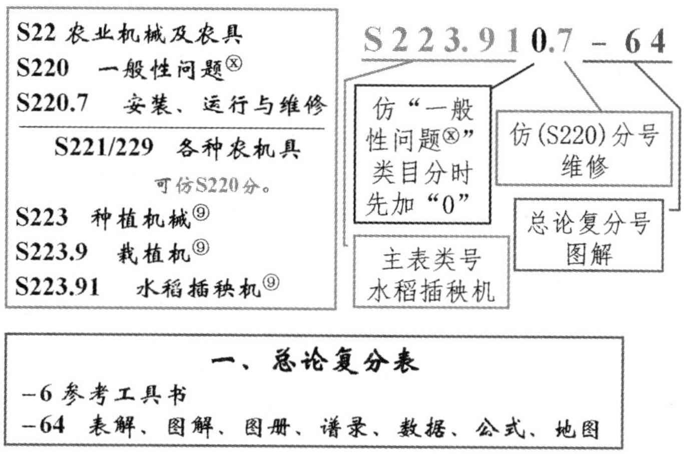

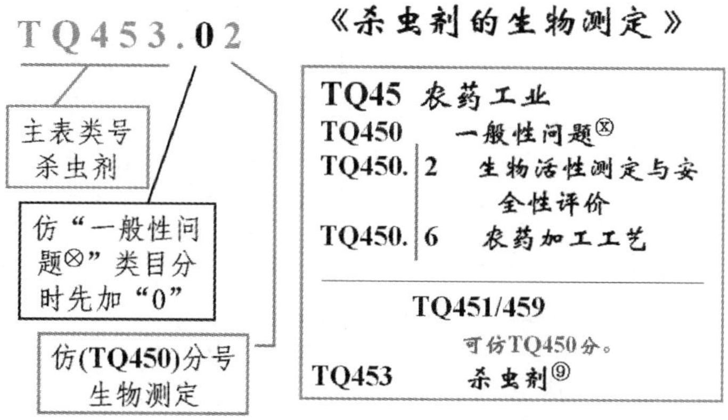

TQ450.6　《农药制造技术》

借下位类号法

《CEO西服学》
TS941.712

《丝巾魔法秀》
TS941.722

《职业装设计》
TS941.732

《广西少数民族服饰》
TS941.742.8

TS941	服装工业
TS941.7	各种服装制品
TS941.71	各种服装：按式样分
TS941.712	西装
TS941.716	各种服装：按年龄分
TS941.72	各种服装：按佩戴分
TS941.722	围巾、头巾、披肩
TS941.73	各种服装：按用途分
TS941.732	工作服装、学生服装
TS941.74	各种服装：按国家分
TS941.742	中国服装
TS941.742.8	中国民族服装

《河流污染对鱼类的危害》

X522.032.25

仿“一般性问题⊗”类目分时先加“0”

主表类号 河流污染

仿(X50)分号 对鱼类的危害

X5	环境污染及防治
X50	一般性问题⊗
X50|3	环境污染的危害
X50|3.2	对生物的危害
X50|3.22	动物
X50|3.225	鱼类、水产
X51/593	各种环境污染及其防治 均可仿X50分。
X52	水体污染及其防治⑨
X522	河流⑨
X523	地下水⑨

《河流污染与地下水环境保护》

X 522　X523

具有两个无共同上位类的并列主题的文献，按前一个主题的学科属性归类，并为另一个主题做互见分类。

《天下第一山：红色井冈山纪实》 K263.406

《新中国五十年：1949～1999》 D619

在政治领域内，世界及各国以第二次世界大战结束为界限，中国以中华人民共和国成立为界限，之前的为历史，之后的为现状。但在类分文献时还要从文献论述的角度和方法进行分析。一般来说，如果是对某问题（学科、事物、事件）进行具体的研究、评论，则归入现状；如果是对某问题的发展、过程进行系统、全面的记叙，则归入历史。当“历史”和“现状”难以确定时，一般可归入“历史”。

D6 中国政治
D61 中国革命和建设问题
D619 社会主义革命和社会主义建设成就

K2 中国史
K20 通史
K206 史料

K21/27 中国各代史
均可仿K20分，仿分时一律冠“0”。
K26 近代史:1919～1949年⑨
K263 第二次国内革命战争⑨
K263.4 井冈山的斗争⑨

《新编古今事文类聚》 Z22

《永乐大典》 Z224

《中小型图书馆实用小百科》 G258-61

《青少年不可不知的趣味知识全集》 Z228.2

《青少年百科知识图鉴.宇宙》 Z228.2　P159-49

多卷书的内容涉及多个方面的主题，依整套书论述的学科内容综合归类，同时依各分卷书所揭示的学科内容进行归类。

Z2 百科全书、类书
综合性百科全书入此。
Z22 中国百科全书、类书
Z221 唐代
Z224 明代
Z228 综合性普及读物
Z228.2 青年读物

“Z综合性图书”类目是根据文献著述、出版的形式特点编列，入此类目的文献是多学科知识的集合体，内容庞杂、类无专属。综合性工具书及检索工具等入此，专科性工具书宜入有关各类。

第四课　书次号的编制与取号方法

第一讲　索书号、书次号与辅助区分号

在馆藏系统中，每种图书的索书号是唯一的，可借以准确地确定馆藏图书在书架上的排列位置，是读者查找图书非常必要的代码信息，由分类号、书次号和辅助区分号组成。其中，分类号、书次号是索书号必不可少的部分，辅助区分号则由各馆自行规定使用规则。

分类号是用《中图法》类分图书的结果，能将内容学科性质相同的图书集中在一起，起到按学科系统分门别类组织藏书和向读者提示各类图书的作用。

同一类图书的种类可能很多，仅有分类号还不能达到完全区分图书的目的，所以还有必要进行进一步区分。即在分类的基础上，为了使同类不同种的图书个别化，再赋予每种图书一个**书次号**，用来确定同一类中各种不同图书的次序。

另外，为了使同一种图书（如不同版本、不同译本以及不同卷次等）能进一步区分，达到个别化和系统排列的目的，可以在分类号、书次号之后再配置**辅助区分号**。

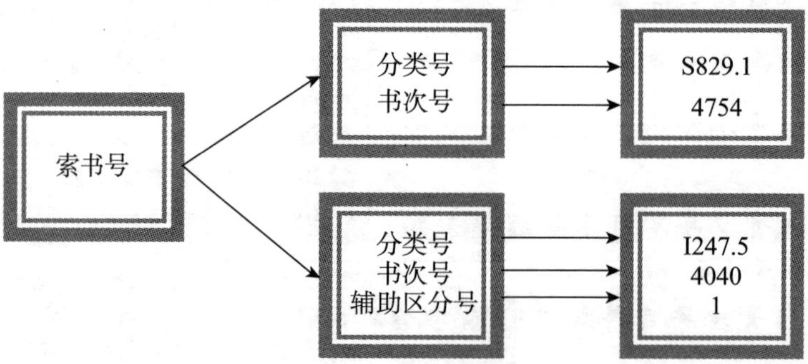

书次号按其编制方法主要有著者号、种次号两种。

1. 著者号：是为集中同一著者（包括个人著者和团体著者）的同类著作而按照著者姓名的字顺、笔画、拼音或汉字特点所取的号码。优点：采用全国规范的著者号码表，有利于集中编目和确保书目数据的标准性与统一性，其集中度高于种次号。缺点：目前还没有全国统一的著者号码表，团体著者的统一取号有一定难度。

2. 种次号：是以图书的“种”为单位，按同一类中每种图书分编的先后次序依次给

予1、2、3……顺序号。优点:简短易取,排架简便。缺点:排列没规律,不能集中同一类中同一著者的图书,不利于集中编目。当分类法修订后,改编馆藏图书时,其分类号改变,种次号也需要相应改变。

第二讲　种次号的编制

种次号简单易取,在确定“种”的范围并规定种次号的取号起点(确定在几级类号下取种次号,或者是按照完整的分类号取种次号)后,按图书分编的先后次序顺序取号即可。

手工分编图书时一般采用种次号记录卡的方法对种次号进行管理,而采用图书馆自动化管理系统管理后一般由系统自动配号。一般种次号记录卡一张配 100 个号,具体如下所示。

类号:　　　　　　　　　　**类名:**

01		11		21		31		41		51		61		71		81		91	
02		12		22		32		42		52		62		72		82		92	
03		13		23		33		43		53		63		73		83		93	
04		14		24		34		44		54		64		74		84		94	
05		15		25		35		45		55		65		75		85		95	
06		16		26		36		46		56		66		76		86		96	
07		17		27		37		47		57		67		77		87		97	
08		18		28		38		48		58		68		78		88		98	
09		19		29		39		49		59		69		79		89		99	
10		20		30		40		50		60		70		80		90		00	

类号:　　　　　　　　　　**类名:**

101		111		121		131		141		151		161		171		181		191	
102		112		122		132		142		152		162		172		182		192	
103		113		123		133		143		153		163		173		183		193	
104		114		124		134		144		154		164		174		184		194	
105		115		125		135		145		155		165		175		185		195	
106		116		126		136		146		156		166		176		186		196	
107		117		127		137		147		157		167		177		187		197	
108		118		128		138		148		158		168		178		188		198	
109		119		129		139		149		159		169		179		189		199	
110		120		130		140		150		160		170		180		190		100	

以哪一级类目作为编号起点类目一般是根据馆藏和采购入藏实际情况而定。馆藏图书较少的类,可以确定较高级位的类目(如二级类甚至一级类),在该类目下的所有子目混合编制种次号;对确有数量较多馆藏图书的重点藏书类目,可以为每一级类目均设置一个种次号记录卡。

第三讲　著者号(四角号码)的编制

一、四角号码取号法

四角号码同拼音检字法、部首检字法一样，是汉语词典常用检字方法之一。一个汉字用 4 个数字表示，即把每个字按上下左右自然切分成 4 个角，每个角确定一个号码(用数字 0—9 表示)，再按汉字左上角、右上角、左下角、右下角的顺序，把 4 个角的号码组成一个四位数。四角号码查字法查字速度快，方法比较简单，但由于有些汉字的四角不易辨认笔形，学习时会有一定困难。

(1)四角号码口诀表

一横二垂三点捺，叉四插五方块六；七角八八小是九，点下有横变零头。

(2)取号方法

按汉字左上角、右上角、左下角、右下角的顺序取号。如"汉"的四角号码为"3714"。

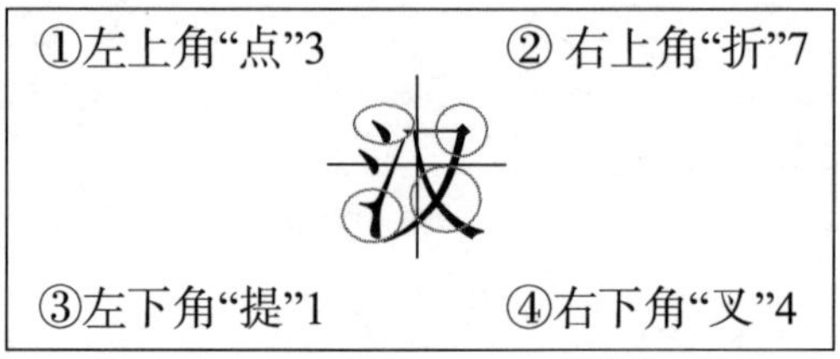

(3)取角技巧

①一笔可以分角取号。例："以"左边是一笔，上取为 2，下取为 7。

②一笔的上下两段和别笔构成两种笔形的，分两角取号。例："水"左边，上取 1，下取 9。

③下角笔形偏在一角的，按实际位置取号，缺角取 0。例："户"右下角缺，取"0"。

④凡外围是"口、门(门)"的三类字，左右两下角改取里面的笔形。例："田"取"6040"，"园"取"6021"。

⑤一个笔形，前角已经用过，后角取"0"。例："王"左上角为一横，取"1"，右上角因为前面已经用过，所以取"0"，右下角亦同，因此"王"取号"1010"。

⑥"取大不取小"原则。例："亠"取"0"不取"3"，"戈""扌"左上角取"5"不取"4""1"，"尚"左上角取"9"不取"3"。

⑦点下带横折的，上角取点"3"。如："空"取"3010"，"户"取"3020"。

⑧一角两形，取码时往往发生歧义，导致取码错误，因此规定“有单取两边，双复取上下”。具体为：某角两种角形均含有单笔时，一律取最左或最右靠两边的笔形。如：“非”左上角笔形靠上为竖、靠左为横，取最左笔形号“1”，“物”左上角笔形靠上为“扌”、靠左为撇，取最左笔形号“2”；“州”左上角笔形靠上为“丿”、靠左为点，取最左笔形号“3”。某角两种角形均为复笔时，一律取最上或最下的复笔。如：“功”右上角笔形靠上为“十”、靠右为折，取最上笔形号“4”；“内”左上角笔形靠上为“十”、靠左为折，取最上笔形号“4”；“成”右上角笔形靠上为点、靠右为“戈”，取最上笔形号“3”。

⑨“中撇弃之，边撇取之”。具体为：当中起笔的撇，下角有他笔的，取他笔不取撇。如：“奎”取“4010”，“春”取“5060”，“衣”取“0073”，“左”取“4010”，“友”取“4040”，“右”取“4060”，“寿”取“5034”，“复”取“8040”，这些汉字中的撇笔位置均不在左下角，取他笔。但左边起笔的撇，仍取撇笔。如：“辟”取“7024”，“尉”取“7420”“仓”取“8071”。

⑩几种特殊笔形的取号：提（“决”的左下角）取“1”，“丿”取“2”，“刂”（往左勾的笔形）右下角取“2”，“以”（往右勾的笔形）左下角取“7”，“匕”右下角取“1”。

（4）实例

颜＝0128　烙＝9786　以＝2870　乱＝2261　半＝9050　弓＝1702　园＝6021

红＝2111　恩＝6033　春＝5060　风＝7721　花＝4421　圆＝6080　香＝2060

二、著者号（四角号码）取号法

著者号四角号码取号长度可根据各馆馆藏情况规定，可以取4码，也可以取5码或6码。一般基层图书馆多规定著者四角号码取足4码。取码规则可由各馆自行规定，如个人责任者单姓双名、单姓单名、双姓双名、双姓单名的取号规定，团体责任者的取号规定，等等。下面以个人责任者书次号的其中一种简单取号法进行说明。

采用著者名称的四角号码为书次号，书次号取4码。对于个人责任者的书次号，取第一责任方式的第一个责任者名称的四角号码为书次号，东方责任者取姓名全称，西方责任者取姓氏的汉泽名。取责任者名称中第一字的前两个号码和第二、三字的第一个号码（左上角号码）组成4码书次号，不足3字则补零。

例1：200 1# @a中国图书馆事业@e1995～2000 @f张白影等主编

①左上角1　②右上角2	③左上角2	④左上角6
张	白	影

G259.2
1226

例 2:200 1# @a悲情肖邦@e肖邦音乐中的悲情内涵阐释@f于润洋著

J605.513 1033

①左上角 1 于	②右上角 0	③左上角 3 润	④左上角 3 洋

例 3:200 1# @a怎样认识宇宙@f赵君亮著

P159-49 4410

①左上角 4 赵	②右上角 4	③左上角 1 君	④左上角 0 亮

例 4:200 1# @a放大器电路识图与故障分析轻松入门@f胡斌,#蔡月红编著

TN722 4700

①左上角 4 胡	②右上角 7	③左上角 0 斌	④不足 3 字补 0

例 5:200 1# @a一味中药治顽疾@f田燕主编

R282 6040

①左上角 6 田	②右上角 0②	③左上角 4 燕	④不足 3 字补 0

例 6:200 1# @a放轻松@e人都会有点小怪癖@f#(德)#马里昂·佐宁莫瑟尔著@g华俊颖译

R395.6 2434

①左上角 2 佐	②右上角 4	③左上角 3 宁	④左上角 4 莫

例 7:200 1# @a高尔基文集@9gao er ji wen ji @h第十九卷@i克里姆·萨姆金的一生@h第三部@f贾刚译

I512.15 0024 19:3

①左上角 0 高	②右上角 0	③左上角 2 尔	④左上角 4 基

第四讲　辅助区分号的编制

辅导区分号多用于集中分类标引的多卷书,常见使用方法为:以多卷书分卷册次为索书号的第 3 行号码——辅助区分号,与 200 字段@h子字段内容相对应。非数字形式的卷册次以尽可能简洁的表达方式原题照录,数字形式的卷册次用阿拉伯数字著录。如果分卷还有分册之时,则在卷与分册之间加冒号“:”。

例 1:《高等数学》(上册、下册)

①200 1# @a高等数学@9gao deng shu xue @h上册
@f陈世兴,#张建成主编
690 ## @aO13 @v5

O13
7449
上

②200 1# @a高等数学@9gao deng shu xue @h下册
@f陈世兴,#张建成主编
690 ## @aO13 @v5

O13
7449
下

例 2:《高等数学》(第三册)

200 1# @a高等数学@9gao deng shu xue @h第三册
@f上海师范大学数学系编
690 ## @aO13 @v5

O13
2132
3

例 3:《高等数学》(下册第一分册)

200 1# @a高等数学@9gao deng shu xue @h下册@h第一分册
@f西安交通大学高等数学教研室编
690 ## @aO13 @v5

O13
1030
下:1

第五课　图书排架方法

图书馆馆藏图书严格按照图书索书号进行排架。

一、图书排序

1. 先按图书分类号大小顺序排列，由小号到大号。先按照分类号中拉丁字母从 A—Z 的顺序排，对拉丁字母相同的分类号，再比对拉丁字母后的数字，采取“逐位对比”原则。

原始顺序	第一步 按分类号拉丁字母顺序排序 →	第一步结果	第二步 分类号拉丁字母相同按其后数字逐位对比 →	第二步结果
S609		A841.24		A712
A841.24		A712		A841.24
S219.07		B023.3		B023.3
S632.5		D2-0		D2-0
B023.3		F32		F32
D2-0		I052		I052
U472		I247.5		I247.5
I052		K811		K811
K811		S609		S219.07
A712		S219.07		S609
F32		S632.5		S632.5
S667.7		S667.7		S667.7
I247.5		U472		U472

2. 有辅助标记符号分类号的排列：类号中有辅助符号时，在其前各位符号（A—Z，0—9）相同的情况下，依下列次序进行比较排列。

①总论复分号“ - ”；②国家、地区区分号“(　)”；③种族、民族区分号““ ””；④时代区分号“ = ”；⑤通用时间、地点和环境、人员区分号“ <　> ”

书名	分类号
《妇科学》	R711
《妇科学手册》	R711 -62
《美国妇科学》	R711(712)
《八十年代美国妇科学》	R711(712) =56
《二十一世纪妇科学展望》	R711 =6
《国外妇科学》	R711 <326 >

3. 图书分类号相同(同类图书)时,按照书次号顺序排,由小到大。

《郑板桥全传》	I 247.5 / 0030
《醉琉璃》	I 247.5 / 1200
《毕竟东流去》	I 247.5 / 1260
《刘老根》	I 247.5 / 2102
《面具》	I 247.5 / 2270
《平凡的世界》	I 247.5 / 6730
《流年》	I 247.5 / 8567

二、图书上架

图书在书架上是按索书号从左到右、从上到下排列。现举例说明如何将两册新书上到一个 6 层书架上。

如果书库条件允许,在进行新的书库布局时,书架的最上一层和最下一层暂不放图书,每层书架也不能放满,放 1/3 或 1/2 即可(根据各馆购书经费核算)。一是为了方便读者取书,二是尽可能减少大范围倒架的工作量。

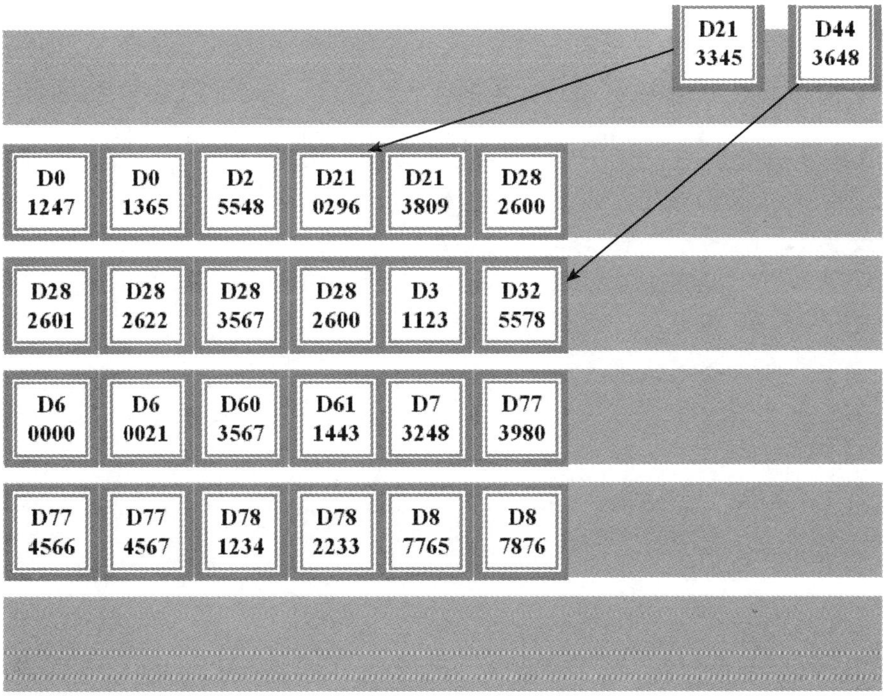

新书上架后架位情况如下所示。

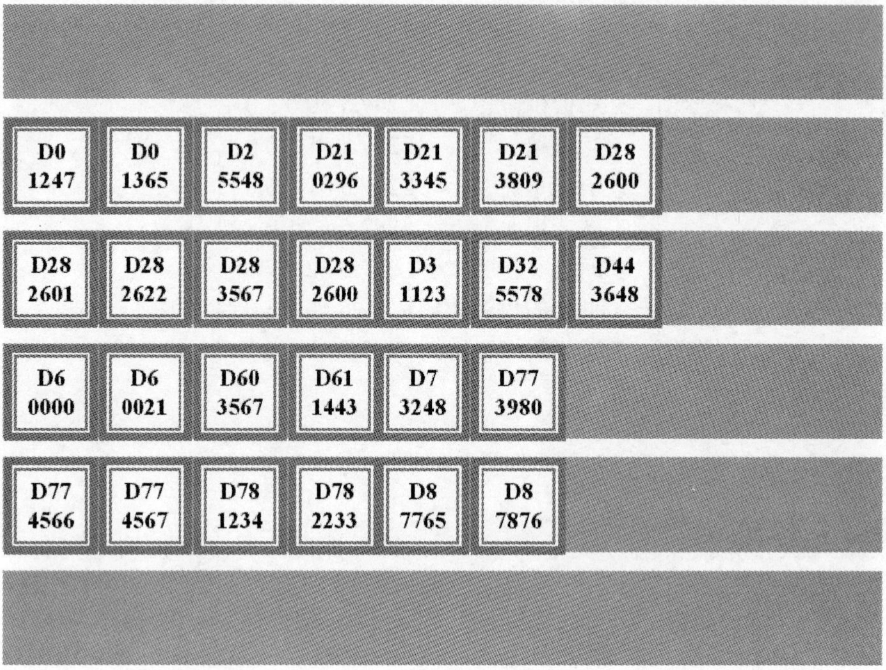
D0 1247
D0 1365
D2 5548
D21 0296
D21 3345
D21 3809
D28 2600
D28 2601
D28 2622
D28 3567
D28 2600
D3 1123
D32 5578
D44 3648
D6 0000
D6 0021
D60 3567
D61 1443
D7 3248
D77 3980
D77 4566
D77 4567
D78 1234
D78 2233
D8 7765
D8 7876